비보호 좌회전

비보호 좌회전

알아서 살아남아야 하는 위험사회 한국의 민낯

© 강은주, 2015

초판 1쇄 펴낸날 2015년 5월 20일

지은이 강은주
펴낸이 이건복
펴낸곳 도서출판 동녘

전무 정락윤
주간 곽종구
책임편집 이환희
편집 구형민 이정신 최미혜 박은영 사공영
미술 조하늘 고영선
영업 김진규 조현수
관리 서숙희 장하나

인쇄·제본 영신사 **라미네이팅** 북웨어 **종이** 한서지업사

등록 제311-1980-01호 1980년 3월 25일
주소 (413-120) 경기도 파주시 회동길 77-26
전화 영업 031-955-3000 편집 031-955-3005 **전송** 031-955-3009
블로그 www.dongnyok.com **전자우편** editor@dongnyok.com

ISBN 978-89-7297-733-9 03300

비보호좌회전

강은주 지음

알아서 살아남아야 하는
위험사회 한국의 민낯

동녘

일러두기

1. 맞춤법과 띄어쓰기는 '한글 맞춤법'에 따르되, 주요 개념의 경우 붙여 쓰기도 했다.
2. 외국 인명, 기업명, 단체명 등의 표기는 '외래어 표기법'을 따랐다.
3. 단행본·신문은 《》에, 논문·영화·보고서·방송프로그램은 〈〉 안에 넣어 표기하였다.
4. 본문에 등장하는 사례들은 저자가 언론 기사를 참조하여 재구성한 것이다.
5. 각 장 표제지에 쓰인 사진의 출처는 다음과 같다.
    1장. 경기여자기술학원 화재 참사 현장(1995), 연합뉴스 2006년 2월 12일
    2장. 성남 환풍구 추락 사고 현장(2014), 연합뉴스 2014년 10월 17일
    3장. 가습기 살균제 피해자 구제법안 제정 촉구 시위 현장(2014), 연합뉴스 2014년 11월 30일
    4장. 와우아파트 붕괴 사고 현장(1970), 중앙일보 2008년 7월 12일
    5장. 삼성 산업재해 피해 노동자 가족 기자회견 현장(2014), 연합뉴스 2014년 8월 18일
    6장. 미국산 쇠고기 수입 재개 협상내용 반대 촛불시위 현장(2008), 연합뉴스 2008년 5월 14일
    7장. 대구지하철 화재 참사 현장에 시민들이 남긴 추모 글(2003), 연합뉴스 2003년 2월 24일

위험사회 한국을 일깨우는
찬물 한 바가지

노회찬 | 전(前) 국회의원

어찌 보면 문명이라는 동전의 뒷면은 위험이다. 문명이 자라 나면 위험도 커진다. 문명이란 자리에 산업화를 넣어 보아도, 자본주의를 넣어 보아도 마찬가지이다. 산업과 문명이 발전할수록 덜 위험해질 줄 알아 온 우리는 당황스럽다. 그러나 사실이다. 시간이 흐를수록, 더 많이 소비할수록, 더 빠르고 편하게 생활할수록 재난과 사고로 인한 사망자는 늘어 가고 있다. 과거보다 더 잘 사는 사회로 나아가고 있는 줄 알았는데 오히려 더욱 위험한 사회가 되고 있다. 위험사회는 인류의 미래가 아니라 이미 진행 중인 현재이다.

다시 꺼내기도 가슴 아픈 세월호 사건 역시 마찬가지이다. 모두들 다시는 이 같은 참사가 발생하지 않아야 한다고 입버릇처럼 말하고 있다. 하지만 그것이 처음이 아니었던 것처럼 마지막도 아닐 것이란 생각에 암담해 하고 있지는 않은가? 이처럼 바로 오늘 망연자실한 우리에게 강은주의 새 책《비보호 좌회전》은 정신을 번쩍 차리게 하는 찬물 한 바가지이다. 진상 규명 안 한다고, 재발 방지 대책 마련하지 않는다고 그냥 주저앉아 있기만 할 것인가? 점증하는 위험, 철벽같은 무책임에 탄식만 할 것인가? 도처에 청해진해운이고 세월호며, 해경이고 해양수산부 아닌가? 이 책은 일어나서 눈을 똑바로 뜨고 우리가 직면한 위험사회의 실상을 보라는 독려이다. 무엇이 문제인지 알고 함께 해결해 가자는 힘찬 제안이다.

오랫동안 환경과 삶의 조건에 관한 실천적 연구와 해법 마련에 매진해 온 저자는, 이 새 책에서 우리에게 큰 충격을 준 세월호 참사가 일회적이고 우연한 사건이 아니라는 적극적인 관점에서 한국사회 전반에 만연한 위험의 문제를 정면으로 다루고 있다. 최근 20여 년 동안 발생한 대형 사고들을 종횡무진으로 분석하며 우리가 직면한 위험의 본질과 실체를 조명하고, 위험이 증폭되는 배후에 도사린 이윤 중심의 사회경제 체제까지 짚어내고 있다.

그뿐만 아니라 저자는 에너지와 환경 문제에 대한 깊은 식견과 풍부한 외국 사례 섭렵으로, 위험의 생산만이 아니라 유통과 분배 구조의 문제점에 대해서까지 우리를 안내한다. 누구에게나 위험한 사회가 아니라 가난할수록 더 위험하다는 엄연한 현실을 놓치지 않는다. 5세 미만 아동이 길거리에서 사망하는 확률이 서울 서초구와 강북구가 현저히 차이 나는 사례처럼, 가난의 크기와 위험이 드리우는 그림자의 길이가 비례한다는 저자의 분석은 새로운 경각심을 갖게 한다.

"알아서 살아남아야 하는 위험사회 한국의 민낯"이라는 이 책의 부제처럼 위험사회 한국에서 우리가 평소 자주 듣는 말은 '가만히 있어라' 아니면 '알아서 피하라'거나, '혼자라도 살아남아라'이다. 물론 가만히 있는 것도 혼자서 피하는 것도 해결책이 되지 못한다. 동시에 소득 양극화로 인한 사회 양극화는 교육 양극화, 건강 양극화를 거쳐 안전 양극화에 이르기까지 확대되고 있다. 저자 강은주가 이 책에서 결론으로 제시하는 실천적 해법은 단호하다. 바로 연대와 민주주의이다. 좌회전만이 아니라 점점 직진과 우회전도 보호받지 못하고 아예 존재 그 자체가 위험해져 가는 사회에서 우리의 무기는 연대이고 우리가 갈 길은 민주주의라는 저자의 결론은 공감의 폭과 울림이 큰 제안이다. 더 나은 세상이 가능하다고 믿는 많은 분들의 일독을 권한다.

비극적 사고를 부지런히,
그리고 용감하게 추적한 책

한재각 ㅣ 녹색당 공동정책위원장

2014년 4월 16일, 세월호 사고는 한국사회에 커다란 충격과 슬픔 그리고 분노를 가져왔다. 아직 사고의 진상이 명확히 밝혀졌다고는 할 수 없지만, 어쩌면 이 사고가 지난 수십 년간 많은 사람들이 목격하였으며 자신들이 희생자의 일부가 되기도 했던 대형 참사들과 크게 다르지 않다는 것을 깨닫는 데 오랜 시간이 필요하지 않았다. 세월호 사고가 한국사회를 더욱 비통하게 만드는 것은 그동안 수많은 참사를 겪고서도 어떠한 교훈을 얻지 못했다는 점, 그리고 그 때문에 우리의 딸과 아들과 조카들이 또 한 번 희생을 치렀다는 사실 때문일 것이다.

세월호 사고 이후 한국사회에서는 위험 혹은 안전 문제에 관한 많은 고발이 있었고, 관련 토론을 진행하고 있다. 이는 격식을 갖춘 토론회장에서 뿐만 아니라 물대포와 캡사이신이 난무하는 거리 위에서도 벌어지고 있다. 그곳들에서는 이 비극을 만들어 낸 자들에 대한 격노한 토론과 우리 안에서 반성할 것은 없는지를 묻는 자성의 이야기들이 뒤섞여 있다. 무엇이 되었든 더 이상 비극적인 참사를 반복하지 않기 위해 필요한 사회적 노력일 것이다. 절박한 마음으로 함께 해야 할 일이다. 강은주의 신간,《비보호 좌회전: 알아서 살아남아야 하는 위험사회 한국의 민낯》도 그런 노력의 하나라고 할 수 있다.

이 책은 부지런하고 용감하다. 잊고 있었거나 자세히 알지 못했던 예전의 수많은 사고들을 꼼꼼히 살펴보고 있다. 특히 1995년에 발생한 용인 경기여자기술학원 화재 사건을 추적해 가는 1장의 앞부분은 연신 안타까움과 분노를 자아냈다. 게다가 우리가 그때 제대로 해결했다면 세월호의 비극은 일어나지 않았을지 모른다는 자책감마저 불러일으켰다. 강은주의 눈길은 한국에만 국한하지 않고 일본, 인도, 미국, 영국 등 세계 여러 나라들의 사고들도 살펴보고 있다. 희생자들이 생각나 가슴 아프고, 어처구니없는 사고 유발과 무책임에 분노가 치밀어 오를 기록들을 하나씩 들춰내는 일이 결코 쉽지는 않았을 것이다. 그럼에도 중도에 포기하지 않아서 다행이다.

《비보호 좌회전》은 현대 위험이 정치적 차원의 문제임을 반복해서 격렬하게 고발하고 있다. 나아가 위험사회에서 우리가 무엇을 해야 할지에 대해 단호한 결론을 내린다. 현대사회에서 위험을 증폭시키는 것은 이윤만을 추구하는 자본주의이며, 그 위험은 사회적으로 불평등하게 배분된다는 것이다. 또 위험을 어떻게 배분할 것인지는 민주적으로 결정해야 하며, 사회적 연대를 통해 위험을 축소시키고 길들여야 한다고 주장한다. 기술적·행정적 틀 안에서 위험 문제를 다루려는 주류적인 시도와 분명하게 거리를 두면서, 정치적·사회운동적인 접근의 필요성을 강조하고 있다. 이윤 추구를 위해서 '규제완화'를 요구하는 기업과 그를 대변하는 정부로부터 사회의 안전을 지키는 것은 정치적 투쟁일 수밖에 없다는 것이다.

저자 강은주는 공학을 전공했지만 환경단체, 진보정당 그리고 국회의원실에서 경력을 쌓았다. 책에서 저자의 관점과 솜씨 좋은 입담으로 풀어놓은 이야기들은 그런 경험에서 나올 수 있었던 것이라 생각한다. 특히 2000년대 중반 민주노동당 정책위원회에서 '미래의제' 연구팀을 함께 구성하였을 때, 그가 선택한 것이 '안전의제'였다. 당시 함께했던 토론을 발전시켜 하나의 책으로 묶어낸 것이라 생각하니 반갑다. 모쪼록 저자가 애쓴 수고가 널리 읽혀 안전한 한국사회를 만드는 과정에 도움이 되길 기대한다.

차례

비보호 좌회전의 나라

어둑해진 퇴근길, 안락한 나의 집으로 돌아가기 위해서는 '비호보 좌회전' 신호를 통과해야 했다. 맞은편에서 달려오는 불빛이 가깝지 않을 때를 적당히 판단해 서둘러 왼쪽 골목으로 들어서고 나면, 대단한 일을 해낸 것처럼 안도의 한숨을 쉬곤 했다. 종종 골목 입구에서 한참을 망설이며 신호 체계를 원망했다. 평온한 집으로 돌아가기 위해 거쳐야 하는 소소하지만 중요한 숙제였다. 왜 굳이 이런 신호 체계가 있는 것일까. 조금 더 편리하고 효과적인 교통 흐름을 위해서일까. 비가 내리던 어느 밤, '비보호 좌회전'이라는 글씨가 조금 두려워졌다. '사고가 나도 우리는 책임지지 않아. 너의 요령에 달린 일이지'. 적당한 요령과 눈치를 갖추어야 하는 길 앞에서 나는 종종 서성였다. 모든 원인은 나의 '부주의'라고 낙인찍힌 구간을 지나고 나서야 '구두를 벗고 누울 수 있어 다행'이라고 생각했다. 그리고 이 세계가 온통 비보호 좌회전 구간으로 가득 차 있다고 생각했다. 살아가는 일이 '행운'으로 점철되어 있지 않으면 삶은 팍팍했다. 아이를 온전히 기르는 일, 밥상을 마주하는 일, 노동을 하고 살림을 꾸려 가는 일까지. 모든 것을 알아서 조심하고, 주의를 기울이지 않으면 안 된다고 생각하자 이 세계가 경악스러워졌다. 나는 이곳에서 살아 내기 위해 악착같이 노력하는 것 외에 행운마저 갖추어야 한단 말인가. 도대체 하루하루 불행으로부터 도망치기 위해 무엇을 해야 한단 말인가. 나의 질문에 대한 대한민국의 답변은 명확했다. '가만히 있으라'.

세월호 사고가 있었다. 2014년 4월 16일. 수많은 사연을 가진 수백 개의 우주가 바다에 가라앉았다. 그리고 1년이 넘는 시간 동안 우리는 이해할 수 없는 일을 겪어야 했다. 밝혀진 이야기는 믿을 수 없이 충격적이었고, 밝혀지지 않은 이야기는 더 많았다. 단순히 '안전불감증'이라는 단어로 설명할 수 없는 끔찍한 사고는 아직도 우리 곁을 배회하고 있다. 죽음의 거품이 부글부글 사람들의 가슴을 메웠다. 죽음의 너울이 가슴을 헤집었다. 그렇게 1년이 넘어갔다. 여전히 우리 모두가 기우뚱거리고 삐거덕거리고 있다. 세월호뿐만 아니라 우리의 삶에도 구석구석 촘촘하게 탐욕이 자리 잡고 있었다. 삶은 더욱 위태로워졌다. 전문가라는 사람들, 돈에 눈 먼 기업인들, 민의의 대변인이라는 정치인들까지 모두가 한통속이었다. 서로가 서로의 이익을 위해 똘똘 뭉쳐 있었다. 그렇게 수백의 별이 바다로 떨어졌다. 진도 앞바다에서 우리가 마주한 것은 켜켜이 쌓아 온 지난 우리의 민낯이자, 모순이 응집되어 탄생한 괴물의 얼굴이었다. 더 많은 돈을 벌기 위한 탐욕, 그들의 이익을 위해 최선을 다한 정부. 우리는 국가에 무엇을 기대할 수 있는가. 경제가 성장해야 모두가 행복해진다고 했다. 그래서 잊자고, 일상으로 돌아가자고 한다. 아이를 잃은 엄마와 아빠는 곡기를 끊고 길바닥에 누웠다. 사고는 왜 일어났으며, 왜 구조하지 못했는가. 도시의 한복판은 가족을 잃은 사람들의 농성장이 되어 버렸다. 사람들이 무표정하게 농성장을 스쳐가는 모습마저 '일상'이 된 이 세계는 다른 행성의 지옥일지도 모른다.

수많은 학자들이 1990년을 전후로 '성찰적 근대화'와 '위험사회'를 말해 왔다. 과거에는 존재하지 않았던 것이 우리의 삶을 위험으로 몰아넣고 있다고 했다. 그렇다면 '위험'이란 도대체 무엇인가. 위험은 어떤 상황이나 존재가 우리를 위협할 확률, 미래의 일이다. 그래서 위험은 제거하는 것이 아니라 통제하는 것이며, 위험의 가장 큰 속성은 '불확실성'이라고 말한다. 위험의 가능성을 추측하는 것은 가능하지만 그것을 완벽히 계산해 내는 것은 불가능하다. 우리 모두의 몸은 같지 않으며, 우리 모두가 살아가는 방법역시도 각기 다르기 때문이다. '위험'은 사라지지 않는다. 우리는다만 수용할 수 있는 위험의 수준과 가능성에 대해 논의할 수 있을 뿐이다. 인간은 역사 속에서 끊임없이 위험으로부터 벗어나고

자 했다. 하지만 이 과정에서 인간은 새로운 위험을 만들어 내기도 했다. 원시 인류가 길을 가다가 벼락을 맞을 확률이 피뢰침의 개발로 줄어들었을지언정, 자동차와 도로가 생기면서 교통사고의 위험은 증가했다. 기술의 발전은 새로운 위험을 만들어 왔다. 초고층 빌딩은 높이를 경쟁하고, 기차는 시속 300킬로미터 이상으로 달리며, 화력·핵발전소 시설용량은 500·1,400메가와트급으로 대형화되고, 터널은 점점 더 길어지고 있다. 도시의 지하는 가스관, 수도관, 전기가 뒤엉켜 미로를 방불케 한다. 새로운 화학물질, 새로운 기계는 때때로 인간의 몸에 나쁜 영향을 미친다는 것도 알게 되었다. 디클로로디페닐 트리클로에탄, 일명 DDT는 한때 미군들이 전쟁으로 폐허가 된 한국 땅의 아이들 머리에 있는 이를 잡기 위해 뿌려 대던 살충제였지만, 지금은 인체 유해 물질로 판명되어 판매금지가 되었다.

새로운 위험은 이제는 그 사회적, 시간적, 공간적 경계마저 뛰어넘고 있다. 유전자 변형 식품을 먹고 그의 손자가 어떤 병에 걸렸다고 한다면 가장 먼저 '왜' 발병을 했는지 추적하는 일조차 쉽지 않을 것이다. 누구에게 책임을 물어야 하는 것인가. 지구 반대편에서 길러진 작물을 먹고 세대를 걸러 발생하는 병에 대해 우리는 어떻게 대처해야 하는가. 후쿠시마 사고로 인해 50년 후 발생하는 갑상선암에 대해 어떻게 해야 할까. 국가 간의 경계도, 시간의 흐름도, 그 책임 소재조차도 불분명해지고 있는 새로운 위험에 대해 우리는 얼마나 준비하고 있을까.

위험은 누구에게나 무차별적으로 살포된다. 후쿠시마 사고 당시 발전소 인근에 있던 이들은 모두 방사능에 피폭되었을 것이다. 하지만 위험의 회피에는 불평등이 발생한다. 우선 개개인이 가진 형질이나 생활 방식에 따라 위험에 대한 면역력은 다를 것이다. 누구는 간이 좋지 않을 것이며, 누군가는 위가 좋지 않을 것이다. 어린이의 갑상선과 어른의 갑상선은 방사능의 흡수량이 다를 것이다. 생물학적 약자일수록 위험은 높다. 다음으로 위험은 사회적 약자 집단에게 더욱 가혹하다. 위험이 닥쳐도 회피할 방법이 한정적이기 때문이다. 가난하고 열악한 환경에서 자란 이는 병이 생겨도 제때 치료할 수 없을 것이다. 빈곤은 건강과 수명을 갉아먹는다. 요람에서 무덤까지 곳곳에 스며든 위험으로부터 달아나는 길, 위험을 제거하는 선택지가 그들에게는 많지 않다. 사회의 복지안전망이 허술할수록, 양극화가 심화될수록 위험은 더욱 가혹하다. 곰팡이가 핀 지하방에 살고 있는 아이는 아토피와 천식을 걱정해야 한다. 건강한 식사를 해 오지 못한 아이는 알러지와 성인병을 고민해야 할 것이며, 열악하고 고된 노동 환경은 산업재해로 인한 장애를 우려하게 만든다. 비정규직이라면 산업재해로 인한 치료에서조차 외면당할 수 있다. 그렇게 늙어 간다면, 도시 빈민으로 적절한 치료와 복지 혜택으로부터 멀어진 채 죽음을 맞이하게 될 것이다. 세월호에서 죽음을 맞이한 단원고의 '비정규직' 기간제 교사는 '순직'으로 인정받지 못했다. 삶뿐만 아니라 죽음도 불평등하다.

한국사회는 적지 않은 사고를 겪어 왔다. 익히 알고 있는 굵 직한 사건·사고만 나열해도 제법 된다. 학자들은 이를 '한국적 특 성'에 기대어 해석해 왔다. 참사가 발생할 때마다 그 원인으로 부 패나 부실 공사, 부주의나 과실, 관리 소홀로 발생한 인재人災라 불러 왔다. 과속 성장에 따른 편법주의와 부정부패, 소통의 왜곡 등과 같은 도덕 문제, 즉 급속도의 경제성장을 거치는 동안 생겨 난 '빨리빨리' 문화와 결과 중심주의가 낳은 결과물이 대형 참사 라고 해석하기도 한다. 과연 사고의 원인을 한국적 특성이라고 말 할 수 있을까. 빠른 속도의 경제성장을 이루고 있는 다른 나라에 는 비슷한 사례가 없을까. 이 모든 것은 '자본주의적 특성'이 아닐 까. '선진국' 대열에 들어서고 싶은 욕망과 1인당 국민소득으로 대 표되는 성장률을 달성하는 과정에서 아시아의 많은 나라가 비슷 한 사례를 안고 있다. 겉모습만 번지르르한 아파트가 무너져 내린 한국의 와우아파트 붕괴 사건과 같은 사례를 우리는 중국에서도 찾아볼 수 있다. 물론 한 사회가 오랜 시간 축적해 온 가치가 무엇 인지에 따라 양상은 조금씩 다를 수 있지만 '효율과 이윤'을 신봉 하는 자본주의의 속성은 항상 이런 사고의 위험을 안고 있다. 현 대사회에서 새로운 위험의 출현은 기술의 발전 때문이기도 하지 만 자본주의의 산물이기도 하다. 기술의 발전은 새로운 위험을 양 산하고, 자본주의는 이를 증폭시킨다.

종종 뉴스에 등장하는 '선진국형 범죄'가 있다. '묻지마' 살인 이나 불특정 다수에 대한 복수 등은 기실 '자본주의형 범죄'다.

나누고 연대하는 사회가 아닌 경쟁하고 배제하고 낙오된 자에게 기회를 주지 않는, 아니 오히려 체계적으로 낙오자를 양산하고 '청소'해 버리면서 낙오를 개인 무능력의 결과라 세뇌하는 이 세계가 낳은 괴물의 모습이다. 위험 역시 마찬가지다. 돈이 종교이고, 자본이 신이며, 이윤과 효율이 성경인 사회에서 위험은 누구에게나 증폭하고 부풀려져 삶을 위협할 수밖에 없다. 배가 가라앉고 다리가 무너지고 아파트가 쓰러지는 위험은 그래서 체제의 모순이다. 게다가 위험은 그것을 회피할 수 없는 계급에게는 더욱 가혹하다. 이윤과 효율이 세계의 왕으로 군림하는 동안 환경이나 분배, 안전, 복지, 연대의 가치는 설 자리를 잃었다. '보시기에 좋았더라'는 신의 영역을 침범한 죄의 결과는 바벨탑일 뿐이다.

2010년 4월 미국 애팔래치아 산맥의 광산회사 메세이에너지 Massey Energy가 소유한 어퍼빅브랜치 광산에서 폭발 사고가 발생했다. 노동자 29명이 사망했다. 이 광산은 숱한 사고로 악명이 높았다. 미국 언론은 미국에서 네 번째로 큰 석탄 생산업자인 메세이에너지의 '안전불감증'을 지적했다. 이 회사는 2008년부터 2009년 사이에 회사에 날아 온 안전 의무 불이행 통보 건수가 2배, 벌금 액수가 3배나 늘었지만 아무런 조치도 하지 않았다. 안전 의무는 물론 환경 관련 법률 위반으로도 4,500여 건의 통지를 받았다. 메세이에너지는 비용 절약을 위해 탄광 내의 환기 설비도 갖추지 않았다. 조사관이 오는 날에만 급히 유사 환풍구를 달아 규제를 피해 갔다.

사고 2년 전 회사는 안전 규제와 노동법 등 835건의 법 위반으로 경고를 받았다. 위반 경고장이 사무실 책상에 쌓여 가도 회사는 이를 무시했고, 정부도 어떤 실질적 제재를 가한 적은 없었다. 회장은 법조계와 친했다. 2000년에 켄터키 동부 마틴 카운티 탄광에서 오염 물질이 유출되어 2만 7,000여 명의 식수원을 오염시켰지만 회사가 낸 벌금이라고는 고작 4,600만 달러에 불과했다. 회장이 웨스트버지니아 주 최고법원 판사 중 일부와 모나코에서 휴가를 함께 보내는 사진이 2009년에 세상에 알려지기도 했다. 그는 광산 폭발 사고로 인해 미국에서 처음으로 형사재판을 받은 대형 탄광회사 회장이 되었다. 회장은 보석금 580만 달러를 전액 현금으로 지불했다. 회장의 측근들은 폭발 사고에 대해 "이 일은 누구의 잘못도 아닌 신이 내린 일"이라고 말했다. 위험을 키우고 있는 것은 혹시 돈을 위한 욕망에 더해 소수의 탐욕과 그들만의 카르텔은 아닐까. 자본에 포섭당한 정부와 전문가들은 서로의 이익을 위해 다수의 안전을 등한시한 것은 아닐까.

과거와는 다른 위험과 과거부터 존재하던 위험이 뒤엉켜 지뢰처럼 우리 앞에 놓여 있다. 위험과의 동거를 위해 우리는 많은 질문에 답해야 한다. 가장 먼저, 위험을 인지하고 분석하는 일은 전문가의 영역이다. 주로 과학기술이 그 역할을 수행할 것이다. 위험이 파악되었다면 이제 위험의 정도를 알리고 논의해야 한다. 얼마나 위험한가, 얼마나 자주 일어나는 일인가, 전문가들의 분석은 믿을 만한 것인가, 누가 이 위험을 감당하고 있는가. 이러한 과정을 위험소통이라 부른다. 위험소통은 위험과의 동거를 위해 매우 중요한 과정이다. 객관적 정보를 차별 없이 모두에게 알리는 일, 누가 얼마나 위험을 감당할 것인지를 논의하는 일. 행정능력이 발휘되어야 하는 시점이다. 이 논의와 정보를 오가게 하는 것이 행정이라면 위험과의 동거 수준을 정하는 것은 '정치'다. 위험을 얼마나 감내할 것인지를 결정하는 것은 전문가들의 논문이나 실험실, 혹은 몇몇 정치인의 탁상행정이 아니라 우리 모두의 숙고를 거친 합의여야 한다. 위험과의 적대적 공생의 수준을 결정하는 과정은 참여와 논쟁을 통해 정의롭게 결정되어야 하는 것이다.

이 과정을 통해 개개인의 위험 대응 능력을 높이기 위한 다양한 사회적 장치들을 만들 수 있을 것이다. 어떤 사회적 제도가 더 많은 이들을 안전하게 할 것인지를 결정하는 것 역시 정치의 영역이다. 규제나 복지라는 사회의 안전망은 이렇게 탄생한다. 쉽지 않지만 반드시 필요한 것이 바로 사회적 합의다. 그래서 토론과 합의라는 민주주의의 과정은 위험과의 동거를 위해 필수적이다. 하지만 애석하게도 우리 사회는 이 토론과 숙의를 종종 생략해 왔고, 때로는 누군가에게 감당하라 억박지르기도 했다. 그뿐만 아니라 위험을 회피하는 일 역시 '개인'의 책임으로 떠넘겼다. 우리는 '효율과 이윤' 앞에서 스스로 살아남아야 하는 것일까. 소수의 이익이나 몇몇의 욕심으로 인해 위험이 더 커지는 것을 막기 위한 우리의 방법은 '연대'다. 더 넓고 깊은 연대는 삶 속에 드리워진 위험의 그늘을 줄이고 우리를 '안전사회'로 이끌어 줄 단초가 될 것이다. 연대는 위험에 대비하는 인류의 가장 오래된 방법이자 미래다.

애팔래치아산맥에 거대한 광산이 늘어날수록 석탄회사와 회장은 점점 더 부자가 되었지만 마을주민들의 삶은 그렇지 않았다. 병은 깊어져 갔고, 부자가 되지도 않았다. 그래도 석탄회사에서 일을 할 수는 있었다. 석탄회사들은 지역 경제를 위한 일이라며 나무를 심기도 하고 골프장을 건설해 주기도 했다. 환경단체들이 탄광 확대를 반대하는 캠페인을 벌이자 주민들은 반발했다. 그나마 생계를 이어갈 수 있는 탄광회사의 존재는 소중한 것이었다. 주민들에게 환경단체가 주장하는 과학은 '나쁜 과학'이었다. 마을 사람들은 '암에 걸리면 좀 어떤가. 보험에 들었으니 상관없다'라며 격렬히 반발했다. 결국 환경단체의 활동가들은 무장 경찰의 호송을 받으며 마을을 빠져나와야 했다. 미국의 어느 광산 마을에 한정된 이야기라고 하기에는 입맛이 쓰다. 조금 더러우면 어때, 어차피 모두가 죽는 인생인걸, 나만 아니면 되지, 먹고사는 일이 최우선이지 한가한 소리들 하고 있어. 지구 반대편의 이야기라고만 생각되지 않았다. 삶이 고되다는 이유로 눈감아 버리고, 생각하고 고민하는 것이 불편하고 껄끄럽다는 이유로 치워 버린 질문과 의문은 얼마나 많았는가. 내 한 몸의 평안만을 위해 달려 온 시간은 또 얼마나 길었는가. 당신의 질문은 어디를 향하고 있는가.

진보는 오랜 시간 동안 정의로운 부의 분배를 말해 왔다. 하지만 이제 달라져야 하지 않을까. 하루가 다르게 새로운 위험은 생겨나고, 사회는 체계적으로 위험을 증폭시킨다. 평범한 일상마저도 위협하는 이 세계의 불안에 대해 가만히 있을 것인가. 우리 사회가 지금부터 함께 고민해야 할 일은 '정의로운 위험의 분배'여야 한다. 더 많은 연대와 더 많은 민주주의가 우리에게 자본주의가 드리운 위험의 그늘을 줄일 수 있을 것이다. 그래서 이 책은 더 이상 벼랑 끝으로 내몰리지 않기 위해 이 세계에 던지는 질문이자 불만에 대한 기록이다. 평온한 삶에 대한 욕망이며, 구조를 포기한 국가에 대한 분노다. 눈부신 발전을 찬양해 온 과거에 대한 반성이자, 파이를 키워야 한다고 모두를 채찍질해 왔던 우리에 대한 성찰이며, 당신과 나의 정치에 대한 선동이다.

편린 같은 고민을 조각보처럼 이을 수 있도록 도와주며 격려를 아끼지 않았던 동녘 출판사의 편집자께 마음을 담아 깊은 감사를 드린다. 쉽지 않은 선택을 지지해 주며 깊은 밤 글과 씨름하던 시간을 묵묵히 지켜봐 준 가족들에게 사랑의 말을, 언제나 함께여서 고마운 지인들에게 안녕의 말을 전하고 싶다. 이 책을 쓸 자격이 있는가를 수도 없이 되물어 가며 책상 앞에 홀로 앉아 있던 새벽 시간이 헛되지 않기를 바란다.

강은주

1장.

위험은 늘
우리와
함께 했다

사람들은 평소보다 더 현명하게
행동했을 때 그것을 행운이라 부른다.
— 앤 타일러

⚠️

열아홉, 고등학교 3학년. 가족 모두의 삶을 떠안기에 버거운
나이였다. 미정이가 초등학교 5학년 때 아버지는 실종 10개월 만
에 시신으로 발견되었다. 살림을 떠맡아 악착같이 가족들의 생계
를 건사하던 어머니는 3년 전 교통사고로 돌아가셨다. 80이 넘은
할머니와 2살 아래 동생 미란이, 10살 터울의 막내 태형이까지,
살림은 늘 팍팍했다. 미란이가 집밖을 떠돌기 시작했다. 학교공부
에도 흥미를 잃었다. 부쩍 말수가 줄었다. 그래도 막내의 안부를
묻고 잘 지내고 있다고 안부를 전하던 동생이었다. 최근엔 친구
집에서 지낸다며 다시 공부를 시작할 계획이라고 했다. 1995년 8
월 13일, 경찰서에서 집으로 전화가 왔다. 대학로를 배회하던 미란
이가 단속에 걸렸으니 보호자가 데려가야 한다고 했다. 팔순 할머

니는 노구를 이끌고 취로사업에 나가 있었고, 가까운 어른인 이모부는 일 때문에 지방에 내려가 있었다. 경찰서 보호실에 간 건 미정이었다. 법정 보호자는 될 수 없다 했다. "상황이 좋지 않으니 다시 와서 곧 데리러 갈게"라고 말할 수밖에 없었다. 16세 미란이는 울면서 경찰에 의해 경기도 용인의 '경기여자기술학원'에 입소했다. 공짜로 기술을 가르쳐 주는 학원이라고 했다. 미정이는 할머니든 이모부든 '보호자'를 데리고 와 미란이를 데리러 갈 생각이었다. 하지만 미란이는 학원에 입소한 지 1주일 만에 시신이 되어 돌아왔다. 학원에 불이 났다고 했다. 누군가 불을 질렀다고 했다. 빈소에서 미정이는 "부모님 한 분만 살아 계셨어도, 그래서 학원에 보내지만 않았어도"라며 울었다.

불이라도 질러야 했다

1995년 8월 20일 오후 2시. 경기도 용인의 경기여자기술학원 건물 1층 9호실에 정미(가명, 15세)를 비롯한 14명이 모였다. 신호조, 유리창 파손조, 경비원 차단조, 방화조로 나누어 각자의 역할을 분담했다. 그날 밤, 21일 새벽 1시 30분 4~5명이 2층 사감실로 몰려갔다. 어차피 날이 밝으면 여기를 나갈 수 있으니 분풀이라도 하고 싶었다. 사감(박영희, 56세)을 이불로 덮어씌우고 팔을 꺾었다. 얼마 지나지 않은 새벽 2시, 유리창 깨지는 소리가 나고 누군가 '불이야'를 외쳤다. 그리고 9개 방에서 동시에 불길이 솟았다.

이불과 공책, 휴지를 그러모으고 베이비오일을 뿌렸다. 불은 삽시간에 번졌다. 깊은 새벽, 일은 생각보다 쉽게 풀리는 것 같았다. 유리창 파손조는 근처의 소화기를 집어 들고 창문을 두들겼다. 하지만 문은 열리지 않았다. 불을 지르고 그곳을 탈출하고자 했던 계획은 정확히 방화까지만 성공했다. 출입문 파손조의 실패는 137명의 원생들을 급속도로 죽음으로 몰아갔다. 복도와 방이 연기로 가득 찼다. 화재경보기는 울리지 않았다. 방을 나온 원생들은 출입문으로 달려갔지만 문은 굳게 잠겨 있었다. 출입문 옆 화장실로 몰려갔다. 화장실의 창문조차 쇠창살로 막혀 나갈 수 없었다. 수원소방서와 용인소방서 소속 소방차 40대, 소방대원 296명이 달려왔다. 1시간 30분 만인 3시 30분쯤 불길은 잡혔다. 하지만 이미 불은 2층 전체(600여 평)를 집어삼킨 뒤였다.

37명이 사망했고, 16명이 중상을 입었다. 불이 난 건물에서 가장 먼저 탈출한 것은 사감이었다. 사감은 '불이야'라는 소리가 나고 자신을 폭행했던 원생들이 밖으로 달려 나가자 방문을 열었다. 복도가 연기로 매캐했다. 창문을 깨고 수건으로 입을 막았다. 복도로 뛰어나가 숙직사(전상주, 48세)가 열어 준 문을 통해 원생 11명과 함께 탈출했다. 사감이 무사히 탈출할 수 있을 정도로 출입문은 열렸는데 왜 원생들은 화장실로 몰려가 죽었을까. 현장에 도착했던 소방대원은 "2층 출입문이 잠겨 있었다"라고 진술했다. 숙직사가 사감과 일부 원생들이 문밖으로 나오는 것을 보고 다시 문을 잠갔다는 의혹이 제기되었다. 평소 출입문과 비상구의 자물

쇠는 원생들의 탈출을 막기 위해 밖에서 잠갔다. 이 문을 열 수 있는 사람은 기숙사 건너편 본관 건물의 숙직실 직원뿐이었다. 본관은 창문도 넓고 쇠창살도 없었지만 기숙사는 철저히 '폐쇄'되었다. 사감은 화장실로 몰려가 사망한 원생들에 대한 기자의 질문에 "황급히 빠져나오느라 생각도 못했고, 기억도 나지 않는다"라고 말했다. 그녀는 학원의 책임자인 사감이었지만 불길 속에서 자신의 탈출에만 최선을 다했다. 원생들은 대부분 2층 출입문 옆 화장실에서 사망했다. 방에서 나온 소녀들이 화장실로 꾸역꾸역 밀려들었기 때문이다. 안쪽으로만 열리는 문이 열리지 않을 정도로 들어서 있었다.

사망한 소녀들은 인근 아주대병원, 동수원병원 등으로 분산되었다. 소식을 듣고 가족들이 달려왔다. 전화로 아이들의 생사를 확인하지 못한 부모들이 현장으로 몰려왔지만 경찰은 출입을 통제했다. 생존자 명단만을 작게 붙여 놓았기 때문에 명단에 있지 않은 딸이 부상을 당했는지, 죽었는지 알 길이 없었다. 부상을 당했다면 어느 병원에서 치료를 받고 있는지, 죽었다면 시신은 어디에 있는지 병원이라도 알려 달라며 울부짖는 어머니들은 늘어 갔다. 30여 명의 가족들이 생사 여부도, 부상자 치료 병원 소재도 파악하지 못해 발을 동동 굴렀다. 1주일 전에 딸을 입소시켰다는 아빠는 "수원 시내 주요 병원은 다 돌아다녔지만 딸의 이름은 없었다"라며 경찰에게 따져 물었지만 경찰의 답변은 "불을 지르고 행방을 감춘 학생일 수도 있다"였다.

부모들은 경기여자기술학원이 윤락 여성 기술교육소라는 것을 몰랐다. 집 밖으로 나도는, 공부에 흥미 없는 딸을 입소시킬 때 그런 말은 없었다. 좋은 실습장에서 무료로 기술 교육을 받고, 자격증을 따는 곳이라고 했다. 사고가 난 다음 날인 22일 오전, 유족들은 경기도청으로 몰려갔다. 국비의 지원을 받는 공공 기관에서 어떻게 이런 일이 있을 수 있는가. 아이들의 구조에 소홀했던 것 아닌가. 왜 쇠창살을 설치하고 감금했으며, 왜 문을 열어 주지 않았는가. 화재 앞에서 아이들을 방치한 것은 아닌가. 유족들의 의문은 수그러들지 않았다. 울부짖는 부모들에게 경기도청은 '철저한 진상 조사'를 약속했다.

　　하지만 경기도는 당초 이 사고를 크게 생각하지도 않았다. 사고 당시는 을지훈련 기간이었다. 당연히 지방자치단체의 간부 및 직원은 비상근무를 해야 했다. 21일 새벽에 사고가 발생했지만 그날 저녁 이인제 경기도지사는 서울 서초동의 고급 음식점에서 고교 동창생들과 식사를 했다. 도지사 선거 당시 자신을 도와준 동창생 10여 명에 대한 감사의 자리라고 했다. 물론 도지사는 사고 직후 "사과와 재발 방지"를 말했다. "학교 시설은 최단 시일 내에 복구하고 정상적으로 운영해 나갈 계획"이라는 말도 덧붙였다. 그는 경기여자기술학원의 현실에 대해 전혀 인지하고 있지 못했다. 언론에서는 연일 '윤락 여성'들의 방화·탈주 모의로 인한 불운한 사고라고 보도했다. 아주대병원에서는 일부 유족들이 취재진을 구타하는 일도 발생했다. 언론이 제대로 사고를 취재하거나 보도

하지 않는다는 울분이었다.

누구도 책임지지 않는 사고

경기여자기술학원은 경기도가 사회복지법인 대한예수교장로회(통합)총회 자선사업재단(이하 재단)에 위탁 운영하던 복지 시설이었다. 경기도는 사고 1달 반 전인 7월 3일에 안전 점검을 실시했다. 기숙사에 비치된 소화기는 제대로 작동하지 않았고, 원생들은 소화기 사용법을 배운 적도 없었으며, 다룰 줄도 몰랐다. 하지만 어떤 시정 조치도 없었다. 사고 5일 전에는 화재 주경보등이 꺼져 있었다. 사고 발생 후 경찰은 방화 관리 책임자인 사무장(홍종찬, 43세)으로부터 스위치를 꺼 놨다는 자백을 받았다. 물론 방화 관리 일지에는 '이상 없음'이라는 서명이 기재되어 있었다. 담당자는 휴가 중이었다. 서명은 조작된 것이었다. 소방관이 출동했을 때 소화전의 물은 나오지도 않았다. 기숙사의 3중 잠금 열쇠는 한 명의 당직자만이 가지고 있었다. 화재에 취약한 비닐장판은 유독가스를 내뿜었다. 당연히 단열재도 없었다. 학교에는 취사장이 있었고, 요리를 가르쳤기 때문에 가스통이 많았다. 규정상 안전 관리는 전기설비 자격증 소지자가 맡도록 되어 있었지만 자격증을 가진 이는 없었다. 보일러기사 자격증을 가진 담당자가 겸직해 왔다. 시설을 운영하는 책임 주체인 재단은 1992년 기숙사 창문에 쇠창살을 철거할 것을 지시했다. 학원 측은 경기도가 탈출 방지를 위해 필요한 시설로 철거를 허락하지 않는다고 이를 묵살했다.

　사고가 발생한 지 이틀 만에 경기도와 재단 사이에 보상 주체 논란이 일었다. 학원의 실질적 소유자인 경기도와 운영을 위탁받은 재단 사이에 보상 한계를 정하는 다툼이 이어졌다. 경기도와 재단이 맺은 위탁약정서에는 "수용원생의 보호를 소홀히 하거나 선량한 관리자로서의 주의의무를 게을리하여 인명 피해가 나는 등 중대 사고가 발생한 경우 경기도는 재단 쪽에 손해배상을 청구할 수 있다"라고 되어 있었다. 경기도는 이 규정을 들어 보상 책임이 재단 쪽에 있다고 주장했다. 하지만 재단은 사고가 원생들의 방화에 의해 일어난 만큼 보호를 소홀히 하거나 주의의무를 게을리했다고 보기 어려운 불가항력의 상황이었다고 주장했다. 당시 경기도 행정부지사 임수복은 "일단 재단 쪽에 성의 있는 보상을 촉구한 뒤 재단 쪽의 보상 능력이 없을 경우 우선 경기도가 보상하고 구상권을 청구하는 소송을 낼 것"이라고 했다. 장례비 400만 원은 경기도가 우선 부담했다.

　재단과 경기도는 서로 책임을 떠넘기기 급급했다. 재단의 목사는 "이곳의 직원들은 모두 경기도가 보낸 예산에서 공무원 보수 규정의 직급 호봉에 따라 급여를 받아 왔으며 이들이 교과목 편성, 시설물 설치, 입·퇴소자 결정 등을 해 왔다"라고 주장했다. 그는 재단이 한 일이라고는 목사를 파견하여 매달 95만 원의 월급을 주고 예배와 종교적 정신 교육을 시킨 것뿐이라고 했다. 자신들은 실제로는 운영 권한이 없었고, 문제 직원의 교체조차도 최종 결정권이 경기도에 있기 때문에 인사권도 없었다고 말했다. 오히려 "1994년 3월 화재 당시 전문가로 구성된 입·퇴소 심사위원회 조직, 상담요원 배치, 부모에게 시설 개방 등의 개선안을 마련했지만 반영되지 않았다"라고 억울해 했다. 목사는 피해자에 대한 위로 차원에서 금전 지원을 위해 전국 교회에 도움을 요청했다. 또한 이로 인해 종교단체의 복지재단이 위축되어서는 안 된다고도 주장했다.

사고가 난 지 1달이 넘어가면서 세상은 사건을 잊어 갔다. 1995년 9월 29일. '창살 안에 갇혀 숨져 간 내 딸을 살려 내라', '보상협의조차 거부하는 도지사는 물러가라'. 수원 경기도청 정문 앞에서는 유족들의 통곡이 이어졌다. 경기도가 사고 직후 언론을 통해 약속했던 보상은 대구지하철 폭발 사고와 성수대교 붕괴 사고에 준했지만 턱없이 낮았다. 유족들은 도청으로 몰려가 도지사 면담을 요청했으나 그들을 기다리고 있었던 것은 굳게 잠긴 철문과 100여 명의 전투경찰이었다. 4시간을 울며 기다렸다. 면담은커녕 출입조차 봉쇄되었다. 도지사는 전국체전 선수단 격려를 이유로 뒷문을 이용해 도청을 빠져나갔다.

경기여자기술학원

경기여자기술학원은 1995년 당시 전국에 2개밖에 없던 윤락 여성 기술 교육 시설이었다. 1962년에 서울 중랑구 상봉동에 있던 국립 부녀보호소를 경기도가 인수해 도립 부녀보호소로 운영해 오다 경기여자기술학원으로 변경했다. 1983년부터 사회복지법인 대한예수교장로회 총회(통합) 자선사업재단에 운영을 위탁했다. 1992년에는 경기도 용인군 구성면에 경기도 예산 26억 원을 들여 2층짜리 콘크리트 건물을 지어 이전했다. 입소 대상자는 '윤락행위 등 방지법을 상습적으로 위반했거나, 윤락 행위 가능성이 높은 여성'이었다. 하지만 사고 당시 원생 137명 중 윤락 여성이었던 원생은 7명에 불과했다. 나머지 130명은 대부분 가출 청소년이나 가정 형편이 어려워 기술 교육을 목적으로 부모 손에 이끌려 온 10대 소녀들이었다. 21세 이상의 원생은 7명밖에 되지 않을 정도로 미성년자가 많았다. 1962년 이후 이곳을 거쳐 간 인원은 공식적으로 4,985명이었으며, 미용·양재·자수·요리 등에서 자격증을 취득한 인원은 1,018명이었다.

왜 그곳의 원생들은 불을 질러서라도 그곳을 탈출하고 싶어 했으며, 왜 학원은 그토록 철저한 잠금장치를 설치했던 것일까. 학원의 시설은 '수용소'나 '감옥'과 다르지 않았다. 외출과 외박은 교육 기간이 끝날 때까지는 금지였다. 학원이 정한 규율은 많았다. 아침과 저녁에는 군대식 점오도 했다. 규정을 어기면 욕설을 듣는 것은 기본이고 몽둥이로 온몸을 맞았다. 탈출은 상상하기 어려웠다. 다시 잡혀 들어오면 강제로 머리를 깎이고 7~8시간 동안 기합을 받았다. 아침 6시 30분 기상, 8시 아침식사, 9시부터 성경 공부, 오후 1시부터 4시간 동안은 양재·요리·한복·기계

자수와 같은 교육, 저녁 7시 40분 점오, 9시 취침까지 꽉 짜인 생활의 교육 기간은 10개월이었다. 방마다 쇠창살로 막고, 학원 담장에는 철조망을 설치했다. 주요 지점에는 전자감응장치가 있었다. 2중·3중의 울타리로 소녀들을 막았다. 편지도 검열당했고, 면회도 제한되었다. 개인은 없었다. 방 배정은 행정 편의에 의해 이루어졌다. 내부의 권력은 자연스럽게 형성되었고, 파벌이 생겨났다. 일그러진 영웅들은 곳곳에 있었다. 집단 패싸움과 폭력은 당연한 것이었다. 5평 남짓한 방에 9~10명이 함께 생활했고, '짬밥순'으로 서열이 정해졌다. 방마다 '실장'이 있었다. 실장은 방의 전권을 가진 왕이었다. 구타·폭행은 다반사였다. 방에서 이루어지는 가혹행위의 대부분은 일과 후인 오후 7시 이후에 집중적으로 이루어졌다. 실장의 눈 밖에 나면 삶은 더욱 고달파졌다. 벌 청소는 물론이고, 언니들의 심부름과 빨래를 도맡고 팔다리를 주물러야 했다. 교무주임(이용철, 37세)은 폭력의 감시자가 아니라 폭력의 끝에 군림하는 제왕적 존재였다. 시도 때도 없는 매질과 각종 군대식 체벌은 일상이 되었다. 그는 사고 후, '폭력행위 등 처벌에 관한 법률' 위반 혐의로 입건 조사되었다. 사망한 시신 중 일부는 폭행의 흔적 때문에 추가 부검을 실시하기도 했다.

사실 이러한 가혹 행위가 이전에 전혀 알려지지 않은 것도 아니었다. 경기도의회에서 학원의 비인권적 사례가 지적되기도 했고, 민원이 접수된 적도 많았다. 하지만 경기도가 한 일이라고는 1년에 한 번 있는 형식적 지도 점검이 전부였다. 종교재단의 자선

사업이라는 이유였다. 물론 운영은 재단이 하고 있었지만 비용을 지원하는 것은 국가와 지방자치단체였다. 경기도가 재단에 지원하는 금액은 연간 11억 3,800만 원가량이나 되었다. 학원은 원생의 숫자에 따라 자금을 지원받았기 때문에 인원이 많을수록 좋았다. 교육 기간은 원래 12개월이었지만 1994년 원생들의 방화·탈출 기도 사건 이후 10개월로 줄어들었다. 학원은 원생 수가 주는 것을 원치 않았기 때문에 자격증 취득을 돕는다는 이유로 '중간의 집'이라는 것도 만들었다. 교육 기간이 끝난 원생들을 더 붙잡아 두려는 목적이었다. 교육 기간도 고무줄처럼 늘어났다. 침이나 껌을 뱉으면 3일, 싸우거나 도망치다 걸리면 30일, 이렇게 교육 기간은 하염없이 늘어졌다.

학원이 탐났던 것은 원생 1인당 연간 300만 원씩 지급되는 지원금뿐이었다. 그뿐만 아니라 학원은 정부의 지원을 받기 위해 실제 수용 인원보다 더 많은 예산을 지원받았다. 사고 당시 원생은 137명이었지만 43명이나 더 부풀려 지원금을 받고 있었다. 사정이 이러하니 원생들의 삶은 학원의 관심사가 아니었다. 학원 직원 42명 중 8명이 원생을 감시하는 청원경찰이었고, 건물 주변의 철망 높이는 4미터나 되었다. 원생들은 1992년에 일부 원생들이 학대에 의한 피해망상증을 호소하여 정신병원에서 치료를 받은 일이 있었다고 주장했다. 사건 이틀 전인 19일에는 원생 6명이서 기숙사의 가혹 행위에 대해 항의하는 집단행동을 했지만 학원은 아무런 관심을 기울이지 않았다. 경기도 역시 관심이 없기는 매한

가지였다. 도의회의 시정조치 촉구에도 감사는 단 한 차례도 이뤄지지 않았다. 1994년 1월 18일에 기숙사 커튼에 불을 질러 6명이 구속된 사건에 대해서도 경기도는 학원 측이 자체 해결토록 했다. 그들을 쇠창살 안에 감금하는 것은 법적 근거도 없었다. 진술거부권, 영장제도 등의 사법 절차는 이곳에서 활자에 불과했다. 윤락여성으로 '의심'되는 여자들은 경찰이 단속해 이곳으로 보냈다. 1994년 3월에는 10여 명이 '보호 시설 수용은 신체의 자유와 재판받을 권리 등을 침해한 것'이라는 소송을 제기했다. 소송을 제기하자 그들은 바로 학원을 벗어날 수 있었다. 학원 측이 공개한 원생들의 탈출 기록은 1992년에 9명, 1993년 3명, 1995년 5명이었다. 비공식 숫자는 알려지지 않았다.

시설의 가장 큰 문제는 수용된 원생의 신체적 자유를 전면적으로 구속할 수 있는 절대적 권한을 시설장이 가지고 있다는 점이었다. 직업교육의 종류 및 수용 기간, 입소 및 퇴소와 상벌에 관한 사항, 휴일 운영에 관한 사항까지 모두 시설장의 임의로 결정이 가능했다. 잠깐의 실수로 운이 없어 끌려왔거나, 형편이 여의치 않은 부모의 손에 이끌려 기술을 배우러 온 아이들까지, 일단 들어오면 시설장이 정한 기한을 채울 때까지 부모의 요청이 있어도 나갈 수 없었다. 기술 교육의 질도 형편없었다. 탈주를 막기 위한 쇠창살과 전자감응장치에는 투자해도 교육과 상담에 투자하지는 않았다. 원생들의 자격증 습득률은 20퍼센트에 불과했다. 원장, 총무, 상담교사 등 직원의 3분의 1 이상만 사회복지사 자격을 소유하면 시설을 설립하고 운영할 수 있는 규정 덕에 67퍼센트의 무자격자들이 판을 쳤다. 직원들이 허위로 자격증만 빌리는 일은 땅 짚고 헤엄치기였다. 국비가 연간 9,766만 원, 도비 10억 4,088만 4,000원이나 들어가지만 원생들의 삶과 질을 관리 감독하는 이는 없었다. 윤락 여성, 가출 여성에 대한 정부의 '적절한 선도책'은 마구잡이로 단속하고 붙잡아 강제로 수용하는 것이 전부였다. 그들을 사회에서 눈에 보이지 않는 곳으로 치워 버리기가 정부 정책의 방향이었다.

사고가 발생하고서야 세상은 경기여자기술학원의 이야기를 입에 올리기 시작했다. 정치권도 한마디씩 얹었다. 당시 경기도의회 민주당 정장선 의원은 "원시적 운영으로 인한 예견된 참사"라고 지적했다. 사고 다음 날(22일)에는 국무회의에서도 언급되었다. 하지만 김용태 내무부 장관은 "지자체에서 윤락 여성들의 재교육 시설 관리를 기피하고 있을 뿐 아니라 그렇다고 해서 정부가 맡을 일도 아니다"라고 선을 그었다. 이날 국무회의의 주된 안건은 '한국과 스웨덴 간의 투자증진 및 상호보호에 관한 협정'이었다. 물론 소관 부처인 보건복지부는 '사회복지 시설 전면 실태 조사'에 나서겠다고 했다. 1998년까지 노인과 장애인을 수용하는 전국 사회복지 시설의 쇠창살·철망과 같은 시설을 없애고 스프링클러를 설치하며, 낡은 시설은 개·보수하겠다고 밝혔다. 전국 단위의 실태조사도 이뤄졌다. 서울의 복지 시설에 대한 소방 및 피난 시설관리 상태 점검 결과 68곳은 소화기조차 없었다. 언론은 연일 복지 행정의 문제점과 대책을 주문하는 내용을 기사와 사설로 실었다. '시대 상황과 동떨어진 운영 방식으로 윤락·가출 여성의 교화는 불가능', '당국의 관심과 철저한 지도 감독은 물론, 내실 있는 교육 프로그램의 개발이 시급'과 같은 전문가의 조언도 쏟아졌다. 마치 복사해 붙여 놓은 것 같은 제목도 등장했다. '고질화된 안전 불감증'.

하지만 정부는 이 사건이 전국적으로 알려지고, 그 실태가 드러나길 원하지 않았다. 1995년 8월 21일 MBC 〈뉴스데스크〉의 머릿기사는 당연히 경기여자기술학원 화재 사고였지만 강성구 당시 사장은 민주자유당 당직 개편 기사로 바꿀 것을 명했다. MBC 노동조합은 반발했다. 방송 2분 전에 겨우 이 사건은 〈뉴스데스크〉의 첫 뉴스로 확정될 수 있었다. 당시 MBC 최문순 노동조합위원장은 김영삼 정권 창출의 공로를 인정받아 내려온 '낙하산 사장'에 대한 규탄의 목소리를 높였다. 결국 그해 9월, MBC는 인사위원회를 열어 최문순 노조위원장의 징계를 논의했다.

어른들의 탐욕이 아이들을 죽였다

경기여자기술학원 사건은 당시 대통령이 툭하면 '세계화' 시대로 나아가야 한다고 부르짖던 '문민정부' 시절에 발생했다. '문제아' 소녀들이 수용 시설에서 비인간적 대우를 받다가 탈출을 위해 방화를 하였으나, 문이 잠겨 탈출하지 못하고 대규모 사망자를 낳았다. 어른들의 이기심, 그들의 탐욕이 아이들을 죽였다. 정부는 어떤 책임도 지지 않았고, 책임을 떠넘기기 바빴으며, 국회는 아주 잠깐 시끄러웠을 뿐이었다. 사람들은 사고를 금세 잊었다. 억울한 것은 유가족들뿐이었다. 피해자였던 아이들은 대부분 형편이 어려운 가정에서 나고 자랐다. 당연한 일이었다. 가난과 가정폭력은 아이들에게 가장 안전해야 할 집을 떠나도록 종용했다. 사회 역시 아이들에게 관심을 기울이지 않았다. 국가의 얄팍한 복지 시스템은 아이들에게 해 줄 수 있는 것이 없었다. 아니, 하려하지 않았다. 경쟁의 아귀다툼이 일상인 학교는 그들이 양산한 낙오자에게 발 디딜 틈조차 허락하지 않았다. 공짜로 미용이든 요리든 재봉이든 기술을 가르쳐 자격증을 딸 수 있게 해 준다는 '학원'은 아이들에게 다른 삶의 기회를 꿈꿀 수 있는 동아줄로 여겨졌다. 지역의 사회복지 공무원이나 선생님의 추천을 받거나 경찰에 의해 보내진 아이들이 적지 않았다. 국가가 그들에게 희망을 품게 했다. 가난하고 불행한 아이들은 세상의 벼랑 끝으로 밀려나려던 참이었다. 오늘보다 내일을 꿈꾸어야 할 나이이지만 그들이 서 있을 수 있는 곳은 거리밖에 없었다. 그런 아이들에게 국가가 해 준 것은 그들에 대한 '청소'였다. 눈에 띄지 않는 곳에 모아 두고는 끝이었다. 어른들의 관심은 아이들이 꿈을 가지고 다시 세상으로 나가는 것이 아니었다. 아이들을 함부로 가두는 '수용'은 법적 근거도 없었다. 종교재단이라는 이름의 가면을 쓴 어른들은 아이들을 통해 돈을 버는 일에만 관심이 있었다. 정기적으로 공무원들에게 뇌물을 주고 감사나 관리 감독을 피해갔다. 소방 설비는 서류 상으로만 존재하면 될 일이었다. 수도세 많이 나가는 소방 호스는 잠가 놓고, 대충 위조한 사인으로 화재경보기가 괜찮다 했고, 무 자격자가 시설을 관리했다. 그리고 아이들은 죽었다. 왜 아이들은 죽어야 했을까.

어른들은 아이들이 더 많아질수록 더 많은 돈을 벌 수 있었 다. 투자는 아이들의 교육이나 삶이 아니라 울타리와 잠금장치에 이루어졌다. 무자격자인 '선생님'들은 아이들 사이의 폭력을 방조 하거나 부추겼다. 더 나아가 그들은 아이들에게 심각한 폭력을 행 사했다. 제대로 된 교육이 될 리 없었다. 교육은 형식적인 시간 때 우기였다. 희망 없는 강제 교육은 아이들을 더욱 사회의 변두리로 내몰았다. 스스로 삶을 개척해 나갈 토양을 갖추지 못하고 기한 을 채운 아이들은 마치 출소자와 다르지 않았다. 또다시 말썽꾸 러기가 되거나 더욱 열악한 환경으로 가거나 윤락 여성이 되었다. 학원은 돈을 벌어 좋고 정부는 보기 싫은 아이들을 치우면 되는 일, 누이 좋고 매부 좋은 일이었다. 불을 질러서라도 이곳을 나가 겠다는 아이들을 어른들은 외면했다. 때리고 벌을 주었을 뿐이었 다. 아이들은 불을 질렀지만 죽어서야 그곳을 나올 수 있었다. 문 은 열리지 않았다.

가장 먼저 탈출한 사람은 총책임자 사감이었다. 어른들은 아 이들이 빠져나온 후 문을 잠갔다는 의혹을 받았다. 죽은 아이들 의 시신이 안치된 병원조차 제대로 알려주지 못한 정부에, 제대로 보도조차 하지 않았던 언론이 있었다. 정부의 총책임자는 자리를 비웠고, 말뿐인 '진상 규명'을 기계처럼 되풀이했다. 선출된 정치인은 지지자들과의 술자리가 더 중요했다. 어른들이 다툰 것은 보상에 대한 책임을 미루기 위해서였다. 정부는 재발 방지를 약속했지만, '보기 싫은 아이들을 청소한다'는 행정의 원칙은 바꾸지 않았다. 그리고 세상은 이 사건을 잊었다. 이 사건 이후 보건복지부는 입소 절차를 강화하고 본인의 의사와 상관없는 강제 입소를 금지하기로 했다. 하지만 보건복지부는 1995년 9월 22일 개정된 '윤락 행위 등 방지법'이 다음 해부터 시행됨에 따라 시설 입소 여성이 늘어날 것으로 보았고, 전국 시도별로 1곳씩 15개의 윤락 여성 선도 보호 시설 설치를 의무화하는 방안을 발표했다. '청소 행정'은 다시 되살아났다.

한국사회, 그리고 위험

운이 좋았다. 이제까지 이 땅에서 죽지 않고 살아남은 자들은 모두 운이 좋았다. 대연각 호텔 화재(1971년 12월), 온산병(1980년대 초), 낙동강 페놀오염(1992년 3월), 신행주대교 붕괴(1992년 7월), 청주 우암상가 아파트 붕괴(1993년 1월), 구포역 열차 전복(1993년 3월), 목포공항 항공기 추락(1993년 7월), 서해훼리호 침몰(1993년 10월), 성수대교 붕괴(1994년 10월), 충주호 대형 유람선 화재(1994년 10월), 아현동 가스 폭발(1994년 12월), 대구지하철공사

장 가스 폭발(1995년 4월), 삼풍백화점 붕괴(1995년 6월), 광양만 시
프린스호 침몰(1995년 7월), 경기여자기술학원 화재(1995년 8월), 괌
항공기 추락(1997년 8월), 씨랜드 화재 사고(1999년 6월), 인천 인현
동 호프집 화재(1999년 10월), 대구지하철 방화 (2003년 2월). 이 모
든 사건을 뛰어넘어, 먹는 물 중금속오염(1998년), 고름우유 논쟁
(1995년 10월), 화학간장 발암물질 파동(1996년 2월), 미국산 쇠고
기 병원성 대장균 O-157논란(1997년 9월), 중국산 '납 꽃게' 파동
(1999년 8월), 한국 구제역 발생(2000년 이후), 조류독감(2003년 이
후), '쓰레기 만두' 사건(2004년 6월), 김치 기생충알 검출(2005년 10
월), 수산물 말라카이트그린 검출(2005년 8월), 산양유 사카자키
균 검출(2006년 9월), 멜라민 과자(2008년 9월)의 위협 속에서도
꿋꿋이 무거운 몸을 이끌고 만원 지옥철에 몸을 싣고 야근을 마
치고 집으로 돌아와 허리를 펼 수 있는 사람은 그저 행운아일 뿐
이다.

낯익은, 그러나 잊고 있었던 저 숱한 사고에서 한국사회는 어
떤 교훈을 얻었는가라는 질문에 대한 대답은 2014년 4월 세월호
였다. 연도별로 나열된 사건의 원인과 세월호 사고의 원인이 다르
지 않다. 부정과 부패, 비신뢰사회라는 오명은 현재에도 벗겨지지
않았다. 오히려 비정규직 선장과 최저임금의 승무원, 파격적 규제
완화, 셀프 안전 검사, 사설업체에 전적으로 맡겨진 구조 등 위험을
키우는 쪽으로만 발전되어 왔다는 혐의만 늘어날 뿐이다. 이것이
바로 한국이 이룩한 '한강의 기적'과 '아시아의 호랑이'가 낳은 그

림자였으며, 성장의 발목을 잡는 추가적 비용에 불과한 안전 따위에 신경 쓸 겨를이 없었던, 폭주하는 경제성장이 낳은 괴물이었다.

수백 개의 우주가 바다에 가라앉았다. 꼬깃꼬깃 용돈을 들고 제주도로 향하던 고등학생, 2박 3일간 11만 7,000원의 아르바이트를 위해 승선했던 열아홉·스무 살의 청년, 추억을 쌓으러 가던 노인들까지 그렇게 304개의 우주가 가라앉았다. 어떻게 된 일인지 국가의 공권력은 승객들 대부분을 구조하지 못했다. 대한민국 헌법 제34조의 "국가는 재해를 예방하고 그 위험으로부터 국민을 보호하기 위하여 노력하여야 한다"라는 조항에 대해 국민들은 의문하기 시작했다. 세월호 사고에는 '안전불감증'이라는 단순한 단어를 적용할 수 없었다. 세월호는 이 사회가 어디까지 구석구석 썩어 있는지, 이윤과 효율을 위해 무엇을 포기하고 달려왔는지를 적나라하게 보여 주었다.

너덜너덜한 배를 수입한 회사가 있었다. 비정규직을 고용해 안전 교육조차 하지 않은 회사였다. 정관계 로비로 유명했고, 특정 종교재단과 연관되어 있을 뿐만 아니라, 회장님을 교주처럼 모신다고 했다. 그런 회장님의 취미 생활에 많은 돈을 썼던 회사는 배를 안전하게 고칠 생각도 없었다. 여기에 이 배를 운항할 수 있도록 허가해 준 국회가 있었다. 불법 증축을 눈감아 준 감독 기관이 있었다. 정해진 매뉴얼을 내팽개친 선장과 핵심 승무원들이 있었다. 배가 넘어가고 있었지만 '가만히 있으라'고 말하며 먼저 도망친 어른들이 있었고, 대통령에게 보고할 화면만 찾았던 고위직 공무원이 있었다. 그저 보고만 받았던 대통령이 있었다. 수백 명의 사람들이 있다는 것을 알면서도 사설 구난업체에 전화만 걸고 있었던 공권력이 있었다. 선거를 앞두고 사고를 크게 키우고 싶지 않았던 여당이 있었고, 기회를 틈타 정치적 주판알을 튕기는 야당이 있었다. 거짓말로 뉴스를 만들고, 취재조차 하지 않으면서 회장님의 신출귀몰한 도주 국토대장정을 뒤쫓던 언론사가 있었다. 이 사회가 일치단결하여 배가 뒤집히도록 밀었고, 아이들이 죽어가는 데 합심했다 해도 과언이 아니었다.

세월호가 시대의 경종이라고 하기엔 그 대가가 너무 쓰다. 체르노빌 사고가 발생하고 난 후 유럽에서는 성장 일로의 문명에 대한 반성이 일었다. 독일의 사회학자 울리히 벡Ulrich Beck은 현재의 우리 시대를 '위험사회'라고 명명했다. 분명 우리는 위험한 사회에 살고 있다. 단순히 세상이 복잡해져서, 우리가 부주의해서, 안전 불감증이라서 위험한 사회가 된 것일까.

우리는 모두가 경제성장을 향해 질주해 왔다. 경제가 아닌 다른 이야기를 꺼내는 것조차 불온한 시대다. 청해진해운은 화물 매출이 좋지 않으면 직원들에게 '새가슴'이라고 호통쳤다. 더 많은 화물을 실어야 돈을 벌 수 있었고, 화물을 빽빽이 싣기 위해 튼튼히 화물을 고정하는 일은 불필요한 절차였다. 고장 난 고박장치의 수리를 요구하는 선원들에게 돌아온 대답은 '경비 절감'이었다. 2013년 청해진해운은 향응 접대비에 6,000만 원을 썼지만 선원 교육에는 54만 원을 썼다. 이렇듯 우리는 안전에 대한 개념조차 잊었다.

대한민국이라는 나라가 생긴 이래로 안전이 이윤보다 먼저였던 적은 없었다. 경기여자기술학원에서 아이들이 죽도록 방조한 어른들은 아무것도 배우지 못한 채 여전히 거대한 어른들로 군림하고 있다. 위험에 대처하는 국가의 시스템은 누구의 관심사도 아니었다. 최근까지도 이 나라 홍수 피해의 대책은 '수재의연금'이었다. 여전히 많은 사람들이 화재나 교통사고, 비싼 대학등록금, 각종 질병, 불안한 노후에 대한 대비는 민간 보험회사나 복권에 의지하려 한다. 하루가 멀다 하고 터지는 대형 사고는 차치하더라도 온갖 유해 화학물질이나 식품첨가물 문제에 대한 이야기가 언론에 나올 때마다 불안은 쑥쑥 자랐다. 어쩌면 우리는 운이 좋아 여기까지 살아남았다. 불과 20년 전 아이들의 죽음을 잊었듯, 세월호도 잊은 채 앞으로도 계속 이런 세계에 아이들을 내버려 둘 것인가. 너희들의 삶은 '운빨'에 기대는 것 외에는 방법이 없다고 말해 줄 것인가. 행운은 준비한 자에만 찾아온다는 누군가의 격언은 이 세계에서 필요 없는 것일까.

이대로는 살 수 없다

세월호 사고 이후 많은 사람들이 아이들에게 더 안전한 나라를 물려주어야 한다고 말했다. 우리는 왜 온통 위험으로 가득 찬 세상에서 살게 되었을까. 원래 세상은 위험했던 것이었을까. 거대한 건축물의 위용 앞에서, '한강의 기적'을 찬양하며 살아 온 과거에 대한 반성은 필요 없는 것일까. 왜 누군가는 더 위험한 것일까. 위험을 줄일 수는 없는 것일까. 도대체 이제까지 위험은 왜 줄어들지 않는 것일까. 우리는 이 많은 질문에 답해야 한다.

'21세기'라는 말조차 낡아 보이는 이 시대에 회장님, 사장님, 서장님, 국장님들의 돈 욕심이 아이들을 죽였다. 구조가 아니라 이권으로 연결된 특정 회사를 위한 행위가 채 피어 보지 못한 영혼들을 사그라들게 했다. 이 사고에 대해 어떤 반성도 없다면, 어떤 책임감도 느끼지 못한다면, 어떤 대책도 고민하지 않는다면, 우리 사회는 사이코패스 집단이다. 위험은 누가 만들었고, 누가 증폭했으며, 또 누가 위험에 대해 침묵하게 하는가. 많은 질문이 남아 있다. 분명 위험을 피하는 것은 개개인의 운이나 주의로만 해결되지 않는다. 세계에 대한 절망이나 분노가 개인의 문제로 소급되어서는 안 된다. 마녀사냥은 쉽다. 아이들은 단지 유병언 일가가 건설한 탐욕의 배에 탑승했기 때문에 죽은 것이 아니다. 그의 욕심이 사고를 만들었다면, 사고를 참사로 키운 것은 우리 모두이며 이 세계다. 분노를 개인의 불법적 행위로만 돌린다면 달라지는 건 아무 것도 없을 것이다. 처음부터 끝까지 낱낱이 드러내지 않는다면 우리는 영원히 무당을 찾아가 성공과 안전을 기원하는 삶을 살게 될 것이다. 마치 그 옛날 과학과 이성이 존재하지 않았던 시절처럼 말이다. 당신이 조심하지 않아서 당신의 삶이 위험한 것이 아니다. 마치 당신이 열심히 살지 않아서 성공하지 못하는 것이 아닌 것처럼.

1994년, 성수대교가 거짓말처럼 끊어졌다. 학교에 가던 아이도, 출근하던 직장인도 순식간에 그대로 사라졌다. 성수대교 북단에는 희생 영령을 위한 위령비가 세워졌다. 사고 5년 후인 1999년 8월 18일, 그 위령비 앞에서 딸을 잃은 장 모 씨가 농약을 마시고 스스로 목숨을 끊었다. 모두가 성수대교 사건을 '불행한 과거'로 기억 저편에 미뤄두고 '일상'을 살아가는 동안 누군가는 고통을 지우지 못했다. 한남로 방면 강변북로 구석에 위치한 위령비는 접근조차 쉽지 않았고, 관리하는 이도 없었다. 대부분의 사람들은 위령비의 존재나 위치조차 알지 못하고 살아가고 있다. 새로운 다리가 건설되고 분주하게 차가 지나다니는 것처럼 우리는 다시 '일상'을 말하고 있다.

제대로 밝혀지지 않는 세월호 사고에서의 죽음 앞에, 억울한 부모는 곡기를 끊고 거리를 걸었다. 아이들의 반과 이름을 가슴에 새기고 거리를 떠돌아도 누구도 속 시원한 대답 한마디 내놓지 않았다. 그렇게 여름이 되고, 겨울도 지나 속절없이 시간만 흘러가고 있다. 이 세계는 이 위험에 대해 감히 '억울하다'고 말조차 하지 못하게 되어 버렸다. 억울하면 출세하는 것이 아니라 '억울하면 그냥 죽거나, 살고 싶으면 억울하지 말거나, 억울해도 참거나, 억울하고 말거나'가 된 것이다. 성수대교 사고로 딸을 잃은 아비가 말했다. "앞으로 이런 일이 얼마든지 올 수 있어! 올 수 없다고 장담

못해!" 그렇기 때문에 우리는 위험에 대해 고민을 시작해야 한다. '남의 일'이라고 쉽게 잊거나 '괜찮아, 별일 있겠어?'라는 말은 두 번 다시 듣지 않아야 한다. 위험은 '복불복'이 아니다. 세월호 사고가 내게 벌어진 일이 아니라 다행이고, 유가족들이 너무 무리한 요구를 하고 있다고 외면한다. 어쩌면 이 사회에서는 모두가 사이코패스가 되어 가고 있는지도 모른다. '놀러 가다 죽은 애들'이라는 말이 주는 이 끔찍함을 무엇으로 설명할 수 있을까. 정말 아이들이 놀러 가다 운이 나빠 죽은 것이라고 생각하는가.

2장.

위험이란
무엇인가

위험은 자신이 무엇을 하는지 모르는 데서 온다.
— 워렌 버핏

⚠️

1995년 1월 17일 화요일 새벽 5시 46분, 일본 본섬의 서쪽 끝 고베에서 지진이 일어났다. 훗날 '한신·아와지 대지진(이하 한신 대지진)'이라고 불리운 대규모 지진의 시작이었다. 지진은 고베 시 앞바다 인공섬인 포트아일랜드부터 로코 산 등성이까지의 효고 현 남부에서 시작되었다. 진도가 7.2나 되었고, 진원은 지표면에서 그리 멀리 떨어지지 않았다. 지표에서 수직으로 10킬로미터 아래에서 시작된 높은 강도의 지진(직하형 지진)이었던 만큼 피해는 컸다. 지진 발생 지역의 1~2미터가량 표면 지층이 내려앉았다. 지진의 시작은 고베 시였지만 다음 날인 18일 오전까지 인근 오사카 지역까지 716회의 여진이 계속되었다. 니시노미야 시, 아시야 시, 다카라즈카 시 등의 인구 밀집 지역은 물론 오사카에서도 진도 6.4를 기록했다.

도시를 이루고, 그와 관련된 기반 시설을 건설하고 살아가는 지역에 벌어진 지진은 엄청난 규모의 인명 피해와 도시의 파괴를 불러왔다. 인구 150만 명의 고베는 도시의 대부분이 무너졌다고 해도 과언이 아니었다. 그해 4월까지 보고된 인명 피해 규모는 사망 6,432명, 부상 4만 1,531명, 이재민만 해도 29만 명이었다. 전파된 주택이 10만 4,906채였고, 고베항이 붕괴되는 등, 당시 일본 국내총생산(GDP)의 2.5퍼센트에 해당하는 10조 엔가량의 재산 피해가 발생했다. 고베항의 187개 부두 중 90퍼센트 이상이 망가졌고, 인공 섬 포트아일랜드와 로코아일랜드도 심각한 피해를 입었다. 도로와 건물이 무너지는 피해는 물론 화재로 인한 피해도 적지 않았다. 전통 목조 가옥은 불에 취약했고, 안전을 강화한 건축법 시행(1981년) 이전에 건설된 건물들은 속수무책이었다.

고베 시 인근은 지진 발생 가능성이 높은 곳이었다. 아와지섬 북부와 고베 남서부를 따라 '노지마' 단층이 있었고, 1년에 1밀리미터씩 지층이 다른 지층 아래로 미끄러져 들어가는 곳이었다. 나중에 알려진 연구 결과에 의하면 이 노지마 단층의 북단이 수직으로 1.2미터, 우측으로 1.5미터 침하되어 발생한 것이 한신 대지진이었다. 거의 9킬로미터의 길이로 표면층 침하가 발생한 대규모 지진이었다.

과학기술의 진보는 지진의 예측 기술을 발달시켰다. 언제 어떻게 변형될지 모를 단층의 움직임과 복잡다단한 지질 정보의 수

집을 통해 지층의 변화를 예측하는 과학기술은 꾸준히 발전되어 왔다. 지진이 잦은 일본 역시 과학기술을 바탕으로 지진조사연구 추진본부를 가지고 있었다. 그뿐만 아니라 발생할 지진에 대비해 위험 지역의 지방자치단체와 과학기술청, 기상청, 운수성, 건설성까지 포괄된 협력 체계를 갖추고 있었다. 이 부처들은 지진을 예측하고, 상황에 대비하고, 인명 피해와 기반 시설의 피해를 최소화하고, 구호를 진행하고, 복구하고 수습하는 모든 과정을 함께할 수 있도록 짜여 있었다. 일본의 지진 대응 체계는 국토청을 거쳐 총리에게 전달되고 다시 수습과 복구로 이어지는, 예방과 대책·지원까지 유기적으로 이루어졌다는 평가를 받고 있었다.

하지만 막상 한신 대지진이 발생했을 때 이 조직은 어떠한 힘도 발휘하지 못했다. 가장 먼저 기상청은 지진 당일까지 별다른 징후를 발견하지 못했다. 직하형 지진의 특징 중 하나는 사전 포착이 어렵다는 것이었다. 과학기술의 위대한 능력에도 한계는 있었다. 위험은 그 모습을 드러내기 전에 잠재되어 있는 규모와 빈도를 얼마나 정확하게 예측하느냐가 가장 중요하다. 위험이 현실화되었을 때 예측을 기반으로 예방·초동 대응과 수습·복구 시스템이 구축되고, 그것이 작동되기 때문이다. 위험의 피해를 최소화하기 위해서는 당연히 위험의 인지와 예측이 가장 선행되어야 하는 행위다. 한신 대지진의 사례에서는 지진의 감지조차 어려웠다. 당연히 연쇄적으로 일어나야 하는 대응 시스템은 첫걸음부터 삐거덕거렸다. 위험은 무방비 상태에서 숨겨진 실체를 만천하에 드러냈다.

새벽 5시 46분에 발생한 지진이 내각총리에게 보고된 것은 아침 7시 30분이었다. 기상청은 국토청의 연락관에게 재난 발생을 알리고 국토청은 유관 기관에 연락을 해야 했지만, 국토청 방재국은 지진 재해의 담당 기관이었음에도 당직 직원이 없었다. 현지에서 상황을 파악할 수 있는 조직도 없었다. 당직자가 없어 팩스도 보내지 못했고, 방송을 통해 소식을 전해들은 방재국 직원들이 소집된 것은 아침 7시가 넘어서였다. 현지의 조직이 없으니 상황을 파악하는 것도 쉽지 않았다. 초동 대응을 위해서 필요한 정보가 그들의 손에 없었다. 얼마나 큰 규모의 지진이 어느 지역을 중심으로 발생했는지, 얼마나 많은 사람들이 다치고 죽었는지, 도로나 교량, 철도 등의 교통 상황은 어떠한지, 가스, 전기, 상하수도, 통신은 물론 행정 능력과 같은 기능은 멀쩡한지에 대한 정보를 파악하는 일은 사고의 수습과 복구를 위해서도 필수적이었지만 정보의 파악은 느렸다. 고베 인근 지역의 통신망은 두절되었고, 효고 현의 지사조차 관사에서 부상을 당해 8시 30분에야 출근할 수 있었다. 효고 현 방재 담당자는 멀리 떨어진 아카시 시에 있었기 때문에 교통 체증으로 10시 30분에야 현장에 도착했다. 재해 발생 시 국토청 등과의 원활한 통신을 위해 80억 엔을 들여 설치한 '효고 위성통신 네트워크'는 지진으로 자가발전 장치가 망가져 어떤 기능도 할 수 없었다. 이 통신 시스템이 제 기능을 할 수 있게 된 것은 낮 12시 이후가 되어서였다. 총리조차도 뉴스를 통해 지진 소식을 들어야 했다.

가장 먼저 사고 소식을 알린 것은 NHK였다. 지진 발생 3분 후 방송국을 통해 사고가 알려지자, 총리실은 비상재해대책본부를 구성했다. 기간 시설을 응급 복구하고, 응급 의료 활동도 시작했다. 물론 이 모든 상황의 주체는 지방자치단체가 되었다. 뒤늦게나마 도착한 효고현 방재과 직원들은 자위대 파견을 요청하려고 했지만 통신은 불통이었다. 사고 당일 저녁까지 출근한 직원은 20퍼센트밖에 되지 않았다. 결국 효고 현과 이타미 시에 주둔해 있던 100여 명의 자위대가 파견되었다. 하지만 이 파견은 긴급한 재난이 발생했을 경우 주둔지 부대장의 독자적 판단에 따를 수 있다는 특례 조항에 따른 것이었다.

사고 초기 가장 시급한 대응은 화재가 발생한 건물에 대한 진화이다. 지진 이후 고베 시와 인근 지역에는 150건 이상의 화재가 발생했다. 고베 시에서만 100만 헥타르(약 30억 평)가 불에 탔다. 고베소방서에는 한 해 전 최신식 전자동 소방배치 시스템을 도입했지만 전력공급이 중단된 상황에서 이 시스템은 고철 덩어리의 무용지물이었다. 시내에 11곳 소방서 중 3곳이 지진으로 파손된 상황이었다. 고베의 소방 인력만으로는 부족해 인근 오사카의 소방대까지 달려와 차량 500대와 소방관 2,500여 명이 출동했다. 망가진 도로와 이재민들로 인해 도로의 상황은 열악했고, 소방차량의 도착은 느렸다. 불을 끄기 위한 수도 시설조차도 망가져 버렸기 때문에 소방차는 바닷물을 퍼 올려야 했다. 무너진 건물에 대한 인명구조 활동, 이재민들에 대한 지원도 시작되었다. 공원과 체육관 등의 공공 기관 건물에 이재민들이 들어찼다. 기업들은 생수와 식품, 의약품을 지원했고, 자원봉사자들이 몰려들었다. 물론 교통·통신·가스·전기·수도와 같은 도시 생활의 기반 설비에 대한 복구도 이루어졌다. 전주·전선·변압기 등의 배선 설비의 피해가 컸으며, 도시가스 역시 이음새가 파손된 경우가 많았고, 오사카가스에서 관리하는 인근 지역 가스관의 90퍼센트 정도를 차지하는 저압 가스관은 끊어지거나 금이 가 있었다. 85만 세대의 가스가 끊겼다. 복구가 된 것은 1달이 지나서였다.

또 다른 피해가 발생할 수도 있는 상황은 쉽게 복구되지 못했다. 삶의 많은 부분을 차지하는 시장도 적지 않게 망가졌다. 물류 창고가 무너졌고, 기본적인 수도와 전기·가스가 붕괴된 상황에서 시장이 다시 가동되기는 쉬운 일이 아니었다. 항구였기 때문에 물류 기지의 파괴로 인한 기업들의 손해도 적지 않았다. 고속도로와 철도의 피해로 인해 물류는 거의 중단되다시피 했다. JR서일본과 지역 철도 및 지하철 등 13개 철도회사는 시설 복구에 3,500억 엔 이상을 투입해야 했다. 특히 지하선로의 70퍼센트 정도를 차지하던 본선에 피해를 입은 한신전철의 복구비는 1년 매출과 맞먹는 규모였다.

한신 대지진은 일본에 많은 것을 남겼다. 원래 지진이 잦은 공간을 터전으로 삼고 있는 일본이라 하더라도, 이토록 과학의 영역과 행정의 영역이 한꺼번에 무기력한 모습을 보여 준 것은 그들에게 큰 상처를 남겼다. 한신 대지진은 거대하고 자연스러운 지구의 움직임 앞에 인간이 얼마나 작은 존재인지를 보여 주는 사례이기도 했다. 더불어 인간이 그토록 신봉하던 과학기술의 한계도 드러냈으며, 거대한 재앙에 대응하고 그것을 수습하고 복구하는 공공 영역의 중요함도 깨닫게 해 준 사건이었다. 인간은 지구를 지배하는 생명이지만 그들의 지능은 여전히 자연의 움직임을 완벽히 이해할 수 없었다. 과학자들은 '수천 년에 한 번 일어나는 규모'라고 말했지만 사실 그런 문장은 아무런 의미도 없다. 재앙은 그 수천, 수만 년 동안 없었을지라도 지금 동시대에 눈앞에서 벌어지지 않았는가. 로또 당첨 확률과 같다는 과학자들의 말은 닥친 현실 앞에서 공허한 말장난과 다르지 않았다. 지진은 삶을 덮쳤다. 거대한 건물과 고가도로를 짓고 살아가는 도시를 덮쳤다. 지하에는 가스, 수도, 전기 등 인간의 삶을 영위하는 필수적 요소가 거미줄처럼 엉켜 있었다. 재앙이 현실화된 공간은 도시 기반이 밀집된 공간이었고, 많은 인구가 모여 살던 곳이었다. 당연히 인명 피해도, 시설의 파괴 규모도 컸다.

한신 대지진은 결국 자연재해는 인간의 삶과 밀접하게 닿아 있음을 보여 주었다. 우리는 모두가 어떤 위험도 없는 공간에서 살아가고 있는 것처럼 하루하루를 채우고 있다. 당연한 일이지만, 그래도 위험은 어디에나 있다. 언제 어떤 얼굴로 위험을 마주할지 모른 채 살아가는 일은 차라리 행복할 수도 있다. 그래서 때로 우리는 위험을 의도적으로 무시하기도 하면서 위험을 키우기도 한다. 또한 우리가 알지 못하는 사이 누군가는 위험을 키우거나 관리하면서 돈을 벌기도 한다. 누군가는 연구하고 공부하며 위험을 알리려고도 한다. 이 복잡하고 고단한 삶 속에서 우리는 어떻게 살아야 하는 것일까. 아니, 도대체 '위험'이라는 것은 무엇일까.

위험이란

일반적으로 우리는 위험이 안락하고 쾌적하고 평온한 일상을 위협하는 어떠한 상황이나 존재라고 말한다. 사전적으로는 "신체나 생명 따위가 위태롭고 안전하지 못함, 생명이나 신체를 위태롭게 하여 안전하지 않다"라는 의미를 갖고 있다. 사람들은 누구나 아무런 걱정 없이 일생을 살아가고 싶어 한다. 일을 하고, 밥을 먹고, 길을 걷고, 아이를 키우고, 사랑하는 일. 그런 삶을 위협하는 것은 위험이다.

2014년 10월 17일, 경기도 성남의 야외 공연장에서 환풍구가 무너져 수십 명의 사상자를 냈다. 오후 6시경, 성남시 분당구 판교 테크노밸리 인근 야외 공연장에서는 유명 가수들의 공연이 진행되고 있었다. 수백 명의 사람들이 몰려들었고, 퇴근하던 직장인들도 발길을 멈추었다. 멀리 보이는 가수의 공연 모습을 더 잘 보기 위해 뒤쪽 사람들은 더 높은 곳을 찾았다. 조금은 높았지만 지하 환풍구가 솟아 있었고, 어렵지 않게 올라갈 수 있었다. 한두 사람이 올라가고, 곧이어 그곳도 사람들로 꽉 찼다. 순식간이었다. 환풍구의 덮개가 무게를 견디지 못하고 무너졌다. 위에 서 있던 사람들 25명이 철제 구조물과 함께 10미터 아래로 떨어졌다. 2명이 사망했고, 13명이 부상당했다. 사람들은 비난했다. 가수를 보기 위해 왜 굳이 그곳에 올라가야 했느냐고, 사람이 올라가면 안 되는 공간인데 기어이 그곳에 올라 쿵쾅거리며 뛰기까지 했으니 무너지는 건 어쩌면 당연한 일이라고, 스스로 자초한 위험이 아니냐 했다.

타당한 지적이라 생각할 수도 있지만 위험은 그러한 것이기도 하다. 어디에나 존재하지만 어디에나 존재하지 않을 것이라고 생각하는 것. 그래서 위험의 가장 큰 속성은 '가능성' 혹은 '확률'이다. 흔히 전문가들은 핵발전소의 사고 발생에 대해 '로또 당첨 확률'이나 '벼락 맞을 확률'보다 낮다고 한다. 하지만 매주 누군가는 로또에 당첨된다. 다만 그런 일이 내게만 일어나지 않을 뿐이다. 내게 벌어지지 않는, 저 먼 누군가에게 벌어진 일은 무관심의 영역이다. 그래서 마치 절대 일어나지 않을 것 같은 일로 생각되기 마련이다. 사람들은 심리적으로 위험에 대해 '낙관적 편견'을 갖는다. '나는 아니다. 위험에 대한 책임은 타자에게 있다'라는 안일한 생각을 갖는 것은 일견 당연한 일이다. 그래서 때로 사람들은 우리의 삶이 전혀 위험하지 않다고 생각한다. 매주 수 명의 사람들이 복권에 당첨된다. 낮은 확률으로라도 만나게 되는 것이 많은 액수의 돈이라면 즐거운 일이겠지만 위험이라면 이야기는 달라진다. 위험Risk은 위해Danger·Hazard와 다르다. 위험은 크기와 확률의

함수다. 눈앞에 떨어진 당장의 상황이 아니라 언젠가 일어날지도 모를, 영원히 내게는 오지 않을지도 모르는 그런 존재가 바로 위험이다.

아마도 성남 공연장 인근의 그 환풍구는 수십 명의 사람들이 올라가 뛸 일이 없을 것이라 가정하고 설계되었을 것이다. 법적 기준과는 별개로 아마도 설계와 시공을 담당했던 누군가는 굳이 그렇게 많은 무게를 감당하는 시공을 해야 하는지 의문스러웠을 것이다. 하지만 그런 일은 벌어졌고, 적지 않은 수의 사람이 다치고 죽었다. 당초 사람들이 올라갈 수 없도록 설계되었다면 불행한 사고는 없었을 것이다. 위험은 때론 전혀 예상치 못한 순간에 예측하지 않았던 모습으로 나타난다. 성남 환풍구 사고는 위험이 삶 속에 얼마나 가까이 있는지, 그리고 얼마나 예측 불가능한 것인지 보여 주는 사례이기도 하다.

인간이 지구상에 등장한 이래로 위험하지 않았던 적은 없었다. 그 옛날 인간은 모든 것이 두려웠다. 기아, 추위, 더위, 폭우, 침수, 폭설, 짐승의 습격은 물론 거대한 자연의 움직임에도 공포에 떨어야 했다. 화산이 터지거나 지진이 일어나거나 하는 것 외에도 살아가는 모든 것이 위험이었을 것이다. 자연재해는 말할 것도 없고 장애를 입거나 가족을 잃는 경우라면 생계 수단이나 보호자를 잃게 되어 더더욱 위험에 쉽게 노출되었을 것이다. 물론 이러한 일은 지금도 여전히 존재하는 위험이다. 시간이 흘러 인간이 문명을 발전시키고, 공동체를 구성하고, 도시를 건설했던 이유는 어쩌면 보다 안전하고 예측 가능한 삶을 위한 투쟁의 결과물이었을 것이다. 혼자 있는 것보다 무리를 지어 사는 것이 기아와 외부의 침입에 대비하는 데 유리했을 것이며, 추위와 더위로부터 벗어나기 위해 주택의 형태는 점점 발달되었고, 깨끗한 물과 안정적 먹거리 생산을 위해 수도 시설을 만들었다. 도시와 공동체는 점점 정교해지고 복잡해져 갔다. 그럼에도 위험은 여전히 '신神'의 영역이었다. 지진이나 홍수 피해와 같은 자연현상은 인간의 죄에 대한 신의 형벌이라고 생각했다.

삶이 복잡해질수록 인간은 위험에 대해 고민하기 시작했다. 신의 영역을 벗어나 인간 이성에 대한 탐구와 자연에 대한 이해가 늘어났다. 지구 곳곳에 인간 문명의 흔적이 늘어 갈수록 인간은 자연에 대해 탐구하고, 연구했다. 교육을 하고 세금을 걷어 사회제도를 만들고, 법과 규칙을 정하고 경제와 정치제도를 만들어 냈다. 이 모든 것들은 불확실한 위험을 보다 효과적으로 통제할 수 있도록 하기 위한 인류의 지혜였다. 그리고 그들이 신의 분노라 생각했던 위험은 이제 인간이 정복하고 지배할 수 있는 대상이라고 생각했다. 의학은 대규모 전염병으로부터 인류를 구원할 수 있게 되었다. 건축 기술과 공학의 발전은 깨끗한 공기와 물을 공급하며 다양한 외부의 환경으로부터 안전을 지키고 안락한 삶을 영위할 수 있도록 도와주었다. 화석연료를 이용할 수 있게 되었고, 전기를 다룰 수 있게 되었다. 더 많은 사람들이 위험에 쉽게 노출되지 않도록 하기 위한 공동체의 약속도 늘어 갔다. 전쟁터에서 사망한 형의 아내를 거두는 수준을 뛰어넘어 커지고 복잡해진 공동체는 세금을 내고, 의료와 복지를 확대해 가는 것, 나누고 연대하는 것이 더 건강하고 안전한 공동체를 만들 수 있다는 것도 깨달았다. 인간은 이제 자연을 완벽하게 지배하기 시작했다고 생각했다. 벼락을 맞거나 홍수에 휩쓸리는 위험 정도는 거뜬히 벗어날 수 있으며, 위험은 예측하고 통제할 수 있다고 믿었다. 하지만 여전히 우리는 더 이상하고, 더 어렵고, 더 복잡한 위험사회에 살고 있다.

인간이 미래에 벌어질 수도 있는 어떤 상황에 대한 불안, 불확실성에 대해 두려움을 갖는 것은 당연하다. 이런 상황에서 가장 이성적이고 합리적인 행동은 어쩌면 '보험'에 드는 것과 같은 형태일 것이다. 사실 위험이라는 단어 자체는 도박이나 선박 보험에서 출발했다. 자신의 투자금에 대한 회수 가능성을 우려하고 걱정하는 것은, 카페에 모여 서로의 정보를 교환하고 혹시나 있을지 모를 손실에 대비한 행동을 하게 했다. '혹시 모를'이라는 단어는 위험의 특성을 축약해서 보여 준다. 앞서 언급했듯 위험은 '확률'의 문제이고 불확실성이 그 속성이다. 사람들은 당연히 알 수 없는 미래에 대해 준비하고 싶어 한다. 보험은 다양한 미래에 대한 걱정에서 출발했다. 의료 보험, 사망 보험, 자동차 보험, 교육 보험 등 숱한 보험 중 하나 이상을 가지고 있는 것이 현대인이다. 보험은 그저 무작정 보험회사에 돈을 퍼 주는 일이 될지도 모른다. 하지만 '만약 나중에 큰일이 생기면 어떻게 하지?'라는 걱정은 보험의 개수를 늘려 갈 것이다.

　과거 보험이 현대적으로 정착되지 않았던 시기에 이 역할은 대체로 공동체가 담당했다. 집안에 큰돈이 들어가는 경조사가 발생하면 공동체가 함께 돕는 두레와 같은 형태로 서로의 불행과 위험에 대비했다. 그리고 이는 근대국가에서 복지라는 형태로 발전해 왔다. 물론 지금 우리의 국가는 위험에 대한 공동 대응에 대해서는 별로 관심을 가지고 있는 것 같지 않다. 당초 보험이 손해가 될지도 모른다는 것을 알면서도 가입하는 것은 위험이 언제 어떤 모습으로 눈앞에 닥치게 될지 모르기 때문이다. 어떤 행위나 상황이 어떤 결과를 가져올지도 모른다는 것을 예측할 수는 있지만 정확하게 결과를 알 수는 없다. 단지 가능성이나 확률로만 말할 수 있다는 것. 그것이 바로 위험이다. 발달된 과학기술, 더 많은 정보와 지혜가 차곡차곡 쌓여 예측의 가능성과 구체성을 높일 수는 있을지언정 위험에 대한 완벽한 예측은 아직 인간의 영역이 아니다.

예측 불가능한: 평균의 신화

　위험이 그저 확률이나 가능성의 문제라면 이 모든 것은 그저 '운'에 맡길 수밖에 없는 것일까. 앞서 언급했듯 인간은 주변의 다양한 위험으로부터 탈출하기 위해 몸부림쳐 왔다. 그 투쟁의 결과가 현재의 문명이라 해도 과언이 아니다. 그렇다면 우리는 어떤 것을 '위험'이라고 부를 수 있을까. 위험을 다분히 인간적인 관점에서 나의 '안전'을 위협하는 잠재적인 어떤 상황이나 무엇이라고 한다면, 그것이 무엇이며 어떤 상황인지 인지하고 규정하는 것부터 문제가 된다.

위험의 첫 출발은 '위험인지'에서 시작된다. 우리집 옆에 들어서는, 정부에서는 대단히 안전하며 아무런 위험도 없다고 말하는 저 쓰레기 소각장은 위험인가 아닌가. 그것이 위험하다고 나는 증명할 수 있는가. 그곳에서 배출되는 어떤 물질이 나의 건강하고 안녕한 상태를 위협하는지 인지하고 설명할 수 있는가. 대부분의 위험은 그것을 알아차리는 것조차 쉽지 않다. 현실로 벌어지지 않으면 위험한 것인지 알 수도 없으며, 때로는 인간의 오감이나 본능에 기대어 설명할 수도 없다. 방사능과 같은 위험의 인지는 인간의 감각이 아닌 특수한 기술에 의존해야 한다. 어떠한 상황이나 존재가 위험하다고 말할 수 있는가, 위험을 증명해 낼 수 있는가의 문제는 그 자체로 사회적 논쟁이 되기도 한다. 누군가는 그것이 전혀 위험하지 않다고 주장할 수도 있기 때문이다. 물론 이 논쟁은 앞으로 위험과 함께할 수많은 논쟁에 비하면 미약한 출발에 불과하다. 수많은 위험은 그것이 위험인가 아닌가를 판단하는 과정부터가 험난하다. 위험을 인지하고 판단하는 것에서부터 개인 혹은 조직의 편견이나 왜곡은 개입된다. 소각장이 안전하다 말하는 정부의 주장을 받아들이는 사람과 그렇지 않은 사람들 사이에는 과학적 증거 외에 다른 편견이 개입되기도 한다. 당신은 반정부주의자이기 때문에 소각장 건설이라는 정부 정책에 무조건 반대하는 것 아닌가. 편견과 왜곡 외에도 변수는 숱하게 존재한다. 전문가들 사이에서도 의견이 상이한 과학적 논쟁이 벌어지기도 한다. 인간이 위험을 규정짓는 것과 별개로 위험은 시시각각 그 크기를 바꾼다. 시간의 흐름이나 인간의 활동도 위험의 크기를 키웠다 줄였다 하는 주요 요인이 된다. 화산이나 지진, 해일이 일어나는 공간에 인간이 살고 있지 않았다면, 그것은 '위험'이라고 부를 수 있을까. 고대 로마의 폼페이가 그러했고 일본의 고베가 그러했듯, 그 공간에 인간이 자신의 문명을 새겼기 때문에 인간은 위험한 상황에 빠졌다. 그곳에 인간이 없었더라면 그것은 '위험'이었을까.

때때로 형태나 크기를 바꾸는 위험을 규정하는 일도 쉽지 않지만 이를 측정해 내는 일, '얼마나' 위험한지를 말하는 일은 더욱 어렵다. 위험의 다음 단계는 '위험평가'다. 사회가 복잡해질수록 위험을 제대로 분석해 내는 일은 점점 더 어려워졌다. 이제 위험을 측정하고 계량하는 일은 당연히 전문가의 영역이다. 해당 전문가가 아니면 이해조차 할 수 없는 고차원적 학문의 영역에 자리 잡은 위험도 셀 수 없이 많으며, 과거의 위험은 아직 채 제거하지도 못했는데 새로운 위험은 기하급수적으로 늘어 간다. 이쯤 되면 위험은 아예 피할 수 없는 것 아닐까. 결론부터 말하자면, 위험의 완벽한 제거는 불가능하다. 과거 이성이 지배하기 이전의 인류에게 위험을 예측하고 해석하는 것은 주술사의 몫이었지만, 이제는 '과학'이라는 새로운 신에 의해 위험이 모습을 드러낸다. 맨 처음 위험을 인지하고 평가하는 것은 인간의 감각이었을 것이다. 그리고 과학의 신이 인류에게 강림하면서 위험의 정도를 계산해 내는 일은 점점 더 복잡해지고 정교해져 갔다. 위험을 파악하고 얼마나 파괴력이 있는 위험인지, 얼마나 자주 나타날지, 누가 피해를 보게 될 것인지 이 모든 영향을 말해 주는 것은 전문가들과 과학기술자들이다. 그리고 이 과정을 '위험평가'라고 부른다.

그렇다면 위험평가는 앞서 언급한 위험의 인지보다 훨씬 객관적이고 공정할까. 과학의 이름으로 행해지는 것은 누구나 받아들일 수 있지 않을까. 과학이 누구에게나 객관적이고 공정할 것이라고 흔히 생각하지만 결코 그렇지 않다. 때로 인간은 과학이라는 이름으로 집단적 광기와 폭력을 합리화한 역사를 가졌다. 위험평가의 과정이 인간이 이룩한 위대한 과학과 기술의 권능으로 이루어진다 할지라도 누가, 어떤 방법으로, 어떤 가정으로, 어떤 관점으로 평가하느냐에 따라 결과는 하늘과 땅 차이가 된다. 우리는 이런 경험을 숱하게 겪어 왔다. 2008년 한국을 뜨겁게 달구었던 광우병 논란도 마찬가지였다. 어떤 전문가들은 미국산 쇠고기의 특정 부위가 광우병 위험인자를 가지고 있다고 말했다. 사람들은 불안해 했지만 다른 한쪽의 전문가는 사실 무근의 '괴담'이라고 주장했다. 2014년에 이슈가 되었던, 4대강에 급속도로 번식한 조금은 이상하게 생긴 '큰빗이끼벌레'가 강의 생태계에 유해한가 아닌가를 두고 전문가들 사이에서도 의견이 엇갈렸다. 위험평가의 기법은 인간의 오감에서 출발해 과학과 기술의 영역으로 발전되어 왔다. 사람들은 과학적이라는 말에 쉽게 신뢰를 주게 되었다. 하지만 위험이 가지는 가장 큰 특징, 불확실성과 예측 불가능성을 고려한다면 사실 '과학적'이라는 단어는 위험과 어울리는 단어가 아니다. 그래서 위험평가는 늘 '과학적'이라는 꼬리표를 달고 있었지만 엄청난 사회적 논쟁을 선사하기도 한다. 적지 않은 숫자의 위험평가는 그 방법과 관점, 해석의 방향을 두고 뜨거운 감자였으며, 논란이 되어 왔다.

우리는 과학을 신뢰한다. 그것은 가장 객관적이고 중립적이며 비정치적이고 합리적인 것이라고 생각한다. 정말 그럴까. 그 옛날 몸이 아프면 피를 뽑는 것이 최고의 치료라고 생각하던 사람도 있었고, 한때 우라늄은 영양제처럼 팔리기도 했다. 우리는 늘 바람을 맞으며 걷고, 공기 속에서 숨을 쉬며, 나뭇잎이 바람에 흔들리거나 떨어지는 모습을 본다. 매일 곁에 있는 이 공기의 흐름을 인간은 완벽히 과학적으로 이해하고 있을까. 그렇지 않다. 현재까지의 과학기술 수준으로 공기나 물과 같은 유체流體의 모습을 완벽히 분석해 낼 수 없다. 대부분의 자연상태의 흐름은 난류亂流이기 때문에 가장 비슷한 방법으로 구현해 낼 수 있을지언정 완벽히 수학적으로 풀어내는 방법은 개발하지 못했다. 다양한 가정을 통해 비슷하게 해석해 낸 수식으로 유체가 흘러 다니는 공장도 짓고, 건물도 짓고, 자동차도 만든다. 하지만 현실에서의 공장은 컴퓨터 화면이나 실험실 안에서의 예측과 다른 모습으로 나타난다. 따라서 공장의 안전을 위해서는 다양한 가능성을 두고 다양한 장치를 덧붙여야 한다. 날씨나 사람, 어떤 돌발상황, 실험실에는 없던 숱한 변수가 현실 공간에 존재하기 마련이다. 마치 성남의 환풍구 사고처럼 말이다. 과학은 그래서 흔들리지 않는 불변의 진리, 혹은 절대적 객관성을 갖지 못한다. 특히 그것이 불확실성을 특징으로 갖는 위험에 대해서라면 더더욱 그러하다. 위험이 사회적 파급력을 갖는 경우라면 과학적 증거에 대해 더 많은 논쟁이 기다리고 있다. 광우병 논란이 그러했고, 식품첨가물 안전 문제가 그러했다. 수많은 전문가들이 각자의 증거와 연구를 기반으로 논쟁에 뛰어들었고, 사람들은 자신이 지지하는 의견의 과학적 증거에 더 많은 신뢰를 보였다. 어쩌면 과학은 가치중립적이 아니라 자신의 가치를 객관의 이름으로 보여 주는 도구인지도 모른다.

뒤에서 다시 다루겠지만 전문가의 말은 때로 누군가의 이익을 위해 교묘히 비틀려진 채 대중들에게 전달되기도 한다. 그럼에도 여전히 위험평가에서 전문가의 역할은 대단히 중요하다. 전문적 영역만이 할 수 있는 위험평가의 방법이 있고, 우리는 그로부터 더 많은 정보를 얻을 수 있으며, 그들의 결과물은 논쟁의 출발이 되기 때문이다. 물론 그들이 도출해 낸 수많은 돌 중에 옥석을 가리는 일은 우리의 몫이다. 수도 없는 평가의 방법과 결과를 가지고 끊임없이 논쟁해야 하는 것이 바로 위험이다. 그저 미래의 일일 뿐이지만, 그래서 운에 맡기거나 신에게 의지해 버릴 수도 있지만, 그래도 보다 평온하고 안락한 삶을 위해 인류가 끝없이 반복해 온 일이기도 하다.

정확한 위험 예측과 평가란 신화에 가깝다. 수학자 라플라스 Pierre-Simon Laplace는 확률에 대해 "무차별의 원리"라고 말했다. 위험에는 어떤 법칙도 없다. 그렇기 때문에 위험의 평가 이후에 이루어질 공동체의 결정, 즉 정책 결정은 더더욱 곤란한 일이 된다. 물론 과학자들은 여전히 숱한 실험과 가설, 반복 연구를 통해 안전의 허용치나 평균치에 대해 말한다. 어떤 전문가가 특정 식품첨가물이 대단히 위험하다고 말했다. 하지만 다른 전문가는 말한다. '하루에 한 숟가락씩 먹어도 안전해요'. 그렇다면 '한 숟가락'이라는 계량치를 만들어 낸 과학자를 생각해 보자. 어떤 가정하에 누구를 기준으로 만든 숫자일까. 나도 그 평균에 속하는 사람일까. 나는 평소에 술을 자주 마시는 사람인데, 그런 사람에게도 해당되는 말일까. 울리히 벡은 "어떤 물질에 노출되는 것은 평균적으로 위험하지 않다라는 말은 명백한 냉소주의"라고 말했다. 평균적으로 노출되어 있다는 말은 모든 사람이 실질적으로 노출되어 있다는 말이기도 하다. 당신은 혹시 평균적인 사람인가. 평균이라는 것은 어떤 것일까. 키, 나이, 몸무게, 건강 상태, 식습관, 성격, 노동의 종류, 생활환경, 정보, 교육 정도, 성별 등 평균에 속하는 사람은 누구인가. 때때로 우리가 전문가의 언어로 점철된 위험의 가능성에 대해 의심해야 할 필요가 여기에 있다.

위험의 분류

좋든 싫든 우리는 위험과 함께 살아야 한다. 위험을 인지하고 평가했으니 이제 위험에 대한 정책을 결정해야 한다. 얼마만큼의 위험을 누가 안고 살아갈 것인가. 위험과의 동거를 위해 조금 더 생각해 보아야 할 것이 있다. 위험과의 동거 수준을 결정하기에 앞서 위험을 분류해 보는 일, 종류별로 나누고, 그 특성을 이해하는 일은 대단히 중요한 과정이 된다. 최소한 함께 살기로 결정하기 전에 동거의 상대가 누구인지는 알아야 할 것 아닌가.

이미 많은 학자들이 다양한 방법과 준거를 가지고 위험을 구분해 왔다. 먼저 기본적으로 위험은 세 가지 정도로 분류할 수 있다. 사회적 위험Incidents, 기술적 위험Accidents, 자연적 위험Events이다. 물론, 각각의 위험은 서로 중첩된다. 각기 독자적으로 나타나기도 하지만 대부분은 동시에 나타난다. 사회적 위험은 사람이나 공동체 간의 갈등 등으로 인해 발생하는 위험이다. 전쟁이나 범죄와 같은 위험이 여기에 속한다. 기술적 위험은 말 그대로 기술의 발전에 따른 새로운 위험이다. 식품첨가물이나 새로운 화학물질 등이다. 자연적 위험은 인류와 가장 오랜 시간을 동거해 온 위험이다. 각종 지구의 활동으로 인해 삶의 터전이 위협받는 상황을 말한다. 어떤 위험은 두 가지 이상의 복합적 성격을 가진다. 지진이 일어나는 것은 자연적 위험이지만 인간이 도시를 건설한 지역에 발생했다면 사회적 위험의 성격도 갖는다. 황사나 오존층 파괴 문제는 자연적 위험의 성격과 기술적 위험의 성격을 동시에 가질 수밖에 없다. 또 핵발전소에 대한 테러 위험은 기술적 위험임과 동시에 사회적 위험이기도 하다. 위험을 단순하게 구분할 수 없는 이유이기도 하다.

　위험을 조금 더 세분화해서 분류할 수도 있다. 위험에 대한 분류는 학자마다 조금씩 다르지만 여기서는 기존의 연구를 바탕으로 필자가 재구성하였다.

위험의 분류

전통적 위험	자연적 위험	지진, 해일, 태풍	
	경제적 위험	빈곤, 기아	
	정치적 위험	정치적 억압, 전쟁	
	사회적 위험	고령화, 장애인, 범죄	
		마약, 테러, 신종 범죄	
새로운 위험	단순위험	인위적 재난	자동차 사고, 구조물 붕괴, 화재
		정보화 위험	프라이버시 침해, 조직/사회의 기능 마비
		산업재해	단순 사고
			유해 화학물질 흡입 등
	복합위험	환경오염	토양/수질/대기오염, 먹을거리 오염
		핵 위험	폐기물/발전소 사고
		유전공학	유전자 조작 식품, 복제 동물 등
		지구적 생태 위험	오존층 파괴, 생물종 멸종, 온난화, 사막화

가장 먼저는 인류가 가장 오랜 시간 동안 싸워 왔고, 또 싸우고 있는 자연재해가 있다. 그 언젠가 초원의 원시인도 마주했고, 문명을 이루고 살았던 고대의 국가도 겪었으며, 현재까지도 어마어마한 힘으로 삶을 위협하는 위험이 바로 자연의 움직임이다. 지진, 태풍, 홍수, 해일, 화산, 더위, 추위와 같은 아주 전통적 위험이 여기에 속한다. 물론 위험은 대단히 인간 중심적이라 자연재해가 일어나는 곳에 인간이 없다면 별다른 위험으로 인정되지 않는다. 하지만 인류는 지구 곳곳 어디에나 있으며, 서로 교통하며 살고 있다. 가령 아이슬란드의 화산은 유럽 항공교통에 대단히 많은 영향을 미쳤다.

이러한 자연재해 외에도 인간이 의식주를 구하기 위한 투쟁 과정에서의 위험도 있다. 투쟁에서 성공하지 못했을 경우 기아로 고통받았을 것이며, 빈곤의 위험에 노출되었을 것이다. 장애를 입기라도 한다면 향후 투쟁의 과정은 점점 더 힘들어졌을 것이다. 이제 인류는 원시적인 수렵, 채집, 농경의 시대를 지나 사회를 형성하기 시작했다. 공동체를 이루고 함께 위험에 대응하게 되었다. 방죽을 쌓아 홍수를 예방하고, 날씨의 영향을 덜 받는 집을 짓게 되었다. 도시를 건설하기 시작했다. 그리고 인간은 무리를 지으며 살게 되면서 새로운 위험을 만들어 냈다. 범죄와 전쟁이 가장 대표적인 예다. 여기에 정치적 억압으로 인한 위험도 차츰 추가되었다. 인구 밀집도가 높아지면서 전염병 역시 큰 위험으로 등장했다. 물론 의학 기술의 발전으로 페스트와 같은 병은 치명적 위험의 낙인을 벗을 수 있었지만 에볼라나 에이즈와 같은 질병은 새로이 치명적 위험의 지위를 획득하고 있다. 이제까지 언급한 모든 위험은 인류의 시간과 함께 꾸준히 동거해 왔다. '전통적 위험'이라고 분류하는 위험이다. 인간은 이러한 위험과 싸우면서 문명을 이룩하고 이성을 확대해 왔으며, 과학과 기술을 발전시켜 왔다.

위험을 통제하고 정복하고 싶다는 욕망이 과학기술을 발전시켰지만 과학기술은 스스로 다른 위험을 만들어 내기도 했다. 피뢰침의 발견은 벼락 맞을 확률을 획기적으로 줄여 주었다. 하지만 우라늄을 다룰 줄 알게 되면서 만들어 낸 핵발전소와 핵폭탄은 기존에 없던 새로운 위험이다. 인간은 짧은 시간에 급속도로 지구를 변화시켰다. 도시화를 통해 밀집된 공간을 만들어 냈고, 산업화는 이를 가속화시켰다. 이와 함께 위험도 새록새록 자라기 시작했다. 그 옛날 물건을 만드는 '장이'들에게도 산업재해는 있었겠지만 현대사회의 산업재해, 즉 분업화된 대량생산 체제하에서 공장의 산업재해는 급속도로 증가했을 뿐만 아니라 전혀 다른 성격을 갖는다. 기존에 없던 기술인 열차나 비행기·자동차 등과 같은 새로운 교통수단으로 인한 사고의 위험, 점점 더 발달하는 건축물의 안전에 대한 문제 등이 인류의 문명 발전과 궤를 같이한 위험이다. 이러한 위험은 자동차, 열차, 건축물 등의 복잡성으로 인해 빈도는 낮아지지만 강도는 높아지고 있다. 하지만 그 피해는 사고와 동시에 나타나며, 사고 현장이나 사고 당사자에게만 직접적으로 영향을 미친다는 특징이 있다. 이러한 경우 대체로 사고의 원인과 결과가 단선적으로 이어져 있는 경우가 많아 '단순위험'이라고 부르기도 한다. 원인을 추적하는 것도 앞으로 등장할 다른 위험에 비해 어렵지 않기 때문이다. 이런 위험에 대해서는 대체로 적지 않은 시간 동안의 역사적 교훈을 통해 안전을 위한 다양한 장치가 제도화되어 있다. 그래서 이러한 위험으로 발생한 사고를 '후진국형' 사고라고 부른다. 안전을 위한 규정이 충분히 갖춰져 있는 것이 대부분임에도 불구하고 규정을 무시하는 부정부패나 공동체의 신뢰 부족으로 인해 발생하기 때문이다. 이러한 위험은 대체로 사회의 발전에 따라 점차 줄어드는 추세이다. 사회가 합의한 규정과 매뉴얼을 지키기만 한다면 위험이 발현되어 사고가 되더라도 참사로 확산되지는 않기 때문이다. 물론 한국사회는 조금 예외적 경우이다.

사회의 변화와 발전에 따른 위험도 새로 나타나기 시작했다. 과거에는 범죄나 전쟁이 커다란 위험이었다면 마약이나 테러, 해킹, 보이스피싱 등과 같은 범죄는 기술의 발전과 사회의 변화에 따른 신종위험이다. 여기에 추가로 조금 더 복잡한 신종위험이 등장했다. 산업화로 인한 환경오염인 온난화·사막화·생물종 멸종·오존층 파괴와 같은 지구적 위험과, 핵발전소나 핵폐기물로 인한 방사능 위험이나 유해 화학물질 등과 같은 위험이다. 이러한 위험은 대체로 그 원인과 결과를 추적하기 어렵거나 오랜 시간 동안 추적해야 하는 특징을 갖는다. 교통사고와는 전혀 다른 위험이 등장한 것이다. 어디서부터 시작되어 어디서 끝을 맺는 위험인지, 언제 확대되고 줄어드는지, 그 파급 범위는 얼마큼인지도 짐작하기 어렵다. 초기에 인지하기도 쉽지 않고, 원인을 추적하는 것이 불가능할 수도 있는 종류다. 이러한 위험을 '복합위험'이라고 분류한다. 이러한 경우는 대응에서도 수습에서도 복구에서도 모두 새로운 고민을 요구한다. 앞으로 우리가 새롭게 고민하고, 대응하고 답을 내놓아야 하는 위험이 앞서 언급한 '복합위험'이다. 이러한 새로운 위험에 대해서는 3장에서 자세히 다룰 것이다.

위험과의 동거를 위해

완벽한 안전은 없다. 위험은 미래의 일이기 때문에 그저 어디에나 있고, 어디에나 없는 그런 존재이기 때문이다. 그래서 루만Niklas Luhmann은 안전이 상대적인 개념이며, 비워 둔 개념이라고도 했다. 그저 확률의 문제이기 때문에 나는 내일 벼락을 맞을 수도, 내일도 무사히 집으로 돌아갈 수도 있을 것이다. 그저 우리는 잠재적 위험과 함께 살아가고 있을 뿐이다. 신이나 행운에 안전을 위탁하지 않으려면 우리는 어디에나 있는 위험과 어떤 동거의 방법을 선택해야 할까. 내가 아닌 다른 존재와 함께 살아간다는 것은 때론 지극히 번거로운 일인 것 같지만 합의만 잘 된다면 꽤나 실리적인 방법으로 잘 지낼 수 있다.

먼저 얼마큼 나의 공간을 내어 줄 것인가를 결정해야 한다. 그러기 위해서는 대단히 지난한 질문과 토론의 과정을 거쳐야 한다. 우리는 얼마만큼의 위험을 끌어안고 살 수 있을 것인가. 일단 전문가들이 분석한 위험을 의심스런 눈으로 고민해야 한다. 얼마나 자주, 얼마나 크게 나타날 것인가. 위험을 최소화하는 방법은 무엇인가. 위험을 줄이기 위한 다양한 노력을 시행했을 때 누가 피해를 보고 누가 이익을 얻게 되는가. 누가 그 비용을 지불해야 하는가. 국가가 관리해야 하는 위험은 어디까지이며 개인이 관리해야 하는 위험은 무엇인가. 어떤 정보를 수집하고 어떻게 분석해야 하는가. 누가 그 정도를 결정해야 하는가. 질문은 산적해 있다.

하지만 우리는 대체로 이윤이나 효율이라는 단어 앞에서 이 질문을 생략해 왔다. '국책 사업'이라는 이름 아래 일방적으로 위험이 전가되는 일도 많았다. 내게는 일어나지 않을 일이라고 생각했고, 재수가 없는 일로 치부하거나 팔자 탓을 하기도 했다. 하지만 이 질문이 중요한 것은 우리가 보다 현명하게 위험과 동거하기 위해서는 반드시 답해야 하는 문제이기 때문이다. 위험에 대한 정책 결정은 전문가들과의 논쟁을 통해 도출된 결과에 대한 우리 사회의 대답이다. 우리가 얼마만큼의 위험을 수용할 것인가를 결정하는 데 있어 이러한 질문에 대한 대답을 가지고 있지 않다면, 그 사회는 대단히 부정의한 사회다. 누군가에게 일방적으로 위험에 대한 희생을 강요하거나, 위험은 개인이 알아서 피해야 하는 일이라면 그것은 근대의 민주주의 국가라기보다 전근대적 왕정 사회, 혹은 원시시대의 위험 대응과 다르지 않을 것이다. 우리가 최소한 인간에 대한 존중을 바탕으로 하는 민주주의 사회에 살고 있다면 이 질문에 대해 머리를 맞대야 한다.

물론 이 많은 질문에 대한 정답은 없다. 대부분의 사회는 자신만이 가진 역사나 전통, 상식이라는 이름에 준거하여 일정 정도의 합의 수준을 정하기 마련이다. 이를 명문화한 것을 우리는 법, 제도, 규범이라고 부른다. 숱한 경험과 희생을 통해 예방하고 대비하고 수습하고 복구하는 과정을 배워 왔지만, 최선은 아직 만들어지지 않았는지 모른다. 과거에 없던 새로운 위험, 단일하게 나타나지 않는 위험, 말의 성찬과 대립 속에서 더 많은 것을 결정하고 토론하고 논의해야 한다. 어쩌면 그것이 민주주의인지도 모른다. 그래서 위험과의 동거는 그간의 교훈과 민주주의의 과정에서 결정된다. 조금 혼잡스럽더라도 더 많은 정보를 공유하고 소통하고 논의하는 과정에서 위험과의 동거 수준은 결정된다. 따라서 위험의 분배는 누군가에 의해 일방적으로 결정되어서도 안 되고, 개인의 운에 맡겨져서도 안 되며, 그 실체가 의도적으로 감추어져서도 안 된다. 위험관리의 가장 중요한 원칙은 위험이 주는 경제적 혹은 다른 이익이 아무리 크다고 해도, 받아들이기 힘든 심각한 위험을 원하지 않는 사람들이 위험에 처하는 것을 사회적으로 허용해서는 안 된다는 것이다. 그것이 인본주의를 기반으로 하는 민주주의 국가의 책무다.

우리는 종종 언론을 통해 대단히 낮은 확률의 위험에 대해 듣는다. 200년만의 홍수, 1,000년에 한 번 있을 법한 지진이라는 말은, 그러한 위험이 어쩌다 우연히 벌어진 사건에 불과하기 때문에 우리의 삶은 대단히 안전하다는 뜻이기도 하다. 하지만 1,000년에 한 번 있을 법한 지진이라던 한신 대지진은 약 18년 후인 2013년 4월 13일 효고 현, 아와지 섬, 오사카 인근 지방에서 다시 발생했다. 최대 진도는 6.3정도로 측정되었다. '대단히 낮은 확률'이라는 말이 그 사건이 개인에게 벌어지지 않을 것이라는 말은 아니다. 200년에 한 번 일어날 정도라던 폭우는 매년 서울 시내에 쏟아진다. 우리는 지금 대단히 복잡하고 어지러운 세상에 살고 있다. 원시 인류가 느꼈을 공포는 여전히 멀지 않은 곳에 남아 있고, 선조들이 기나긴 시간 동안 쌓아 온 문명의 흔적과 위험을 껴안고 있으며, 우리가 새로이 창조한 더 이상하고 더 어려운 위험을 마주하고 있다. 그런 우리는 어떻게 위험을 대해 왔을까. 홍수가 나면 수재의연금을 모으고, 새로운 위험에 대한 우려에 대해서는 '괴담'이나 '좌빨'의 낙인을 찍기도 했다. 정부 부처의 명칭을 살짝 바꾸거나, 위험하지 않다는 전문가의 인터뷰가 뉴스를 장식하기도 했다. 사람들은 쉽게 잊었고, 쉽지 않은 질문은 팽개쳐 두었다. 뒤늦은 대응, 임시방편에 불과한 처방, 어떤 교훈도 얻지 못한 과거의 참사들.

세월호 사고 이후, 사람들은 '안전한 사회'를 만들어야 한다고 한다. 말의 향연은 차고도 넘친다. 안전한 사회는 가능한 걸까. 그러한 사회는 누가 만들어 주는 것일까. 미래의 어느 날 나와 우리를 덮칠 어떤 위험을 굳이 고민해 가며 살아가야 하는 것일까.

더 많은 질문은 외면하고 싶다. 어떤 질문은 괴롭기까지 하다. 하지만 오늘도 진도 앞바다에서 9명의 탑승객은 돌아오지 않고 있다. 질문을 멈출 수 없는 이유다.

3장.

우리가
몰랐던 위험

만일 우리가 어떤 것을 창조한다면
우리는 그것이 가져 올 결과에 대해 마땅히 관심을 가져야만 한다.
— 마이클 아티야

⚠️

그는 30대의 건장한 청년이었다. 어느 날 가벼운 기침이 일었고, 대수롭지 않은 감기라고만 생각했다. 그리고 몇 달 뒤 그는 폐 이식 수술을 해야 했다. 그의 폐는 이미 딱딱하게 굳어 버려 더 이상 기능할 수 없다고 했다. 운이 좋아 기증자를 만나 폐 이식 수술을 할 수 있었지만 다른 이의 장기가 몸에 적응하는 일은 쉬운 것이 아니었다. 부작용을 피하기 위해 매일 약을 먹어야 했고, 후유증은 한쪽 다리를 마비시켰다. 병원비는 2억 원이 훌쩍 넘어 버렸고, 신용불량자가 되었다. 아내와의 거리는 점점 멀어졌고, 가정은 순식간에 허물어져 버렸다. 정신과 치료까지 받아야 하는 참담한 삶이 언제까지 계속될지 알 수 없는 일이었다. 일도 제대로 할 수 없는 몸으로 어떻게 살아야 할지 막막한 그는 지금 죽음을 생각하고 있다.

편리하고 안전한 청소용품

그해 겨울, 유행처럼 번지기 시작했다. 옆집도 쓴다고 했고, 텔레비전에 광고도 심심치 않게 등장했다. 동네 슈퍼마켓에 가면 쉽게 살 수 있었다. 사용법은 너무도 간단했다. 가습기 물에 조금만 섞어 주면 가습기 물통이 깨끗하게 살균이 된다고 했다. 선뜻 장바구니에 넣기에 가격도 비싸지 않았다. 기술의 발달은 놀라웠고, 새로운 기술은 삶을 더 편리하게 해 주었다. 손쉽게 아이들과 가족의 건강을 지킬 수 있다는 놀라운 화학제품에 모두가 환호했다. 대기업부터 대형 마트의 자체 상품까지 비슷비슷한 상품이 넘쳐 났다. 여섯 집 중 한 집이 썼다는 이 가습기 살균제는 곧 한국 사회에 돌이킬 수 없는 파국을 가져 왔다.

종종 괴이한 폐 질환에 대한 이야기가 언론에 실리기 시작했다. 임산부와 갓난아기들에게 원인을 알 수 없는 폐 질환이 생기기 시작했다는 것이었다. 처음에는 가벼운 기침이 생기더니 호흡이 곤란해져 병원에 갔을 때는 이미 폐가 굳어져 버리는 이 질병의 원인을 병원도 모른다고 했다. 바이러스도 아니고, 다른 합병증도 아니며, 세균도 그 원인이 아니라고 했다. 괴담 수준이 아니었다. 2011년 4월 급성 호흡부전 임산부 환자가 잇따라 입원 치료를 받았다는 뉴스가 실렸다. 곧이어 5월에는 비슷한 증상으로 입원 중이던 34세 여성이 사망했다. 6월에도 3명의 여성이 연이어 사망했다. 그리고 2011년 8월 31일, 보건복지부 산하 질병관리본부는 이 괴이한 폐 질환의 원인으로 '가습기 살균제'를 지목했다. 몇 천 원이면 슈퍼에서 살 수 있었던 옥시싹싹 NEW 가습기당번, 세퓨 가습기살균제, 애경 가습기메이트, 이마트 PB상품 가습기 살균제, 홈플러스 PB상품 가습기 살균제, 아토오가닉 가습기 살균제. 이 모든 이름이 조용히 가족의 생명을 갉아먹는 원인이었다. 누구도 상상조차 하지 못했던 일이었다. 오히려 아이들이 아플수록, 기침이 늘어 갈수록 더욱 열심히 가습기 살균제를 붓고 또 부었다. 초등학교 4학년이던 아들을 보낸 아버지는 "살인 무기인 줄도 모르고 썼으니 제가 아들을 그리 만들었다는 생각에 살아 있는 것도 죄스럽습니다"라고 했다.

놀랍고 새로운 화학물질

바닥을 청소하거나 물건을 닦는 데 사용되었던 화학제품은 가습기의 물에 타 넣는 세정 살균제가 되어 판매되었다. 물론 가습기 살균제가 처음 출시되었을 때 사람들은 환영했다. 새롭고 편리한, 발전하는 화학 기술의 혜택이라고 생각했다. 대기업의 로고가 박힌 제품의 상표 어디에도 '위험'이라는 말은 없었다. 오히려 먹어도 안전하다는 광고가 진열장을 뒤덮었고, 소비자들은 아무런 의심도 없이 기꺼이 구매 열풍에 동참했다. 미세한 물방울과 공기에 섞여 독성 물질은 가족의 폐로 스며들었다. 사람들은 놀라운 신제품에 열광했고, 정부는 무능했고, 과학은 안일했다. 신제품이 주는 놀라운 성능과 효과는 광고되었지만 그로 인한 위험은 누구도 알려 주지 않았다. 그리고 이 원인 모를 괴 질환의 원인으로 가습기 살균제를 지목했을 때 모두가 충격에 빠졌다. 질병관리본부는 그 성분도 제대로 공개하지 않은 채 소비자들에게 사용 자제를 '권고'했을 뿐이었다. 나와 가족의 폐를 조금씩 돌덩이로 만든다는 투명한 액체는 여전히 동네 슈퍼마켓에서 팔리고 있었다.

보건 당국의 발표가 있고 2달여가 지난 2011년 11월 4일, 질병관리본부는 가습기 살균제에 대한 동물실험 결과를 발표했다. 가습기 살균제의 동물실험 결과에 따른 병리학적 소견은 "가습기 살균제를 들이마신 실험쥐의 폐가 딱딱하게 굳어지는 등 원인 미상 폐 손상 환자와 같은 병리학적 양상을 보임"이었다. 폐가 굳어지며 구멍이 나는 스펀지와 같은 모양도 나타났으며, 폐 내부의 표면을 덮은 상피세포가 떨어져 나가는 현상도 발견되었다. 기관지에서 갈려져 나온 작은 공기 통로인 세기관지의 염증도 다수 관찰되었다. 가습기 살균제의 위험 성분이 무엇인지도 이때가 되어서야 밝혀졌다. 가습기 살균제 안의 폴리헥사메틸렌구아니딘 PHMG(이하 PHMG)과 염화올리고에톡시에틸구아니딘PGH이라는 물질이 주범이었다. 이 물질은 주로 일반 살균제나 바닥 청소용 제품에 사용되는 물질이었다. 드디어 보건 당국은 가습기 살균제에 대한 '사용 중단 강력 권고'를 말했다. 이날 전까지만 해도 보건 당국은 가습기 살균제에 대한 법적 근거가 없어 강제 리콜도 어려우며, 유해 성분을 정확히 알 수 없기 때문에 의약외품 지정 작업도 어렵다고 했다. 이 죽음의 살균제는 11월 11일이 되어서야 강제 수거 명령의 대상이 되었다.

이름만으로는 위험성을 전혀 알 수 없는 이 물질이 버젓이 '안전하다'는 광고와 함께 팔릴 수 있었던 이유는 무엇이었을까. 우선 가습기에 채우는 물에 살균제를 풀어서 쓰는 형태의 제품은 외국에서는 그 사례를 찾아볼 수도 없던 제품이었다. 생활화학 가정용품으로 분류되었기 때문에 업체가 지식경제부 산하 기술표준원에 등록만 하면 판매할 수 있었다. 성분에 대한 검증도 필요하지 않았다. 하지만 환경부에서는 가습기 살균제의 핵심 화학물질인 메틸이소티아졸린MT과 클로로메틸이소티아졸린CMT을 이미 2009년에 환경유해인자의 종류에 대한 고시에 포함한 바 있다. 환경부 특정 유해성 자료에 의하면 "흡입, 섭취, 피부 접촉 시 심각한 부상 및 사망을 초래할 수 있음"이라고 되어 있다. 환경부는 이 물질이 가습기에 섞어 사용하는 살균제로 판매될 것이라는 것을 상상하지 못했다고 했다. 독성이 확인된 가습기 살균제 중에는 지식경제부 기술표준원 안전인증 마크를 받은 제품도 있었다. 코스트코 판매 상품인 '가습기 클린업'(제조사 글로엔엠)은 기술표준원이 자율안전확인 대상 공산품 중 세정제 안전 기준에 적합하다고 인정해 KC안전인증 마크를 부여했다. 자율안전확인 제도란 말 그대로 몇 종류의 공산품에 대해 스스로 제품의 안전을 시험·검사 기관으로부터 검사를 받아 안전하다고 인정한 것으로 안전 기준에 적합한 것임을 '스스로' 확인한 후, 안전 인증기관에 신고하는 제도다. 신고 후 인증까지 걸리는 시간은 약 1주일 정도에 불과하다.

알아도 몰라야 했던 위험

그렇다면 이 살균제를 제조하고 판매하는 업체는 이 상품의 위험성을 알고 있었을까. 결론부터 말하면 그들은 알고 있었다. 2012년 7월 26일 공정거래위원회는 "옥시래킷벤키저, 홈플러스, 롯데마트 등 3개 업체가 가습기 살균 제품의 유해성을 알고 있음에도 판매했다"라고 결론을 내렸다.

산업안전보건법에 따르면 화학물질 및 화학물질을 함유한 재제를 양도하거나 제공하는 자는 수령자에게 재제의 특성을 기입한 MSDS(Material Safety Data Sheet)를 의무적으로 제공해야 한다. MSDS는 '물질안전 보건자료'라는 것으로 해당 물질의 인체 및 환경에 미치는 영향 등 자세한 내용이 기입되어 있는 문서다. 공정거래위원회의 파악 결과에 의하면 이들 업체는 PHMG를 유해 물질로 분류하고 '마시거나 흡입하지 마시오'라고 적시된 MSDS를 수령한 것으로 확인되었다. 옥시레킷벤키저, 홈플러스, 롯데마트는 각각 주문자 상표부착 OEM방식으로 한빛화학과 용마산업사를 통해 살균제를 제조했다. 이 한빛화학과 용마산업사는 제조한 살균제를 판매하면서 원청업체에 MSDS를 제공했다. 국내 PHMG 독점 원료 생산업체 SK케미컬과 중간 도매상 시디아이, 제조업체 한빛화학과 용마산업사, 그리고 옥시레킷벤키저, 홈플러스, 롯데마트에 이르는 유통구조 안에서 모두 MSDS가 전달되었다. 하지만 해당업체는 PHMG의 유해성을 몰랐고, 법령이 미비했기 때문에 고의성이 없다는 입장을 고수했다. 정부 역시 가습기 살균제가 공산품으로서 관리의 사각지대에 있었기 때문에 이 사고는 '어쩔 수 없는' 일이었다고 해명했다. 소비자를 제외하고 제조, 유통, 판매사 모두가 물질에 대한 유해 정보를 주고받았다. 하지만 고의성이 없다는 주장을 굽히지 않았다. 어쩌면 물질에 대한 성분과 위험을 기록한 종이 몇 장 정도는 번거롭게 주고받아야 하는 종잇조각에 불과했는지도 모를 일이었다. 그리고 그들은 '마셔도 안전'하다고 광고했다.

훗날 2013년에 밝혀진 내용에 의하면 업체의 '위험을 감출 고의성이 없었다'는 주장은 거짓이었다. 살균제의 원료를 공급하는 SK케미컬은 물질의 독성을 알고 있었다. SK케미컬은 그간 국내 기업이 원료의 흡입독성 평가에 대한 정보를 몰랐다고 주장했다. SK글로벌(호주 법인)이 SK케미컬의 PHMG를 호주로 수입하기 위해 유독성 정보를 호주 국가산업화학물질 신고평가기관NICNAS에 제공하고, 해당 기관은 공중 건강에 대한 위험성 평가 보고서를 작성했다. 2003년 작성된 이 보고서에 의하면 "PHMG는 흡입 시 유해한 것으로 평가됐다"라고 되어 있었다. 제조사는 해외 수출을 위해 위험을 평가했고, 타국의 보건행정 기관으로부터 흡입해서는 안 된다는 결과보고서를 받았지만, 한국에서는 이를 감추고 제조해 판매했다.

공식적으로 보건 당국에 의해 피해 사례에 대한 '전수조사'가 선포된 것은 가습기 살균제가 폐 질환의 원인이라고 지목된 지 1년 5개월 만이었다. 피해자 가족들과 시민단체는 "정부가 그동안 전수조사를 미루는 바람에 손해배상 소송은 물론 가해자인 기업으로부터 사과조차 받아 내지 못했다"라고 울분을 토했다. 접수된 사례는 모두 184건이었다. 같은 기간 시민단체에 접수된 126건을 더하면 의심 사례는 310건에 이르렀다. 이 중 30퍼센트인 94건이 환자 사망 사례였다. 전수조사는 추후 소송과 각종 보상 및 배상을 위해서는 꼭 필요한 일이었지만 너무 늦게 시작되었다. 야심차게 출발했던 검찰의 수사는 보건복지부의 역학조사 이후로 미뤄졌다.

처벌받은 이는 여전히 아무도 없었다. 국가 기관인 공정거래위원회가 이들 4개 업체에 내린 것은 시정명령과 과징금 5,200만 원이 전부였다. 인체에 해로운 가습기 살균제를 판매하면서 인체에 유해하다는 표시를 하지 않아 '표시광고법' 위반 혐의로 옥시레킷벤키저, 홈플러스, 버터플라이이펙트, 아토오가닉 등의 4개 업체에 내린 명령이었다. 롯데마트와 글로엔엠(코스트코 PB 납품업체)도 가습기 살균제를 판매했지만 인체에 안전하다는 표현을 사용하지 않았기 때문에 고발 대상에서 제외되었다. 옥시레킷벤키저 단 1곳이 2000년부터 판매가 금지되기까지 가습기 살균제로 올린 매출은 51억 원 가량이었다. 2013년 1월 7일 영남대 단백질 센서연구소 연구팀은 시중에서 유통되는 가습기 살균제의 원료를 인체 세포에 주입한 실험 결과 심혈관 급성 독성, 피부 세포 노화 촉진, 배아 염증 유발 등의 다양한 부작용이 있었다고 전했다. 사람의 피부 세포에 처리한 경우에는 모든 세포가 사멸했고, 10분의 1로 희석한 경우에도 절반 정도의 세포가 살아남지 못했다.

끝나지 않은 고통

　세 돌을 앞둔 아이가 눈앞에서 피를 토했다. 기침하는 아이를 병원에 데려간 지 이틀 만에 아이는 죽었다. 의사는 원인을 알 수 없다고 했다. 아빠는 아이가 토한 피를 마셨다. 딸을 죽인 것이 미확인 바이러스라면 같이 따라 죽을 수 있을 것 같았다고 했다. 아빠는 죽지 않았다. 1년 뒤, 아내가 죽은 딸과 똑같은 증세로 병원에 입원했다. 마흔셋에 얻은 딸을 앞세우고 둘째 딸을 얻은 직후였다. 하얗게 변해 딱딱해진 폐 사진을 보여 주며 의사는 "편하게 보내 주자"라는 말만 되풀이했다. 폐 이식을 준비하면서 장례식 준비도 같이했다. 그리고 언론을 통해 병의 원인을 들었다. 귀한 딸 감기 없이 키워 보겠다며 매년 가을이 되면 슈퍼에 가서 구매했던 그 물건이 원흉이었다. 큰딸을 보내고 다시 임신한 아내가 걱정되어 더 열심히 가습기에 부어 넣었던 그것이었다. 아빠는 1년이 넘도록 폐 이식 후 쇳소리를 내며 병원에 누워 있는 아내를 간병하느라 생업을 포기했다. 아이는 팔순 노모가 돌볼 수밖에 없었다. 수술비만 1억 8,000만 원이 나왔고, 매일 수백만 원의 병원비가 청구되고 있었다.

가습기 살균제의 위험이 공식 발표된 2011년 8월 31일로부터 정확히 1년이 지난 2012년 8월에 피해자와 가족들은 홈플러스 등 17개 업체를 과실치사 혐의로 검찰에 고발했다. 손해배상 청구 소송도 시작했다. 업체가 준비한 것은 사과나 반성이 아닌 김앤장과 같은 대형 로펌이었다. 정부는 이 사건에 대해 별다른 관심을 보이지 않았다. 가습기 살균제의 심각한 유해 성분으로 인해 다수의 피해자가 양산된 것은 사실이지만, 피해 보상의 문제는 피해자와 제조사 간의 법적 소송을 통해 해결하는 것이 타당하다는 입장을 고수했다. 당연히 먼저 나서서 사과하고 피해자들에 대한 보상에 나선 업체는 1곳도 없었다. 업체의 공식 입장은 "재판이 진행 중이라 최종 판결이 나올 때까지 어떤 질문에도 답할 수 없다"였다. 피해자들의 절규가 국회 담을 넘는 데는 적지 않은 시간이 흘러야 했다. 정부는 2012년 6월 4일 피해자 구제를 위한 비용 분담을 '검토'하기로 했다. 하지만 추가경정예산을 편성할 당시 피해자 대책 예산으로 편성된 50억 원은 국회 예산결산특별위원회에서 전액 삭감되었다. 해가 바뀐 2013년 여름, 국회는 시끄러웠다. 국정원 댓글 사건과 선거 개입 논란으로 국회의 업무는 중단된 것이나 다름없었다. 물론 국정원 댓글 사건과 선거 개입 논란은 매우 중요한 사회적 문제였다. 어지러운 정세 속에서 가습기 살균제 피해 같은 문제는 잊혀졌다. 여야가 대치를 이어 가는 동안 가습기 살균제 피해자 구제 법안은 국회 상임위원회(환경노동위원회)를 맴돌고 있었다. 7월 12일 오후 국회에서 열린 환경노동위원회의 '가습기 살균제 피해 구제 관련법 공청회'에는 당시 민주당 홍익표 원내 대변인의 '귀태' 발언을 문제 삼아 새누리당이 국회 일정을 전면 중단함에 따라 김상민 의원을 제외한 나머지 의원들은 모두 불참했다. 오랜 진통 끝에 정부는 2013년 8월 14일, 정부가 피해자들의 의료비를 먼저 지원하고 기업에 구상권을 청구하도록 하는 방안을 확정했다. 기업의 보상이 차일피일 미뤄질 것을 염려하여 국가가 먼저 피해자들에게 보상을 해 주고 그에 상응하는 금액을 기업에 청구할 수 있도록 선제적 조치를 한 것이다.

하지만 가습기 살균제로 인한 폐 질환을 '환경성 질환'으로 지정하고 구제에 나선다는 약속은 예산 심의 과정에서 무참히 깨졌다. 국회 환경노동위원회는 의료비와 생활비, 장례비를 포함하여 피해자들을 지원하기 위해 32억 6,300만 원을 증액했다(총 140억 3,900만 원). 하지만 예산결산특별위원회 심의 과정에서 기획재정부는 환경노동위원회의 증액 예산 중 장의비 3억 원만 받아들이겠다는 입장을 고수했다. 석면 피해자들에게도 지원되었던 요양 수당이나 생계가 어려운 이들을 위한 정기적 생계 지원은 관심 밖이었다. 2014년 3월 11일이 되어서야 정부의 조사로 공식 확인된 168명이 정부의 지원을 받을 것이라는 뉴스가 보도되었다. 정부의 가습기 살균제 피해 조사위원회는 의심 사례 361명에 대한 조사를 실시한 결과 가습기 살균제에 의한 폐 손상이 확실한 사례가 127명, 가능성이 높은 사례가 1명, 가능성이 낮거나 거의 없는 경우가 144명으로 확인되었다. 2015년 1월, 서울중앙지법 민사 13부(심우용 부장판사)는 피해자들이 업체에 대한 관리를 소홀히 한 책임을 물어 국가를 상대로 낸 손해배상 청구 소송에서 원고 패소 판결을 내렸다. 재판부는 "일부 화학물질이 사용된 것은 인정되지만 국가가 미리 알았다고 볼 증거가 부족하다"라고 판결했다.

과학이 선사하는 유토피아

영화 〈백투더퓨처2〉가 개봉한 때는 1990년이었다. 영화에서 주인공이 타임머신을 타고 날아간 미래는 2015년이었다. 날아다니는 스케이트보드를 타고, 똑딱하는 단추를 한 번만 누르면 사이즈도 맞춰지고 건조도 되는 옷을 입고 있었다. 경찰차는 하늘을 날아다녔다. 1992년 12월 17일자 《한겨레》 기사에서는 일본의 한 연구소가 예측한 미래의 기술에 대해 언급하면서, 2015년이 되면 암이 완전 정복되고 달에 영구적 유인 기지가 생길 것이라고 내다보았다. 지금은 이러한 이야기를 들으며 웃을 수 있지만 그때는 그렇지 않았다. 정말로 우리의 미래가 그렇게 될 것이라고 믿었다. 그리고 실제로 그때 예측했던 적지 않은 기술이 현실화되었다. 초고속열차가 생겼고, 반도체 집적 기술도 혁신적으로 발전했으며, 핸드폰으로 인터넷을 하고, 텔레비전을 보는 세상이 되었다. 눈을 감았다 뜨면 달라져 있는 새로운 기술에 모두가 환호했다. 과학기술의 발전은 삶을 점점 편리하게 만들었다. 아궁이에 불을 때지 않아도 밥을 할 수 있게 되었고, 한겨울 냇가에서 빨래를 하지 않아도 되며, 무릎을 꿇고 기어 다니면서 물걸레질을 하지 않아도 되는 세상이 되었다. 편지 대신 이메일, 기름 램프 대신 전등, 아궁이 대신 보일러, 마차나 가마 대신 자동차를 만들었다. 그리고 이러한 제품에 둘러싸인 고급 아파트의 안락한 가정은 중산층의 상징이 되었다. 주말이 되면 빗자루 대신 진공청소기를 돌리고, 손에 걸레 대신 스팀청소기를 잡는다. 새로운 과학기술은 삶을 조금씩 편리하게 하고, 시간을 절약해 주었다. 번거로운 일을 덜어 주는 훌륭한 기계와 기술은 하루가 멀다하고 집안을, 삶을 잠식해 갔다. 사람들은, 우리는 과학기술이 선사하는 놀라운 신세계에 대해 의심조차 하지 않았다. 더 빠르게, 더 높이, 더 강하게. 우리는 이 구호에 중독되었다.

인류의 역사에서 과학기술의 시대는 대단히 짧은 시간 동안 군림해 왔을 뿐이다. 한때 과학기술은 마술의 영역이거나 괴짜들의 독특한 취미에 불과했다. 하지만 산업혁명과 만나 그 괴력을 발휘하기 시작했다. 광활한 신대륙, 기회의 땅인 미국으로 건너가면서 과학은 그 숨겨진 힘을 폭발시켰다. 에디슨으로 상징되는 수많은 발명품은 황금알을 낳는 거위가 되었다. 타자기·축음기·전구·전신기·모터·활동사진은 신대륙과 만나 화학작용을 일으켰고, 삶을 편리하게 만들어 주는, 주부들을 가사노동에서 해방시켜 주는 위대한 문명의 일부가 되었다. 위대한 진보의 상징이며, 인류 발전의 증거였다. 어린아이들에게는 과학기술의 미래를 상상하도록 했다. 우주로 여름 휴가를 가고, 자동차가 하늘을 나는 모습을 그린 그림도 아이들의 스케치북에 종종 등장했다. 복잡하게 미로처럼 얽히고설킨 고가도로, 구름을 뚫고 올라간 고층 빌딩, 위에서는 토마토가 열리지만 땅속에선 감자가 열린다는 포메이토가 여기저기 그려진 그림은 우리 앞에 펼쳐진 혁신적인 삶의 변화를 꿈꾸게 하기에 충분했다. 과학기술은 빛의 속도로 발전하고 있고, 인류는 알약 하나만 먹어도 배가 부르게 되고 빛이나 감정에 따라 색이 달라진다는 옷을 입고 있을 것만 같았다. 과학이 만들어 주는 유토피아는 모두를 들뜨게 하기 충분했다. 그리고 지금 우리는 매일 새로운 과학기술의 향연을 텔레비전 광고를 통해 만나고 있다. 더 선명하고 더 큰 화면의 텔레비전, 더 깨끗하게 해 주고 더 편리한 기능을 갖춘 세탁기, 김치를 아삭거리게 하고 정수기가 달린 냉장고, 스스로 알아서 청소해 주는 로봇청소기, 더 높은 영양가를 가진 채소, 집안 냄새를 줄여 주는 방향제, 몸을 더 깨끗하게 해 주고 더 부드러운 모발을 가질 수 있게 해 준다는 비누와 샴푸. 일일이 언급하기도 힘들 만큼의 새로운 기능과 성분을 가진 제품은 매일매일 홍수처럼 쏟아지고 있다.

아마 가습기 살균제는 좋은 청소용 화학물질이었을 것이다. 그것을 조금 물에 타 넣기만 하면 물과 물통은 깨끗해졌을 것이다. 하지만 미세한 물방울과 함께 흡입하는 인간의 위험에 대해서는 쉽게 간과했다. 정부는 손을 놓고 있었고, 업체는 알고도 감추었다. 소비자들은 위험에 대해 상상도 하지 못했다. 수백 명의 피해자를 양산하고 시장에서 사라졌지만, 가습기 살균제는 업체에 수십 억 원의 매출을 올려 주는 효자상품이었다. 놀라운 신제품 앞에서 우리는 열광했고, 과학기술의 발전을 찬양했으며, 도시의 휘황찬란한 불빛에 환호했다. 하지만 그것이 우리를 겨누는 부메랑이 될 것이라고는 상상하지 못했다. 과학은 아이들의 그림 속에서처럼 유토피아를 선사할 수도 있지만, 기괴한 디스토피아를 선사해 줄 수도 있었다. 과학기술의 두 가지 모습에 대해 때론 쉽게 잊었다. 매일 무심결에 집어 드는 과자 봉지 뒷면에 섬세하게 새겨진 글씨 '베이컨맛 시즈닝'에 무엇이 들어가 있는지, 매일 바르는 화장품에는 무엇이 들어 있는지, 저 과일주스에는, 이 밥그릇에 숨겨진 어떤 성분이 우리에게 어떤 영향을 미치는지 일일이 알 수 있을까. 과학기술의 발전은 그저 편리하고 아름다운 것뿐일까. 그 어두운 뒷면을 우리는 너무 간과한 것 아닐까.

헨리 조지Henry George는 저서 《진보와 빈곤》에서 "초기에는 노동력을 절약해 주는 발명품들이 노동자들의 수고를 덜어 주고 지위를 향상시켜 주리라고 기대했다. 부를 생산하는 힘이 막대해지면 궁핍한 현실은 과거가 될 것이라고 기대했다. (…) 하지만 좌절에 좌절이 뒤따랐다. 문명 세계 곳곳에서 노동자들의 산업 침체로 인한 빈곤과 고통과 불안을 호소하는 불만이 터져 나왔다"라고 했다. 기술의 발전이 자본가들에게는 더 많은 이익을, 노동자들에게는 더 심각한 가난을 가져 왔다는 말이다. 눈부신 속도의 과학기술이 장밋빛 미래만 가져다 주는 것이 아니라는 것을 인류는 이제 깨닫기 시작했다. 새로운 과학기술은 점점 세련된 모습으로, 매력적으로 우리를 유혹해 왔다. 하지만 그 위험이 세상에 알려졌을 때는 이미 돌이키기 어려웠던 사례 역시 종종 목도해 왔다.

구소련의 체르노빌 핵발전소도 그러했다. 체르노빌 핵발전소는 위대한 소비에트 과학기술 발전의 상징이었다. 거리의 가로등과 쉼 없이 돌아가는 공장을 위해 건설된 발전소는 소비에트 체제의 위대함을 광고하기에 최적의 선전도구였다. 기술자들의 단순한 실수였든, 기술적 오류였든 어떠한 이유로 핵발전소는 폭발했다. 인간의 오감으로는 느낄 수 없는 살인 공기가 마을을 덮쳤고, 모든 것을 오염시켰다. 마을주민들은 피난을 떠나야 했다. 옷가지 하나, 그릇 하나도 마음대로 가져갈 수 없었다. 사람들은 시간이 흐르면 마을로 돌아올 수 있을 것이라고 생각했다. 하지만 30년 가까이 흐른 지금도 체르노빌은 유령도시의 모습으로 남아 있다. 일본의 후쿠시마 인근 마을도 그렇게 되어 가고 있다. 일본은 세계 유일의 피폭 국가였다. 일본에서 처음 핵발전소를 짓기 시작했을 때 정부는 일본의 평화로운 핵 이용에 대해 열심히 홍보했다. 위대한 일본의 과학기술이 일본을 피폭 국가에서 평화적 핵 이용을 할 수 있는 나라로 만들었음을, 이러한 최첨단 기술을 보유할 수 있도록 전쟁 잿더미에서 일어서게 한 국민의 힘을 찬양했다. 그리고 수십 년 후인 2012년, 낡은 핵발전소는 거대한 자연재해 앞에 속수무책으로 망가져 버렸다. 밀집된 핵발전소는 연쇄 폭발을 일으켰고, 상상하기 힘든 수치의 방사능을 내뿜었다. 여의도 면적의 수십 배가 수십 만 년 동안 인간의 출입이 금지된 곳이 되어 버렸다. 체르노빌과 후쿠시마는 이제 뒤틀린 시공간이 되었다. 그 모습은 인간이 새로운 과학기술의 어두운 뒷면을 간과했던 결과였다. 가습기 살균제 역시 신기술에 따른 위험을 대수롭지 않게 생각했던 사회가 어떤 비극을 불러올 수 있는지를 보여 주었다.

핵발전소의 안전을 말하는 이들이 그러하듯, 우리는 스스로 만들어 낸 과학기술을 완벽히 통제할 수 있다고 믿어 왔다. 괴물을 길들여 그 나쁜 면을 분리해 관리하는 것이 가능하다고 생각한다. 인류의 과학기술 수준은 그곳까지 충분히 도달해 있다고, 핵발전소는 위험하지만 모든 위험에 대비해 충분히 안전하게 관리되고 운영되고 있다고 생각했다. 그리하여 우리는 '핵의 평화적 이용'이라는 신화를 신봉해 왔다. 하지만 지금 우리가 마주한 현실은 사람들의 생명을 앗아 간 가습기 살균제와 핵발전소의 폭발 위험이다.

새로운 위험, 책임과 경계의 소멸

2015년 서울에 사는 30대의 가정주부 강 모 씨는 자신도 모르게 수많은 유전자 조작 옥수수를 섭취했다. 물론 그가 시골에서 갓 따온 토종 옥수수만을 여름날 간식으로 먹었다고 해도 유전자 조작 옥수수를 먹지 않은 것은 아니다. 2014년 한국의 '식용' 유전자 조작 식품 수입량이 처음으로 200만 톤을 넘었다. 식용 사용량으로만 본다면 세계 1위의 수입국이라는 분석도 있다. 한국보다 많은 양을 수입하는 일본은 대부분 동물 사료용으로 쓰기 때문이다. 수입 물량의 절반 이상은 옥수수다. 수입된 옥수수 알갱이는 인근 식품회사의 공장으로 이동되어 다른 식품으로 가공된다. 이 옥수수는 전분 추출용으로 탄수화물을 뽑아내 가루로 만들거나 물엿의 형태(전분당)로 다시 태어난다. 전분당 시장의 90퍼센트를 차지하는 이 유전자 조작 옥수수 전분당은 주로 과자와 사탕에 설탕 대용으로 사용된다. 유제품의 단맛을 내거나 치즈, 아이스크림, 맥주, 캡슐 알약을 만드는 데에도 사용된다. 거의 모든 식품에 들어간다고 해도 과언이 아니다. 물론 한국전분당협회는 식약청의 안전성 평가 심사가 완료된 것만 수입하기 때문에 확실히 안전하다고 말하고 있다.

강 씨는 살면서 맥주를 비롯해 유전자 조작 옥수수의 전분당이 사용된 음식을 자신도 모르는 사이에 꾸준히 섭취했다. 그리고 그는 평범하게 살았다. 결혼을 하고 자녀를 낳았으며 그의 자녀 역시 결혼을 하고 아이를 낳았다. 만약에 강 씨가 생전에 섭취했던 유전자 조작 옥수수가 강씨 몸에 어떤 유전적 형질의 변형을 일으켰고 그 형질이 손자에게 물려졌다면, 그래서 그 손자가 어떤 병에 걸렸다고 한다면 어떨까. 그 병의 책임은 누구에게 물어야 하며, 이를 예방하거나 치료할 수 있는 방법은 있을까. 아니 그 병의 원인이 무엇인지, 강 씨의 음식 때문인지, 혹은 아이의 특정한 신체적 특성 때문인지 확인할 수 있을까. 이 모든 과정을 파악하고, 치료하고, 예방하는 일이 가능하긴 한 것일까.

울리히 벡은 저서 《위험사회》에서 현대사회의 새로운 위험은 '경계의 소멸'로 나타나고, 이는 공간적·시간적·사회적 차원에서 나타난다고 보았다. 복잡하게 엉킨 현대 기술사회에서 위험은 대단히 복잡하고 예측하지 못한 형태로 어디에서 나타날지 알 수 없다. 기존의 인간이 '예측'했던 범위를 벗어나는 위험은 도처에 도사리고 있다. 국가와 사회의 경계도, 그 책임도, 시간도 우리는 예상하기 어려우며, 인지하지 못하는 위험이 얼마나 되는지는 알 수도 없다. 이 사회는 과거보다 훨씬 복잡하며, 지구적이다. 위험도 그와 함께 복잡하게 지구를 배경으로 종횡무진하고 있다는 말이다. 현대의 위험은 인간의 역사에서 대응해 왔던 위험, 관리해 왔고 예측 가능하다고 생각했던 위험과 전혀 다르다. 동네와 마을을 넘어 국가의 경계마저 뛰어넘어 나타난다. 물론 거대한 강의 범람이나 지진과 쓰나미와 같은 자연재해도 대단히 광범위한 지역에서 일어나는 위험이다. 하지만 인간이 만들어 낸 위험도 자연재해

만큼이나 거대한 규모로 일어나기 시작했다. 불이 난다거나 교통 사고가 난다거나, 건축물이 무너지는 일보다 훨씬 방대한 규모의 위험, 황사·지구온난화·핵발전소 사고·오존층 파괴·해양오염 등의 문제는 인간이 만든 위험이다. 해결을 위한 노력은 지역 공동체나 국가의 차원을 훌쩍 뛰어넘어 버린다. 한국정부는 중국에서부터 덮쳐 오는 황사에 대한 '주의보'를 발령할 수 있을지언정 근본 원인을 해결하지 못한다. 온실가스 배출과 지구온난화의 문제는 국제사회 공동의 노력을 통해 장기간 고민해야 하는 문제가 되었다. 미국의 사회학자 대니얼 벨Daniel Bell은 "국민국가는 큰 문제를 풀기에는 너무 작다"라고 했다. 개별 국가의 노력이나 정책, 혹은 정치로는 해결하기 어려운 이러한 위험은 점점 더 다양하게, 더 많이 나타나고 있다. 기존의 인간이 사고해 왔던 공간적 경계는 이런 위험 앞에서 무의미하다. 울리히 벡은 이를 "문명 위험의 지구화"라고 불렀다. 공간적 경계의 소멸이다.

공간뿐일까. 어떤 위험은 인간이 인지하는 시간마저도 훌쩍 뛰어넘어 버린다. 앞서 언급한 강 모 씨의 유전자 조작 옥수수의 사례를 생각해 보자. 원인과 결과가 나타나는 시간은 대단히 멀리 떨어져 있어 그것이 원인과 결과인지 알아내기조차 어렵다. 매우 긴 시간, 인간이 셈하는 시간이 아니라 지구의 시간표 속에서 나타나거나 사라질 수 있다. 방사능 위험의 예를 들어 보자. 경주 방폐장에 묻힐 예정인 중저준위 폐기물의 반감기는 600년가량이며, 핵발전소의 원료로 사용되는 우라늄238의 반감기는 45억 년이다.

방사성동위원소의 첫 방사능이 절반이 될 때까지 걸리는 시간인 반감기는 말 그대로 그 위험이 절반으로 줄어드는 시간이다. 인간의 생애 주기는 평균적으로 100년이 채 되지 않는다. 인간은 수천 년 전에야 비로소 문명을 이루고 도시를 이루고 바퀴를 발명했을 뿐이다. 우리는 매일매일 수만 년간 지속될 위험을 매 순간마다 양산하고 있다. 어떤 형태로 어떻게 위험을 먼 미래까지 전달할 것인가. 이제 인간은 스스로 창조해 낸 과학기술이, 역사의 영역으로 머물러 있던 시간의 벽마저 허물어 버리는 것을 보게 될 것이다. 미래와 현재의 경계가 지워지고, 다음 세대와 역사에 대한 책임까지도 져야 하는 의무를 부여받은 것이다. 우리가 지금 두려워해야 하는 것은 과거로부터 차곡차곡 쌓아 온, 별다른 상관관계나 인과관계가 없어 보이는 일련의 행위들이 집적되어 그 임계점을 넘어 가시화되는 미래다. 과거 우리가 고려해 왔던 위험의 인과관계는 일견 단순했다. '졸음운전으로 인한 교통사고' 정도의 추적은 쉬웠다. 하지만 중금속이나 환경호르몬, 혹은 어떤 다른 유해 화학물질은 우리 몸에 꾸준히 축적되었다가 어느 특정한 시간, 그 한계(역치)를 넘었을 때 '질병'이라는 이름으로 그 모습을 드러낼 것이다. 새로운 위험의 시간표는 우리가 알 수 없는 먼 미래의 일까지 감당해야 할 만큼 성장해 버렸다. 그런 면에서 지금 우리는 미래의 위험을 전제로 현재의 편리한 삶을 누리는 것인지도 모른다.

당연히 너무 긴 시간 동안 이루어지는 위험의 생애로 인해 그 원인과 결과를 추적하는 일은 더 어려워졌다. 게다가 현대사회는 과거와 비교할 수 없을 정도로 빠른 속도로 고도로 복잡해져 버렸다. 몇 겹의 층위가 켜켜이 쌓여 서로 얽히고설켜, 누가 누구와 어떤 것과 어떤 관계를 맺고 있는지 분석해 내는 일은 쉽지 않은 일이 되었다. 끝없이 이어지고 분화되어 관계를 맺고 있을 뿐만 아니라 사회의 구석구석까지 섬세하게 분업화되어 있다. 거대하고 정신없이 돌아가는, 스스로 움직이는 생명체가 되어 버린 사회 시스템 속에서 어떤 위험의 원인이나 책임을 추적한다는 것은 거의 불가능에 가깝다. 원인을 파악했다고 하더라도 그 책임은 분산적으로 귀속될 것이다. 유전자 조작 옥수수를 먹고 발생한 질병에 대한 책임은 누가 질 것인가. 유전자 조작 옥수수를 만든 과학자인가, 제조·판매회사인가, 이를 판매하도록 허가해 준 정부인가. 혹은 그것을 먹은 당사자인가. 경주 방폐장에서 방사능 누출 사고가 났다고 한다면 그 책임은 누구에게 물을 수 있을 것인가. 핵발전소를 유치한 박정희 정부인가, 방폐장 건설을 추진한 노무현 정부인가, 아니면 건설과 관리 운영을 맡고 있는 한국수력원자력인가, 경주 방폐장 유치에 찬성표를 던진 주민인가. 그리고 그 책임은 어떠한 형태로 지워져야 하는가.

사회적 경계 역시 지워지는 것이 새로운 위험의 특징이다. 우리가 고민해야 하는 위험은 과거와는 전혀 다른 대응과 고민과 논의를 시작해야 하는 위험이 되었다. 현재의 위험은 그것이 가시화되었을 때는 이미 늦은 경우가 대부분이다. 그 결과가 나타나기까지 수많은 사람들의 의도치 않은 행위가 복잡하게 연결되었고, 또 적지 않은 시간이 흘렀다면 우리는 영원히 위험의 원인을 추적해 낼 수 없을 것이다. 울리히 벡의 표현을 빌리자면 현대의 위험사회 는 "모든 사람이 원인이자 결과"이다. 우리는 우리가 알지 못하는 사이에 각자가 위험을 유통하고 확산시키는 데에 한몫을 하고 있을지도 모른다. 강 모 씨는 과연 자신이 어떤 위험을 섭취하고 형질을 물려주어 미래의 위험을 유통하는 몸이 될지 예상할 수 있었을까. 우리가 경제성장을 찬양하며 석유 없이는 출근조차 할 수도 없는 삶을 사는 동안 지구 반대편 태평양의 섬나라는 물에 잠겨 가고 있다. 거미줄 같은 도로를 건설하고 '마이 카' 시대를 여는 동안 아이들의 아토피와 천식 발병률은 증가해 갔으며, 대기오염 문제가 뉴스에 등장하기 시작했다. 개개인만의 문제일까. 고도로 발전된 관료 조직과 정부 정책, 그런 정책을 지지하는 사람들까지 고려한다면 과연 누가 누구에 대한 책임을 물을 수 있는가.

돌다리도 두들겨 보고 건너라

새로운 위험은 우리가 만들어 낸 과학기술 속에서 아주 복잡한 사회망을 토양으로 꾸준히 자라고 있다. 사회적 책임을 묻기도 어렵고, 국가의 정책이나 정치로도 해결하기 어려울 뿐만 아니라 인간의 시간마저 쉽게 무시해 버리는 이런 위험은 이제까지와는 전혀 다른 인간의 대응을 요구하고 있다. 3층 건물과 초고층 빌딩의 화재 설비는 달라야 한다. 고속열차의 선로는 일반열차와 감당해야 하는 속도와 무게가 전혀 다를 것이다. 이제 인간이 이룩한 모든 과학기술에 대한 성찰을 시작해야 한다. 과연 이 화학물질은 인간의 몸에 어떤 영향을 어느 정도 시간에 걸쳐 어디까지 영향을 미칠 것인지에 대해 충분히 예측하고 연구해야 한다. 그렇지 않으면 가습기 살균제와 같은 파국은 반복될 것이다. 애석하게도 대부분의 새로운 과학기술의 출현에서 사람들은 그로 인한 이익과 편리함을 기대할 뿐 위험에 대해서는 쉽게 무시해 버린다. 새로 이사한 집에 유해한 화학물질은 없을까. 우리 아이가 먹는 과자는 안전한 걸까. 하루의 대부분을 함께하는 '손안의 작은 세계'인 스마트폰의 전자파 위험은 없을까. 정말 '과학적'으로 안전하기는 한 것일까. 이러한 일상의 걱정을 사회는 안심시켜야 할 책임이 있다.

새로운 과학기술은 안전성이 입증되기 전까지 우리가 알지 못하는 어떤 위험이 그 안에 도사리고 있을지 모른다고 의심하고 규제하는 것. 이를 '사전예방의 원칙Precautionary Principle'이라고 한다. 즉, '사람이나 환경에 심각한 피해를 줄 가능성이 있다면 인과관계가 과학적으로 확실하지 않더라도 필요한 조치를 취해야 한다'는 개념이다. 이 원칙은 앞서 언급한 위험의 가장 큰 특징인 불확실성에 대한 가장 좋은 대응 방법이기도 하다. 어떤 활동이 위험을 야기하는지 알 수도 없고, 동시대에 그것을 입증할 수도 없다면 가급적 위험을 줄이는 것이 최선의 대책이라는 것이다. 1992년 리우데자네이루에서 열린 UN 정상회의에서 선언된 이 원칙은

1970년대 서독의 '물 보호법'에 처음 적용된 이후 환경·보건·식품 안전 분야 국제 조약의 기초가 되는 원칙으로 활용되어 왔다. 오존층 파괴를 막기 위해 프레온가스의 사용을 금지한 몬트리올 의정서(1987), 리우 선언(1992), 생물다양성 협약(1992), 유전자 변형 생물체LMO의 안전성 확보를 위한 카르타헤나 의정서(2000), 잔류 유기 오염물질POPs의 사용을 금지하는 스톡홀름 협약(2001) 등이 대표적 사례다. 물론 새로운 과학기술의 어두운 뒷면을 탐험하고 위험을 온전히 파악해 내는 일은 쉽지 않은 일이다. 하지만 그만큼 새로운 과학기술이 삶 속으로 들어오는 것에 대해 신중해야 한다는 의미이기도 하다.

사실 위험에 대한 증거가 나타날 때를 기다리겠다는 말은 위험이 삶을 휩쓸 때까지 아무것도 하지 않겠다는 말과 다르지 않다. 우리의 현실에서 사전예방의 원칙은 종종 산업계의 주장에 의해 묵살된다. 결정적인 과학적 증거가 없다는 이유로 각종 규제를 해서는 안 된다는 주장은 대기업 제품, 인기 많은 제품의 경우일수록 더 힘을 발휘한다. 유럽환경청EEA은 2001년 보고서 〈조기경고에 대한 늦은 교훈: 사전예방의 원칙Late Lessons from Early Warning: The Precautionary Principle 1896-2000〉을 통해 인간이 그간 수많은 사전 경고를 통해 예방이 가능했음에도 산업적 편익을 좇아 이를 무시함에 따라 결국 재앙으로 연결된 14가지(벤젠, DDT, 폴리염화비페닐 PCBs, 방사선, 이산화황, 트라이뷰틸주석TBT, 석면, 프레온가스CFC, 가축용 항생제, 광우병 등) 사례를 나열하며 사전예방의 원칙의 중요성을 강조했다. 인간은 이제 자신의 문명과 기술에 대해 새로운 고민을 시작해야 하는 시기를 맞이하고 있다. 이제 더 이상 과학기술이 환상적 미래만을 남겨 줄 것이라 착각해서는 안된다. 성찰하고 연구하고 또 신중해야 한다. 그렇지 않으면 과거와 전혀 다른 파국을 다음 세대에게 물려주게 될 것이다.

이카루스의 날개

인간은 자신에게 닥치는 위험을 능동적으로 회피하기 위해 지혜를 동원해 왔다. 그 원리를 이해하고 해석하여 그들이 이룩한 사회가 붕괴되지 않도록 최선을 다해 왔다. 인류가 끊임없이 거쳐 온 자연과의 투쟁은 결국 위험으로부터 회피하기 위한 노력이었다. 그리고 더 많은 기술, 더 많은 자연에 대한 탐구를 시작했다. 위험을 회피하고, 더 편리하고, 더 쾌적한 삶을 위해 부단히 노력해 왔던 인류는 이제 자연과의 투쟁이 아니라 스스로 만든 과학기술과의 투쟁을 시작하는 상황에 도달했다. 스스로 이룩한 문명이 새로운 위험을 만들어 냈던 것이다. 과학기술이 발전할수록, 기술이 더욱 복잡해질수록 '예측 가능하지 않은' 위험은 더욱 늘어난다. 아주 작은 원인이 복잡하기 짝이 없는 인과관계 속에서 어떤 모습으로 현현할지 예측한다는 것은 인간의 한계 밖의 일이다. '의도하지 않게' 발현되는 위험을 우리는 얼마나 또 마주하게 될 것인지는 짐작조차 하기 어려운 일이다. '기술 위험사회'는 이미 꽤 오래 전에 우리 곁에 와 있다. 하루가 다르게 발전하는 과학기술의 환상적 세계는 인류의 오만함을 고취시키는 중이다.

언젠가부터 온실가스로 인한 지구온난화 문제가 심심치 않게 언론에 등장했다. 이 문제에 대한 해결 방안으로 온실가스를 감축하기 위한 국가별 노력을 주문하고 있지만 인류는 여전히 과학이라는 신에게 의지하고 있다. 탄소를 포집하여 어딘가에 묻어버리자는 기술에 대한 논의가 이어지고 있다. 언젠가는 고갈될 화석연료에 대한 이야기는 재생가능에너지가 아니라 핵발전이나 수소에너지 등과 같은 주장으로 귀결되곤 한다. 차라리 지구를 버리고 식민 행성을 건설하자는 이야기도 종종 등장한다. 우리는 아직도 과학기술을 '데우스 엑스 마키나'라고 생각하고 있다. 하지만 앞서 언급했듯 이런 새로운 위험은 기존의 우리가 연구해 온 위험과는 전혀 다르다. 당연히 위험인지와 위험평가의 방법조차 달라져야 한다. 그에 따른 정책도 달라야 한다. 뒤에 다시 언급하겠지만 위험에 대한 정보의 공유와 논의도 전혀 달라야 한다. 이제 우리는 과거와는 다른 새로운 질문을 마주하고 있다. 과학기술 발전의 뒷면은 없는가. 그것은 얼마나 긴 시간 동안 우리 주변에 머물며 영향을 미치는가. 이 사회는 그로 인한 부작용을 수용할 수 있는가. '어쩌면' 위험할 수 있다는 정보는 충분히 공개되고 사회적으로 논의되고 있는가. 사회구조는 그 위험이 어디로 흘러가고 있는지 인지할 수 있는가. 아니 그 이전에 가장 먼저 던져야 할 질문은 '우리의 과학기술에 대해 충분히 성찰하고 있는가'이다.

후쿠시마에서는 여의도 면적의 10배가 넘는 지역이 통제구역으로 설정됐으며, 여전히 매일 수천 톤의 방사능 오염수를 태평양으로 내보내고 있다. 태평양 바다를 떠도는 방사능은 지구에 어떤 영향을 미칠지, 어디에서 모습을 드러낼지, 언제 파국을 몰고올지 알 수 없는 일이며, 그 책임을 묻기도 어려워졌다. 이제 과학기술이 만들어 낸 새로운 위험은 '통제'라는 단어가 불가능해 보이기까지 한다. 울리히 벡은 "사회적 합리성이 없는 과학적 합리성은 공허하고, 과학적 합리성 없는 사회적 합리성은 맹목적이다"라고 했다. 우리가 생각해야 하는 것은 과학기술의 속도가 아니라방향이다.

과거의 인간은 자신의 죄를 처단하는 신을 두려워했다. 하지만 이제 인간이 두려워해야 하는 것은 인간이 스스로 창조한 유토피아가 그 뒷면을 드러내며 붕괴하는 것이다. 퍼듀대학교 리처드 하워드Richard Howard 박사는 유전자 조작 물고기와 일반 물고기가 자연 생태계에서 함께한다면 어떤 결과가 나올지를 실험했다. 그는 송사리과의 유전자 조작 물고기 60마리를 일반 물고기 6만마리 사이에 풀어놓았다. 유전자 조작 물고기는 일반 물고기에 비해 4배 이상의 번식률을 보였다. 암컷들이 덩치가 큰 유전자 조작물고기를 선호했기 때문이었다. 태어난 새끼 물고기 역시 유전자조작 물고기였고, 당연히 유전자 조작 물고기의 숫자는 세대를 거칠수록 급속도로 늘어났다. 불과 5세대가 지나자 숫자는 역전되었다. 하지만 유전자 조작 물고기의 새끼는 성체까지 충분히 자라지 못하고 일찍 사망했다. 유전자 조작 물고기의 숫자가 늘어났지만 그들은 짝짓기를 하고 번식하는 데에는 그리 유능하지 못했다. 결국 40세대 만에 실험에 동원되었던 6만 60마리의 물고기는 모두 멸종했다.

4장.

자본주의가
증폭하는
위험

상대방을 이해하는 마음 없이 경쟁만 강조하는 사회,
이기는 자만이 추앙받는 사회에서 사이코 패스는 필연적이다.
— 로버트 D. 헤어

⚠

1960~70년대 한국은 대규모 이촌향도 현상에 시달리고 있었
다. 농민들은 공장과 일자리가 있는 도시로 모여들었다. 서울의 부
동산 값은 치솟았고, 가난한 이들은 산과 들을 가리지 않고 무허
가 판자촌을 짓고 모여 살 수밖에 없었다. 아무런 기반 시설도 갖
추지 못한 채 짧은 시간에 엄청난 인구를 맞이한 서울은 열악한
주거 환경의 판자촌을 끊임없이 늘리고 있었다. 저임금의 강도 높
은 노동력을 필요로 했던 독재정권의 경제 부흥 시기였다. 서울에
사람은 필요했지만 집은 없었다. 박정희 대통령은 '불도저'라는 별
명을 가진 서울시장 김현옥에게 서민아파트를 지을 것을 명했다.
서울 시내 곳곳의 산을 깎아 '시민아파트'를 짓기 시작했다. "대통
령께 잘 보이도록 높은 곳에 지어야 한다"라는 김현옥 서울시장의

말이 사실인지는 모르겠으나 서울의 산들이 깎여 나가기 시작했고, 판잣집들이 철거되었다. 눈앞에 보이는 성과나 속도가 과정보다 중요하던 시기였다. 마포구 와우산 자락에도 시민아파트 건설이 시작되었다. 19개 동의 건설 계획이 세워졌고, 몇 개의 업체가 이를 나눠 맡았다.

그중에서도 13~16동을 맡은 회사는 대룡건설이었다. 다른 업체가 그러하듯 대룡건설 역시 하청의 하청을 거듭했다. 업체를 선정하는 기준은 전문성이나 기술력이 아닌 친분과 뇌물이었다. 하청이 한 단계 늘어 갈 때마다 뒷돈도 늘어 갔다. 뇌물로 들어간 돈을 만회하고 더 많은 이윤을 남기기 위한 꼼수가 총동원되었다. 공무원들까지 연계된 비리의 고리는 공공연한 비밀이었다. 박영배라는 무면허 건설업자도 뇌물로 이 어두운 카르텔의 일원이 되어 와우아파트 건설 현장에 입성했다. 완공 일자는 정해져 있었다. 당연히 공사는 날림으로 진행되었다. 1개 동에 1,200만 원의 비용이 들어가야 했지만 실제로는 660만 원에 짓기도 했다. 아파트 완공은 6개월 만에 이루어졌다. 준공식에 박정희 대통령 부부가 참석할 정도로 중요한 국가 사업이었지만 설계부터 시공까지 무엇 하나 제대로 된 것이 없었다. 마포구 와우산 비탈은 70도 정도로 매우 가팔랐다. 아파트의 무게를 버티며 제대로 서 있기 위해 필요한 철근은 7개가량이었지만 실제로는 5개밖에 되지 않았다. 1제곱미터당 견딜 수 있는 무게는 280킬로그램에 불과했다. 실제 하중은 900킬로그램에 가까웠다. 시울시장에게는 대통령에게 보일

거대한 성과가 중요했고, 공무원들과 건설업자들은 그로 인한 검은 이익에 집착했을 뿐이었다.

완공 후 주민들이 입주하기 시작했다. 말이 서민들을 위한 아파트였지 철거된 판자촌 사람들은 들어올 수 없었다. 번듯한 아파트의 입주권을 산 것은 중산층 이상의 시민들이었다. 대룡건설이 시공을 맡았던 13~16동은 유독 금이 가 있다는 말이 많았다. 결국 입주가 한창이던 1970년 4월 8일 아침, 15동 아파트가 그대로 산 아래로 쓰러졌다. 산 아래의 판잣집 3채를 덮쳤고, 33명이 사망, 44명이 부상을 당했다. 절반밖에 입주가 이루어지지 않은 것은 불행 중 다행이었다. 곧 대룡건설에 의해 부실하게 시공된 것으로 판명된 13동, 14동, 16동의 철거가 이루어졌다. 남은 아파트는 1980년대에 네 차례에 걸쳐 철거되고, 마지막 남은 4개 동은 1991년 마지막으로 철거되었다. 1970년 5월 유명 가수 조영남은 신고산 타령을 "와우아파트 무너지는 소리에 얼떨결에 깔린 사람들이 아우성을 치누나"로 가사를 바꿔 부르다가 박정희 정부의 기관원에게 끌려가 군에 입대했다.

이 사건 이후 서울의 다른 시민아파트 434개 동에 대한 안전검사가 이루어졌다. 그중 349동이 보수가 필요하다는 결과가 나왔다. 1971~77년에 지어진 시민아파트 중 101개 동이 철거되었다. 철거 비용은 50억 원이 넘었다. 돈의 노예가 된 자들이 겉만 그럴싸한 종이집을 지어 놓고 사람들을 살게 한 황당한 사건이었다.

이 사고로 받은 처벌을 살펴보면 김옥현 마포구청장 무죄, 장익수 대룡건설 대표 징역 1년 6월·집행유예 3년·벌금 10만원, 허필정 서울시 아파트 건설사업사 공사과장 무죄, 조성두 마포구청 건축과장 징역 2년, 이성종 현장감독 징역 4년, 그리고 무면허 하청업자 박영배가 징역 5년이었다. 날림공사, 하청의 하청 단계가 엮어낸 기가 막힌 부정과 부패의 고리. 그렇게 33명의 목숨을 잡아먹은 죄에 대한 처벌 치고는 솜방망이라는 논란이 일었다.

사고 공화국

　새로운 대통령의 취임을 앞둔 1993년 1월 7일. 청주시 상당구 우암동 상가에 불이 났다. 우암상가는 아파트와 함께 있는 주상복합 건물이었다. 새벽 1시, 상가의 이불가게 인근에서 원인을 알 수 없는 불이 시작되었다. 깊은 새벽 치솟는 연기에 아파트 주민들은 서둘러 집을 나와 옥상으로 몰려갔다. 도착한 소방차가 물을 뿌려 대던 중, 어디선가 폭발음이 들렸다. 건물 내 LP가스통이 폭발했던 것이었다. 그리고 주상복합 건물은 순식간에 속절없이 무너져 내렸다. 옥상에 있던 사람들도, 집에서 깊은 잠에 빠져 있던 사람들도 모두가 콘크리트 더미와 함께 아래로 쏟아졌다. 사망자 28명, 부상자 48명. 74개의 점포와 2층부터 4층까지의 아파트 59가구가 거짓말처럼 허물어져 내렸다. 불이 난 지 채 1시간도 지나지 않아 거대한 콘크리트 건물이 무너져 내린 것은 이해할 수 없는 일이었다. 부실공사가 아니면 일어날 수 없는 일이었다. 우암상가는 무리한 설계와 자금난으로 설계 변경만 세 번을 했다. 무면허업자가 건축비를 절감하기 위해 저질 자재를 사용했다. 사고가 발생하기 전에 이미 벽에 균열이 생겼던 건물이었다. 철근은 듬성듬성 박혀 있을 뿐이었다. 사고가 나기 일주일 전인 1992년 12월 30일 청주소방서에서 소화전과 화재자동탐지기의 정비를 요구했지만 관리사무소는 아무런 일도 하지 않았다.

　1993년 3월 28일, 청주에서 사고가 난 지 몇 달 되지 않아 이번엔 열차 사고가 발생했다. 경부선 구포역 인근에는 삼성종합건설이 한국전력의 전선 지중화 공사를 하고 있었다. 직경 4미터의 터널을 뚫고 고압선을 매설하는 공사를 위해 삼성은 발파 작업을 진행했다. 철도법 76조에는 철도경계선으로부터 약 30미터 범위 안에서 열차 운행에 지장을 주는 각종 공사는 할 수 없으며, 공사를 하고자 할 때는 행정 관련 기관의 승인을 받은 뒤 시행할 수 있다. 하지만 삼성은 이를 지키지 않았다. 터널을 뚫어 지하수를 뽑아내자 지반은 금세 약해졌다. 발파로 인한 진동도 영향을 주었다. 구포역으로 진입하던 무궁화호 기차는 지반 침하로 선로가 내려앉은 것을 발견하고 제동을 걸었다. 하지만 달리던 열차는 쉽게 멈출 수 없었다. 결국 총 4량의 기차가 선로를 벗어나 전복되었다. 사망자 78명, 198명의 부상자가 발생한 최악의 열차 사고였다. 이 사고로 삼성종합건설이 받은 과징금은 2,550만 원이었다. 1994년 삼성건설 대표 남정우 등 6인에 대해 대법원은 이들이 사고에 대한 직접적 책임이 없다는 이유로 무죄를 선고한 원심을 확정했다. 다만 무리한 공사를 진행한 책임을 물어 공사현장소장 권오훈에 대해서는 유죄를 판결했다. 이후 삼성종합건설은 삼성건설로 사명을 변경했다.

4달 뒤, 이번엔 하늘이었다. 1993년 7월 26일, 오후 2시 20분 김포공항발 아시아나 733편은 승무원과 승객을 포함해 106명을 싣고 있었다. 오후 3시 15분에는 목포공항에 도착할 예정이었다. 목포는 강풍과 안개로 악천후였다. 착륙은 여의치 않았다. 우선 목포공항 자체가 위험한 공항이었다. 1969년에 문을 연 목포공항의 활주로는 1,500미터가량으로, 김포·제주·김해 등 다른 공항이 평균 3,000미터가량이라는 것을 고려하면 반 토막에 가까웠다. 자동 착륙유도 장치나 계기착륙 장치도 없었다. 목포항 인근의 비행장은 서해안 특유의 강풍과 안개, 항행 안전 시설 부재로 결항률 1위의 불명예 공항이었다. 그날도 날씨는 좋지 않았다. 두 번이나 착륙 시도를 했지만 쉽지 않았다. 결국 3시 40분쯤 세 번째 착륙시도에 비행기는 공항에서 10킬로미터 떨어진 전남 해남군 화원면 마산리 뒷산에 추락했다. 기적적으로 살아난 승객이 산 아래로 내려가 인근 마을에 신고하면서 사고가 알려졌다. 66명이 사망했다. 사고의 원인으로 공항 자체의 문제점, 조종사의 무리한 착륙 시도가 지적되었다. 회항하지 않고 무리한 착륙을 시도했던 이유가 회항으로 인한 비용 문제나 조종사 징계 때문이라는 의혹도 일었다. 여기에 조종사들의 근무환경 문제도 도마에 올랐다.

승무원의 최대 승무 시간을 교통부 장관이 제한할 수 있는 규정은 있었다. 하지만 시행 규칙은 항공사가 스스로 정해 교통부 인가를 받도록 되어 있기 때문에 항공사가 마음대로 정할 수 있었다. 국내 항공사들은 성수기 때면 조종사들이 평균 80~85시간씩의 '한계승무'에 가까운 비행을 해야 했다. 정부 합동조사반의 조사에 의하면 기장이 정상 비행고도인 1,600피트 보다 훨씬 낮은 800피트까지 낮춘 것은 해발 1,063피트인 운거산을 넘은 것으로 착각했기 때문이라고 했다. 평소 조종사의 고강도 운행도 참사의 요인으로 지적된 것이다. 아시아나는 사고 이후, 항공 운항 시간표를 재정비했다고 한다. 하지만 여전히 한국 항공사 조종 시간은 외국 항공사보다 긴 것으로 알려져 있다. 목포공항은 사고 이후에도 안전운항 시스템을 설치하지 않고, 고작 활주로를 100미터 늘리는 것으로 운항을 계속했다. 2007년 무안국제공항의 건설과 함께 목포공항은 해군 비행장으로만 남아 있게 되었다.

목포에서 항공기 사고가 발생한 지 채 3달도 되지 않은 1993년 10월 10일 일요일, 전북 부안군 위도 인근의 날씨는 매우 좋지 않았다. 기상청은 "파도가 높고 강풍이 불며, 돌풍이 예상되므로 항해 선박의 주의를 요한다"라고 예보했다. 그래도 배는 띄워야 했다. 짐도 승객도 실을 수 있을 만큼 무조건 실었다. 당연히 배의 균형은 무너졌다. 정원보다 141명이나 더 승선했다. 늘 그래 왔다. 더 많은 인원과 짐을 싣고 출항하는 일은 관행이었다. 위도가 낚시꾼들의 입소문을 타면서 관광객은 점차 늘어났지만 그들을 감당하기에 운항 횟수는 턱없이 적었다. 위도 주민들은 증편을 요구했지만 정부는 보조금을 받는 업체에 증편을 쉽게 허락하지 않았다. 낚시꾼들이 몰려들기 전에는 위도와 육지 간의 유일한 교통수단으로, 정부보조금으로 겨우 운행하던 노선이기 때문이었다. 주말에만이라도 증편을 해 달라는 요구도 정부는 거절했다. 주말, 관광객은 많았고 위도에서 돌아오는 배가 없다면 그들은 꼼짝없이 발이 묶여 월요일 출근이 물 건너가는 상황이었다. 날씨와 상관없이 배는 떠야 했다. 결국 배는 뒤집어졌다. 구명 장비는 작동되지 않았고, 구조 요청도 제때 이루어지지 않았다. 탑승객 362명 중 292명이 사망했다. 사망자 중에는 단체 여행객이 많았다. 경제기획원 공정거래위원회의 간부급 10명이 모두 사망, 육군본부 영관급 장교 10여 명 사망, 한국통신, 충북대학교, 부안경찰서 직원들도 단체 여행객으로 사망자 명단에 포함되었다. 물론 불법과 편법으로 얼룩진 운항이었기 때문에 탑승자 명단조차 제대로 작성되지 않았다. 언론은 '선장이 혼자 탈출해 집으로 갔다는 것을 본 사람이 있다'는 희대의 오보를 냈다. 경찰과 검찰은 인근 섬을 뒤졌고, 과실치사 혐의로 지명수배까지 내렸다. 사고 발생 5일 후, 백운두 선장의 시신은 무선통신실 안에서 발견되었다. 이 사건 이후 여객선 운항은 증편되었다. 승객의 신원을 기재해야 하는 규정도 생겼다. 하지만 국회에서 연안 여객선 안전 관련 법이 개정되었다거나 하는 일은 벌어지지 않았다.

그렇게 잔혹한 1993년이 지나가고 해가 바뀐 1994년 8월 17

일, 전기 합선으로 서울 중구 팔레스 룸사롱에서 불이 나 14명이 사망했다. 룸사롱 업주는 징역 2년을 선고받았다. 그리고 10월 21일 아침, 한강의 다리가 무너졌다. 한강의 열한 번째 다리 성수대교의 북쪽 다섯 번째와 여섯 번째 교각 사이 상판 50미터가량이 내려앉았다. 도시 한복판의 다리 한가운데가 거짓말처럼, 마치 가위로 잘라낸 것처럼 사라져 버렸다. 다리 위를 달리고 있던 버스 1대, 승합차 1대, 승용차 4대 등 모두 6대의 차량과 49명의 탑승자가 강 속으로 함께 주저앉았다. 그중 32명이 사망했다. 다리가 끊어진 시간은 출근 시간이거나 등교 시간이었다. 학생, 직장인이 많았다. 평범한 이들의 아침이 그대로 멈추었다. 사고는 시공사였던 동아건설의 부실시공과 설계 부실, 서울시의 교량 관리 부실이 겹겹이 누적된 결과였다. 다리가 무너지기 1년 전 MBC 〈뉴스데스크〉에서는 한강의 교량이 위험하며, 관리와 보수가 시급하다고 보도했다. 서울시는 이런 시사고발 프로그램의 지적을 무시했다. 성수대교가 무너지고 난 뒤에야 한강 교량을 대대적으로 보수 및 관리하기 시작했다. 성수대교를 건설한 동아건설의 시공은 부실했고, 검사도 소홀했다. 관리·감독 기관인 서울시는 제대로 검사하지도 않았고, 몇 대의 차량이 다니든 얼마나 무거운 차량이 오가든 별 상관도 하지 않았다. 동아건설은 직접 책임이 없다고 강변했다. 하지만 사고 발생 7년이 지난 2001년, 법원은 사고의 직접 원인이 동아건설의 부실시공이라는 확정 판결을 내렸다. 이 사고로 당시 이영덕 국무총리가 사직서를 제출했고, 서울시장이 경질

되었다. 다리의 붕괴 부분만 다시 만들어 고쳐 보겠다는 보수 계획은 여론의 뭇매를 맞고 결국 현대건설의 신규 건설로 확정되어, 새로운 다리는 1997년 7월 3일에 완성되었다.

성수대교가 무너진 지 정확히 3일째 되는 날, 충주호의 유람선에서 불이 났다. 1994년 10월 24일, 승무원 3명을 포함해 132명의 승객을 싣고 충주를 향해 운항하던 유람선에 오후 4시쯤, 엔진 과열로 기관실에서부터 불이 나기 시작했다. 불이 나자 승무원들은 승객들에게 선실로 들어가 있으라 지시했다. 선실은 금세 연기로 가득 찼다. 남자들은 선실의 유리를 깨고 탈출했다. 인근의 다른 유람선과 어선이 탈출한 승객을 구조했다. 그리고 불과 20여 분 만에 물 위의 배는 절반 이상 다 타 버렸다. 소방관들이 도착했지만 호수 한가운데의 배에서 난 불을 진압하는 일은 쉽지 않았다. 배 안에는 화재에 대비한 장비도 없었다. 구명조끼조차 모자랐다. 물에 도착했을 때는 거의 전소된 상태였다. 30명이 사망하고, 33명이 부상자로 기록되었다. 역시 초과 인원이 문제가 되었다. 정원은 127명이었지만 134명을 태웠다. 가을 단풍놀이 한철 장사를 포기하기 어려운 성수기였다. 당연한 일처럼 승선 인원도 제대로 파악하지 않았다. 이 배는 사고 1년 전 정부를 대신해 선박 안전을 검사하는 한국선급의 정기검사를 합격했다. 업체는 안일했고, 규제 당국은 제대로 관리하지 않았다. 승무원들은 안전조치도 하지 않고 그저 승객들을 선실로 밀어 넣는 것이 전부였다. 사고 이후 충주호에는 소방정이 배치되었다. 하지만 몇 년 뒤

충주호 유람선은 464명 정원에 900여 명을 태워 적발되었다. 아직도 충주호에는 1994년 사고 당시 운항하던 유람선이 관광객을 실어 나르고 있다.

그해 겨울도 쉽게 넘어가지 못했다. 이번엔 서울의 주택가였다. 마포구 아현동 1994년 12월 7일 오후 2시 50분경, 한국가스공사 아현 가스공급 기지 지하 저장소가 폭발했다. 몇 번의 '펑' 하는 소리와 함께 인근 지하철 공사장 철판이 근처 건물 15층 높이까지 튀어 올랐다. 가스 저장소의 지상에 있던 공원이 흔적도 없이 폐허가 되는 것도 모자라 깊은 웅덩이까지 생길 만큼 폭발의 위력은 컸다. 사고의 원인은 계량기를 점검하면서 밸브 틈새로 누출된 가스가 인근의 추위를 피하기 위해 피워 놓은 불에 점화되어 폭발로 이어진 것이었다. 가스가 새고 있다는 경보가 40분이나 울려 댔지만 소방서와 연락은 되지 않았고, 인근 주민들에 대한 대피 명령도 없었다. 교통 통제는 당연히 없었다. 사실 가스공사는 밸브에서 가스가 새고 있다는 것을 알고 있었다. 직원과 공사감독 7명이 달려가 밸브 작동을 확인하기도 했다. 하지만 점검이 끝나고 난 뒤 다시 가스가 새기 시작했고, 경보기가 작동했다. 가스 누출 시 자동으로 밸브를 잠그는 검지기는 작동되지 않았다. 헬기, 조명차, 펌프, 그리고 인력 491명이 투입되었다. 인근 주택에까지 불이 번지기 시작했다. 그리고 12명이 사망하고, 65명이 부상을 당했다. 70여 채의 건물이 파손되고, 주택 75채가 화재로 사라졌다. 역시 예고된 참사나 안전불감증이라는 단어가 언론에 등장했다. 주택가 인근 지하의 하루 1,060톤의 가스를 공급하는 기지의 상근자는 3명에 불과했다. 서울 시내 가스관에 대한 안전 점검이 형식적이라는 분석도 뒤따랐다. 지하에 무엇이 묻혀 있는지 위치는 어디인지에 대한 도면도 없었다. 사고 후 정부는 도로 굴착 공사 시에는 관계 기관과 사전 협의를 의무화하는 지침을 내렸다. 하지만 공문은 그저 종이 한 장에 불과했다.

끔찍한 1993년과 1994년을 보내고, 그해 연말에는 '내년에는 살아서 보자'라는 인사가 등장했다. 새해의 시작은 선박 화재였다. 1995년 2월 7일, 한진해운 소속의 한진 부산호가 정기검사를 위해 한진중공업 영도조선소에 정박하고 있었다. 점심을 앞둔 11시 5분 경. 수리 중이던 1만 7,000톤 급의 배에서 화재가 발생했다. 기관실 용접 작업에서 불티가 튄 것이 원인이었다. 커다란 화물선 안은 마치 미로와 같았다. 검은 연기는 배 안의 곳곳을 잠식해 갔다. 18명의 사망자는 대부분 질식사로 죽었다.

2달이 지난 봄, 4월 28일. 대구에서는 지하철 공사가 한창이었다. 지하에 무엇이 묻혀 있는지 잘 몰랐던 대가는 컸다. 인근 가스관을 건드렸다. 새어 나온 가스는 하수관을 타고 지하철 공사장으로 흘러갔다. 공사장에 가스를 폭발로 이어지게 할 조건은 차고도 넘쳤다. 공사장 복공판(도로 밑을 굴착할 때 위의 도로면에 나란히 까는 가설재로 사용되는 판) 400미터가량의 구간이 내려앉았다. 불기둥은 50미터까지 치솟았다. 사고 발생 시각은 아침 8시경이었기 때문에 학생과 직장인들의 통행량이 많았다. 150대의 차량이 파손되고, 피해를 입은 건물도 80여 채나 되었다. 도시가스사업법에 의하면 가스 배관은 지하에 1미터 이상으로 묻어야 했지만 그곳의 가스관은 지하 30센티미터 아래에 있었다. 건설회사에서 지하 굴착을 할 때는 해당 관청의 굴착 승인을 얻은 후, 가스관 회사에 연락해 관의 위치를 파악한 뒤에 공사를 진행해야 한다. 규정은 활자에 불과했다. 공사는 대충 진행되었고, 감독 기구인 관할 관청은 현장에 제대로 와 보지도 않았다. 공사 담당 회사였던 표준개발은 가스관이 깨진 30분 뒤에 도시가스에 신고했다. 가스는 천천히 공사장에 고이고 있었다. 그리고 사망 101명, 부상 145명. 지난해 아현동 가스 폭발 사고에서 얻은 교훈은 없었다. 이 사고로 시민단체를 중심으로 한 대책 기구가 설립되었고, 도시가스사업법의 안전 규정이 강화되었다.

그리고 백화점이 무너졌다. 1995년 6월 29일, 1986년 분양 당시 최고 10대 1의 경쟁률을 보였던 삼풍백화점은 목요일 오후 6시쯤, 직원과 손님을 끌어안고 쓰러졌다. 사망 501명, 부상 937명, 실종 6명. 말 그대로 '참사'였다. 사고의 진행도 참담했지만 그 원인이 하나둘씩 밝혀지면서 한국사회의 썩은 종기가 터진 사고라는 분석이 뒤따랐다. 삼풍백화점의 경영진은 '이윤'을 위해서라면 수단과 방법을 가리지 않았다. 원래 삼풍백화점은 그 자리에 들어설 수 없었다. 당초 그 자리는 주거용 부지였다. 삼풍은 공무원들에게 뇌물을 주고 부지의 용도를 변경했다. 처음에는 바로 옆에 있던 삼풍아파트의 부속 상가로 계획되었다. 하지만 삼풍의 이

준 회장은 독자적 쇼핑몰 건설로 계획을 변경했다. 원래 설계에서
는 4층짜리 건물이었지만 한 층을 더 얹으라고 주문했다. 시공사
는 붕괴의 위험 때문에 증축을 거부했다. 결국 증축의 시공은 삼
풍의 계열 건설사가 담당했다. 증축된 5층에는 대형 음식점이 입
점했다. 한국사람은 앉아서 식사를 해야 한다는 주장에 온돌 시
설이 추가로 시공되었다. 난방장치의 무게는 적지 않았지만 하중
계산이나 안전 설계는 중요한 것이 아니었다. 5층뿐만이 아니었다.
더 많은 상품을 진열하기 위해, 더 많은 사람을 불러오기 위해 수
시로 내부를 바꿨다. 원래 직경 32인치로 설계되었던 기둥은 공사
비 착복 과정에서 23인치로 줄어들었다. 그나마도 진열 공간이 부
족하다는 이유로 몇 개가 제거되었다. 백화점 옥상에는 냉각탑 세
대가 설치되었는데, 세 대를 통합한 무게는 36톤이었다. 그런데 거
기에 냉각수까지 채우면 무려 87톤으로, 이는 옥상이 견뎌 낼 수
있는 하중의 4배가 넘는 무게였다. 옥상 동쪽에 설치된 냉각탑의
소음으로 인해 바로 옆에 있던 삼풍아파트 주민들의 민원이 끊이
지 않았고, 경영진들은 붕괴되기 22개월 전인 1993년 8월에 이 냉
각탑들을 반대편으로 옮겼다. 규정상 대형 크레인을 이용해 공중
으로 들어 옮겨야 했지만 돈이 많이 들었다. 냉각탑 아래에 롤러
를 장착해 천천히 끌어 옮겼다. 용도 변경으로 인한 실하중이 초
과될 경우 반드시 진단 및 구조 검토를 거쳐야 하며 보강 등의 조
치가 이루어져야 하지만 규정은 신경 쓸 일 없는 문서 조각이었
다. 백화점 건물은 자신이 견딜 수 있는 무게를 심하게 초과해 버

렸고, 여기저기서 금이 가고 무너지기 시작했다. 사고 전날에는 5층 음식점의 일부가 내려앉기도 했다. 백화점 시설과장 이영길 이사는 이준 회장에게 고객 대피를 건의했다. 이준 회장은 펄펄 뛰며 반대했다. 그는 시간당 벌어들이는 돈 생각을 먼저 했을 것이다. 경영진은 붕괴 직전 중요 물품을 빼돌리고, 몰래 도주했다. 고객들에 대한 대피 방송도 없었고, 영업 중단도 없었다. 그리고 백화점은 무너졌다. 이준 회장은 뉴스에 나와 이렇게 말했다. "이보쇼, 무너진다는 것은 다시 말해서 손님들에게 피해도 가지만 우리 회사의 재산도 망가지는 거야!"

1999년 6월 30일, 채 피지도 못한 어린 생명들이 스러져 간 비극적 사건이 발생했다. 경기도 화성시 서신면 씨랜드청소년수련원(이하 씨랜드)에서 화재 사고가 발생했다. 모깃불이 화재의 원인이었는지, 전기 합선이 원인이었는지는 여전히 명확히 밝혀지지 않았다. 화성에는 소방서가 없었기 때문에 70킬로미터나 떨어진 오산소방서에서 달려왔다. 오산소방서에 신고가 접수된 것도 사고가 발생한 지 1시간이나 지난 뒤였다. 씨랜드에는 당시 서울 소망유치원생 42명, 안양 예그린유치원생 65명, 서울 공릉미술학원생 132명, 부천 열린유치원생 99명, 화성 마도초등학교 학생 42명 등 497명의 어린이와 인솔교사 47명 등 모두 544명이 있었다. 아이들은 몇 개의 방에 모여 자고 있었다. 객실 내 화재경보기는 고장 나 있었다. 인솔교사들은 맞은편 방에서 술을 마시고 있었다. 아이들은 인솔교사 없이 고이 잠들어 있었다. 인솔교사가 방마다 있었던 마도초등학교 학생들은 무사히 대피했다. 하지만 인솔교사도 없이 아이들끼리 자던 방의 아이들은 모두 사망했다. 화재는 어린이 19명을 포함한 23명의 생명을 앗아갔다. 아이들의 작은 시신은 불에 타 온전히 수습하기도 어려웠다. 잿속에서 뼈를 추리는 수준에 불과했다.

화성의 씨랜드는 부정과 부패의 온상이었다. 부실한 건물은 지을 때부터 뇌물로 지어졌다. 시공과 감리회사 직원들, 화성시 공무원, 화성군수까지 개입된 비리의 커넥션이 엮여 있었다. 박재천 씨랜드 원장은 수련원 사업을 시작하면서 토지 용도 변경, 건축 허가에 고위공무원의 힘이 필요했다. 화성군 건설과 시설계장이었던 윤 모 씨의 처남인 건설업자 서향원은 공무원들과 친했다. 수시로 군청을 들락거리며 공무원들에게 향응을 베풀었다. 그가 다리를 놓아 박재천은 군수를 비롯해 화성군 사회복지과장 강호정과 안면을 텄다. 강호정은 부녀복지계장 이장덕에게 각종 압력을 넣었다. 이장덕은 씨랜드의 인허가 신청 접수담당이었다. 그가 부실한 건물에 대한 허가를 미루자 각종 회유와 협박이 들어왔다. 폭언에 시달리던 그는 결국 다른 부서로 옮겨야 했다. 그리고 허가는 일사천리로 진행되었다. 이렇다 보니 건물에 대한 안전 검사나 소방 설비가 있을 리 만무했다. 허름한 가건물은 싸구려 가연성 소재로 인테리어를 했다. 살아남은 교사들은 구속되었고, 비리 피라미드의 꼭대기 쯤에 있던 김일수 화성군수에게도 구속영장이 청구되었다. 그는 박재천과 안면도 없다며 혐의를 부인했다. '철인 군수'라던 그는 경찰 조사 중 쓰러져 병원에 입원했다. 화성 농촌문제연구회와 (농촌 개선을 목적으로 활동하는 청소년 민간단체) 4H 지역 소속원 약 300여 명이 달려와 병실을 지키며 기자들을 물리쳤다. 김일수는 비극에 대한 책임을 군수에게 돌리는 것은 옳지 않다고 주장했다. 경찰의 영장은 번번이 기각되었다. 그는 결국 무혐의로 풀려나 여전히 화성시의 지역 유지로 지내며, 2013년 재보궐 선거 당시에는 서청원 새누리당 후보의 선거대책위원장까지 맡았다. 한편 씨랜드 운영자는 2011년 씨랜드 부지 바로 옆에 새로 지은 불법 휴양 시설의 소유주로 밝혀지기도 했다. 불과 몇 년 지나지 않아 또 불법 건축물을 지은 것이다.

한국적 특성인가

앞서 언급한 비극적 사고들은 당시 언론이 거의 매일 '사고 공화국'이라는 단어를 1면에 올리던 시절의 대형 참사를 발췌하여 나열한 것이다. 이후에도 적지 않은 사고가 신문의 1면을 장식해 왔다. 당연하게도 김영삼 정부의 인기는 급속도로 내려앉았다. 한강 다리 한가운데가 가위로 자른 것처럼 사라지고, 영업 중인 백화점이 무너지고, 물 위의 배에서 불이나 모두가 죽는 일이 하루가 멀다 하고 벌어졌던 그 당시, 그리고 지금까지도 이런 사고는 왜 일어났던 것일까. 왜 이토록 자주, 대형 참사가 끊이지 않았을까. 왜 사고만 났다 하면 적지 않은 수의 사람들이 죽어야 했을까. 누군가의 말대로 '한국인들의 특성' 때문일까. 정말 이런 사고는 한국의 어떤 독특한 특수성 때문에 발생했을까.

사고의 원인이 하나씩 밝혀지면서 사람들은 경악했다. 비리, 부패, 대충대충, 빨리빨리, 날림, 뇌물, 규정 무시, 불감증. 사고가 일어날 수 있는 모든 조건을 갖추고도 남았다. 오히려 이제야 참사가 일어난 것이 신기할 노릇이었다. 당연히 언론은 '예고된 인재'라는 단어를 지면에 올렸다. 그리고 학자들은 '한국적 특성'을 말하기 시작했다. 그들은 1960년대 이후 국가 정책으로 추진되어 온 경제성장 정책, 급격한 성장 지상주의, 한강의 기적을 만든 세월이 낳은 부작용이 사고의 원인이라고 지적했다. 한국의 성장은 지나치게 빠른 속도로 이루어졌고, 경제적 발전에만 치우쳤으며, 경제가 다양한 사회의 가치와 비대칭적 성장을 이루었다는 것이다. 20세기 후반 한국의 근대화를 "돌진적 성장" 혹은 "파생적 현대화"(김대환, 1998)라 부르기도 하며, "비정상적 발전", "왜곡된 발전"(이동훈, 1999)이라 정의하기도, 혹은 "폭압적 현대화"(홍성태, 2003)라 일컫기도 했다. 이 연구들이 한국사회의 위험에 대해 공통적으로 지적하는 것은 과속 성장에 의한 편법주의와 부정부패, 그리고 소통의 왜곡 등과 같은 사회적 특성이 한국사회의 안전을 위협하는 주요인이라는 것이다.

우리 사회는 누군가의 말대로 서구 유럽이 500년에 걸쳐 겪었던 일을 50년 안에 모두 겪었다. 정부 주도형의 개발 정책이 있었고, 초가집도 허물고 마을길도 넓혔다. 더 크고 더 빨리 그들을 따라잡아야 했다. '한강의 기적'이라 부르며 스스로를 기특해했다. 성과 지상주의, 성취 지상주의를 통해 짧은 시간에 이룬 기적과도 같은 경제성장에 도취되기도 했다. 하지만 이 모든 과정이 결국 대형 참사의 원인이 되었다. 과정보다 결과에 집착한 결과 '안전'은 전혀 고려의 대상이 되지 못했다. 선진국 대열에 들어서기 위해, 수출 신화를 이룩하기 위한 모두의 경주를 통해 속도와 효율이 지상 최고의 가치로 자리 잡았다. 다른 가치는 거추장스러운 브레이크에 불과했다. 하지만 자동차에서 중요한 것은 가속페달이 아니라 브레이크다. 그것을 미처 알지 못한 결과는 앞서 언급한 끔직한 사건들이었다.

1970~80년대에 산업구조는 급속도로 변했다. 사회가 하루가 다르게 복잡해지고 있다는 것을 피부로 느낄 수 있던 시절이었다. 대기업의 수출 중심의 경제 정책과 빛처럼 빠른 자본주의의 가속도는 어지러울 지경이었다. 문제는 물 아래에서 고여 썩고 있었다. 그래도 달려야 했다. 산업화의 날개를 단 자본주의가 생산해 내는 위험은 놀라운 '신화' 앞에서 당연히 따라오는 소소한 부작용에 불과했다. '아프니까 성장'이라고 했다. 우리가 경제성장만을 바라보며 달려온 사이 그다지 중요하지 않다고 생각했던 것들이 이제 하나씩 차곡차곡 쌓여 거대한 위험이 되어 있었다. 치안, 산업, 복지, 환경, 인권, 안전 등 많은 가치 속에 그간 경시해 왔던 부조리들은 고스란히 쌓이고 있었다. 학자들의 분석은 정확하다. 곪고

곪은 상처는 터지고 말았다. 그렇다면 정말 이 모든 사고는 '한국적 특성'이 있었기 때문에 발생한 것일까. 한국 이외의 다른 나라에서는 그런 사고가 없었을까. 우리만 그렇게 달려 왔을까. 성장에 매몰되어 다른 것은 외면했던 그 시간은 한국인의 독특한 유전자 때문이었을까.

1943년, 미국 로스엔젤레스에서 스모그가 발생했다. 1956년 경에 와서야 당시의 스모그는 질소화합물NOX과 탄화수소HC의 광화학적 반응에 의한 광화학스모그라는 것을 알았다. 원인은 석유연료의 연소였다. 수많은 자동차들이 내뿜는 매연은 자외선을 만나 화학반응을 일으켰고, 인체에 해로운 물질이 되었다. 'LA형 스모그'라 불린 이 대기오염은 1970년 도쿄에서 발생했다. 7월 18일 도쿄 스기나미 구의 고등학교에서 체육수업을 받던 학생들이 두통과 눈의 통증을 호소하며 쓰러졌다. 약 40여 명의 학생들이 병원으로 실려 갔다. 7월 18일은 일본의 '광화학스모그의 날'이 되었다. 같은 형태의 스모그는 1987년 서울에서 나타났다. 1990년대 초에는 멕시코시티에서 발생했으며, 지금은 베이징을 떠돌고 있다. 같은 형태의 대기오염이 시간의 흐름에 따라 세계의 대형 도시를 옮겨 다니고 있는 것은 왜일까. 그들 나라의 특수한 성격 때문일까.

똑같은 오염이 전 세계의 도시를 떠도는 이유는 각 나라의 특수성 때문이 아니라 앞선 나라의 경제 발전 모델과 삶의 형태를 다른 나라들이 뒤따르고 있기 때문이다. 1991년 낙동강 페놀

오염 사고와 비슷한 사건으로는 1945년 일본의 미나마타병이 있었다. 강에 버린 유독 물질의 종류만 달랐을 뿐, 화학공장이 먹는 물을 오염시키고, 주민들은 건강상의 피해를 입었으며, 두 나라에서 환경운동의 시발점이 되었다는 점에서 동일한 사건이라 할 수 있다. 한국에서 가짜 고춧가루, 공업용 유지, 고무 고기가 사회적 문제가 되었던 것이 몇 십 년 전 일이라면 현재 그 문제를 고스란히 떠안고 있는 것은 가까운 중국이다. 중국(인)의 특성 때문에 플라스틱 쌀이나 스티로폼 다리, 가짜 계란 등의 뉴스가 등장하는 것이 아니다. 한국사회의 압축적이고 폭압적인 근대화 과정에서 곪았던 종기가 터져 나온 것이 대형 참사의 행렬이었다면 그와 비슷한 문제를 지금 경제성장의 후발 주자 국가들이 고스란히 끌어안고 있다. 후진국들은 선진국과의 격차를 줄이기 위해 더욱 격렬하게 따라잡기 경주를 하는 중이다. 한 사회가 오랜 시간 축적해 온 가치가 무엇인가에 따라 그 양상과 결과는 다를 수 있지만, 결국 핵심은 지금 발생하는 문제들이 '효율과 이윤'을 신봉하며 결과에 집착해 온 과거의 산물이라는 점에서 동일하다. 선진국을 따라잡기 위한 잰걸음의 결과, 즉 자본주의가 강조하는 가치에 대한 부산물인 것이다. 한국적 특성이 아니라 자본주의의 특성 때문이다.

돈, 돈, 돈

1999년 10월 30일 인천시 중구 인현동에 있는 호프집에 화재가 발생했다. 인현동은 10대들이 자주 오가는 동네였다. 주변에 학교가 많았고, 아이들을 대상으로 하는 분식집이나 당구장·노래방 등이 번창하던 골목이었다. 물론 술집도 있었다. 술집에 미성년자가 들어와 술을 마시는 행위는 불법이었지만 사장은 별로 개의치 않았다. 오히려 인근 학교 학생들이 주 고객이었다. 10월 30일 축제가 끝난 주말을 맞아 5층 건물의 2층 호프집과 3층 당구장은 교복을 입은 10대 고객들로 가득 차 있었다. 지하 노래방은 내부 수리 중이었다. 시작은 아주 단순했다. 노래방의 아르바이트였던 14세, 17세 두 소년의 불장난이 불행의 출발이었다. 둘은 시너를 바닥에 뿌리고 불이 잘 붙는지 라이터로 장난을 치다 불이 번졌다고 진술했다. 17세의 방화범은 현장에서 사망했다. 낡고 오래된 건물은 불이 확산되기 좋은 조건을 갖추고 있었다. 순식간에 불은 지하에서 1층으로, 2층으로 타올라 가기 시작했다. 5층 건물의 끝까지 연기로 가득 차기까지 아주 짧은 시간밖에 걸리지 않았다. 불이 나자 1층의 손님들은 신속하게 대피할 수 있었다. 3층과 4층도 창문을 깨고 뛰어내리면서 부상자가 발생했지만 사망자는 없었다. 대부분의 사망자는 2층 호프집에 집중되어 있었다. 교복을 입은 10대 아이들이 57명이 사망하고, 71명이 부상을 입었다. 희생자 중에는 중학생도 있었다.

고작 2층밖에 되지 않는 호프집에서 이토록 많은 사망자를 낳았던 원인은 무엇이었을까. 먼저 이 호프집은 사고 당일 영업을 할 수 없었다. 불이 나기 열흘 전에 미성년자 출입 문제 업소로 경찰에 적발되어 영업장 폐쇄명령을 받았지만, 사장은 공무원에게 뇌물을 주고 영업을 계속했다. 오히려 '삐끼'를 고용해 더욱 열심히 영업을 했다. 두 번째로는 화재에 취약한 건물 구조였다. 커다란 유리창을 나무널빤지 등으로 멋대로 막아 버렸기 때문에 창문을 깨고 탈출할 수 없었다. 더욱이 정기 소방점검에서는 '이상 없음'을 판정받았다. 하지만 지하 노래방에는 스프링클러조차 없었다. 화재경보기도 작동하지 않았다. 불이 나기 하루 전날 지하 노래방 공사 인부들이 공사에 방해가 된다며 소화분말액을 자동분사하는 천정의 소화기 15대를 모두 제거해 버렸다. 이 노래방의 사장과 불이 난 호프집의 사장은 같은 사람이었다. 마지막으로 적지 않은 사상자를 낸 결정적 이유는 사장의 돈 욕심이었다. 뻔히 미성년자인 것을 알면서 공무원에게 뇌물을 주면서까지 영업을 계속했던 사장은 우르르 출입문 쪽으로 달려가는 아이들을 막아섰다. 화재 발생 후 사장이 제일 먼저 했던 행동은 문을 잠그는 일이었다. 술값을 받겠다는 탐욕에 따른 행동이었다. 그는 사고 후 현찰 무더기를 들고 도망 다녔고, 아내를 통해 부동산을 매각하려 했다. 결국 대전에서 자수를 했고, 교도소에서 종교에 귀의해 종교가수 활동을 하며 살아가고 있다. 인현동 호프집 화재 사고는 정확히 4달 전인 6월 30일에 일어났던 씨랜드 참사에서 우리 사회가 아무런 교훈도 얻지 못했다는 증거였다.

세월호 사고가 보여 주는 것 중 하나는 바로 위험을 증폭시키는 자본주의의 얼굴이다. 기술과 과학은 과거에 존재하지 않았던 새로운 위험을 만들어 냈다. 배를 만들 수 있는 기술은 점점 발전해 왔고, 더 많은 사람들을 더 빨리 이동시킬 수 있게 되었다. 그리고 자본주의가 강조하는 지상가치, 이윤과 효율이라는 이름 앞에 안전은 그 설 자리를 잃었다. 더 많은 짐을 싣기 위해 서류를 조작했다. 더 많은 승객을 태우기 위해 불법 증축도 했다. 낡은 배와 위험한 개조는 별로 중요하지 않았다. 얼마나 많은 돈을 벌 수 있는가에만 관심이 있었다. 안전에 사용되어야 할 비용은 로비에 사용되었다. 정치권에 대한 로비는 즉각 효과를 나타냈다. 법이 개정되었고, 해양산업 활성화라는 이름하에 선박 선령 규제가 완화되었다. 출발하는 데 시간을 잡아먹는 화물이나 차량에 대한 안전 규정은 무시되었다. 별로 중요하지도 않은, 언제 써먹을지도 모르는 안전 교육은 당연히 시간 낭비였다. 인건비 절약을 위해 직원들은 모두 비정규직이나 아르바이트로 채웠다. 배가 넘어가는 그 순간에도 회사는 선적된 화물이 제대로 배송되지 않는 것을 걱정했다. 이런 사례는 탐욕스러운 주인의 호프집이나 종교와 연관된 특수한 회사의 이야기에만 해당될까. 돈을 위해서라면 약간의 희생도 감수할 수 있다는 것은 몇몇 철없는 사람들의 주장에 불과할까.

미국 웨스트버지니아 주에는 '케미컬 밸리Chemical Valley'라 불리는 곳이 있다. 이곳은 1930년대 이후 비료·살충제 등의 화학공장이 밀집해 들어서기 시작했고, 독성 살충제나 유독 가스인 유

니언카바이드Union Carbide사의 메틸아이소사이안산MIC 보관 창고
도 있었다. 마을 사람들은 이 공장에서 일을 하며 생계를 이어 나
갔다. 종종 바람을 타고 독한 냄새가 마을에 퍼졌고, 머리가 아프
기도 했다. 마을 사람들은 이 냄새를 '돈 냄새'라고 불렀다. 공장
이 우후죽순처럼 늘어 가던 1970~80년대에 한국사람들은 '굴뚝
이 있는 곳이 잘산다'고 했다. 2011년 1월 30일 〈KBS스페셜: 행복
해지는 법〉 2편 '행복의 비밀코드'에 의하면 한국사람들은 행복을
위해 가장 필요한 것이 '돈'이라고 말했다. 2013년 흥사단 투명사
회운동본부의 조사에 의하면 서울·경기 지역 고등학생 44퍼센트
가 "10억이 생긴다면 감옥에 갈 수 있다"라고 답변했다.

회전문

그는 스코틀랜드 에버딘에 있는 로웨트연구소의 연구원이었
다. 런던 리스터 예방의학연구소에서 박사학위를 받았던 그는, 탄
수화물 결합 단백질 족인 렉틴Lectin에 관한 최고의 연구자였으며
로웨트연구소에서만 270편 이상의 논문을 쓴 우수 연구원이었다.
그는 1998년 8월 영국의 텔레비전 프로그램 〈움직이는 세계World in
Action〉에 출연해 그의 연구에 대해 설명했다. 연구소에서도 환영했
던 일이었다. 정확히 2분 30초의 방송이 나가고 난 이틀 후, 그는
연구소장의 사무실로 불려 갔다. 그리고 직무 정지와 해고를 통보
받았다. 책상은 자물쇠로 채워졌고, 실험 자료는 사라졌다. 실험실

의 컴퓨터는 봉인되어 있었다. 그의 연구팀 18명은 해체되었고, 실험 자료는 몰수당했다.

1995년 로웨트연구소는 농무부의 연구 용역을 수주했다. 실험을 맡은 것은 아파드 푸츠타이Arpad Pusztai 박사였다. 내용은 유전자 조작 감자의 생체 영향에 관한 내용이었다. 기존에 관련 연구가 없었던 것은 아니었다. 몬산토Monsanto사에서는 유전자 조작 콩 '라운드업 레디Roundup Ready'가 기존의 콩과 동일한 영양학적 가치를 갖는다는 내용의 논문을 발표한 바 있었다. 푸츠타이는 유전자 조작 식품에 대해 별다른 반대 입장을 가지지 않았던 과학자였다. 아니 오히려 유전공학이 훌륭한 미래의 성장 산업이 될 것이라고 생각했다. 그가 진행한 실험의 목적은 유전자 조작 감자도 일반 감자와 다를 바 없는 감자라는 걸 증명하는 것이었고, 당연히 그럴 수 있을 것이라고 생각했다. 결과는 그의 예상과 달랐다. 유전자 조작 감자를 먹인 지 열흘이 지나면서 실험용 쥐가 이상해졌다. 인간의 장기와 가장 비슷하다는 쥐의 심장 크기가 현저히 줄어들었다. 면역 기능은 약화되었고, 뇌와 간이 수축되었다. 아무것도 발견하지 못할 것이라던 과학자의 확신은 실험이 계속될수록 당혹감으로 바뀌어 갔다. 그는 그의 실험결과를 방송사와의 인터뷰를 통해 밝혔다. 단지 유전자 조작 감자를 먹인 쥐에게 무슨 일이 벌어졌는가를 말했을 뿐이었다. 그리고 36년간의 경력은 그렇게 마침표를 찍었다. 방송이 나간 후 그는 해고되었을 뿐만 아니라 그의 동료들마저 그를 외면했다. 실험의 설계가 잘못되었다는 과학자들의 비난이 빗발쳤다. 그는 아무런 변명도 할 수 없었다. 로웨트연구소와의 고용계약서에는 비밀 유지 조항이 있었기 때문에 실험에 관해 어떤 말도 할 수 없었다. 다른 과학자들은 그가 심리적 공황 상태라는 말도 서슴지 않았으며, 언론은 그가 쥐에게 유전자 조작 감자가 아니라 독을 먹였다는 의혹도 받고 있다고 떠들었다. 연구소의 책임자 필립 제임스Philip James 교수는 푸츠타이에게 편지로 언론과 접촉할 경우 고소하겠다고 엄포를 놓았다. 그의 아내 역시 언론과 만나거나 사진을 촬영하는 것을 제한당할 수밖에 없었다. 2006년 13개 국의 과학자 22명은 푸츠타이 박사의 실험을 재연한 후 그의 연구 결과가 정확했다고 공개하고 푸츠타이 박사를 지지했다. 결국 유전자 조작 감자는 시장에서 퇴출되었다.

1999년 10월《월스트리트 저널》은 "모든 소비자들은 사태를 잘 모르고 있지만 유전자 조작 작물로 만든 재료가 코카콜라Coca-Cola, 켈로그Kellogg's, 하인즈Heinz, 허쉬Hershey, 맥도널드McDonald's 등이 제조하는 다양한 제품에 들어가 있다. 미국인들이 이 사실에 무관심하거나 개의치 않는 현실보다 더 이 회사들에게 즐거운 일도 없을 것이다. 그러나 그런 일(미국인들이 관심을 갖는 일)이 일어날 가능성은 거의 없다"라고 했다. 우리는 하루 종일 먹는 음식 중에 유전자 조작 식품이 얼마나 되는지 알고 있을까. 아마도 알 수 없을 것이다. 그것은 유전자 조작 식품을 만들고 판매하고 수입하여 가공하는 회사가 가장 바라는 일이기도 하다. 한국인의 식탁에 유전자 조작 콩과 옥수수, 밀가루가 음식이 되어 자리 잡은 지 오래다. 2014년 동물 사료용을 포함한 유전자 조작 식품 수입량은 1,000만 톤가량이다. 하지만 시민단체의 조사 결과 시중에서 쉽게 구매할 수 있는 식용유, 빵류, 과자류, 장류 등 503종의 가공 식품 중 유전자 조작 식품을 사용했다고 표시한 제품은 하나도 없었다. 유전자 조작 식품을 표시할 수 있는 법령은 있지만 '예외' 조항이 많아 대부분의 식품에서 표시를 찾아 볼 수 없었던 것이다. 법령에 의하면 유전자 조작 식품을 가공해 식품을 만들었을 때 최종 제품에서 'GMO 성분'이 검출되지 않으면 표시하지 않아도 되며, '주요' 원재료에 속하지 않아도 표시 면제다.

세계에서 가장 큰 유전자 조작 식품 제조회사는 몬산토다. 몬산토는 원래 화학제조업체였다. 아스피린과 사카린을 만드는 화학업체였던 몬산토를 유명하게 만든 것은 베트남전쟁에서 악명을 떨친 맹독성 고엽제 '에이전트 오렌지Agent Orange'였다. 이 고엽제에는 다이옥신이 포함되어 있었고, 베트남의 거대한 수목을 말살하면서 그 명성을 높였다. 고엽제로 인한 피해, 즉 참전 군인들의 피부 발진, 신경 장애, 장애아 출산 등을 초래한 주인공이기도 하다. 독약 기업이라는 이미지를 벗기 위해 몬산토는 1980년대 화학 분야를 매각하고, 생명공학에 투자하기 시작했다. 독극물로 쌓은 부는 새로운 시장을 열 밑천으로 삼기에 충분했다. 그들은 새로운 성장 산업인 유전자 조작 식품에 주목하기 시작했다. 그리고 몬산토는 자신의 식품을 더 많이 팔기 위해 미국 정계와 손을 잡았다.

1992년 미국 식품의약국FDA은 유전자 조작 식품이 기존의 일반 식품과 동일하다고 선언했다. 의무적 안전 검사와 특수 제품 내용 표시는 하지 않아도 되었다. 유전자 조작 식품이라는 표시는 포장 용기 어디에서도 찾아볼 수 없게 되었다. 규제하고 안전성을 검사해야 하는 정부 기관은 안전 검사를 회사 스스로에 맡겼다. 이런 미국 식품의약국의 정책 방향을 결정한 주요한 인물 가운데 한 사람은 마이클 테일러Michael R. Taylor로 전직 몬산토 변호사였다. 표시 의무도 안전 검사도 면제해 주는 일을 해낸 그는 다시 몬산토의 변호사로 돌아갔다.

1999년 미국에서 재배되는 콩의 절반 이상은 몬산토의 '라운드업 레디'였다. 몬산토는 이 콩이 농약 '라운드업Roundup'을 아무리 뿌려도 살아남는 성질을 가졌다고 광고했다. 당연히 농약에 대한 내성을 가진 유전자 조작 콩이었다. 라운드업을 뿌리면 땅에서 자라는 모든 식물은 사라졌지만 몬산토의 콩만은 그렇지 않았다. 몬산토의 농약과 몬산토의 작물을 함께 파는 훌륭한 장사였다. 잡초는 생명력이 강했다. 시간이 얼마 지나지 않아 내성을 가진 잡초들이 출연하기 시작했다. 더 많은 농약을 뿌려야 했다. 토양은 오염되었지만, 미국 환경보호국은 콩과 면화에 대한 라운드업 잔류 허용 한계 기준을 높여 주었다. 농부들은 이제 몬산토의 더 많은 농약을 사서 뿌려야 했고, 몬산토의 종자만을 사게 되었다. 점점 더 많은 농부들이 몬산토의 농노처럼 변모해 갔다. 대대손손 이어 온 작물을 키우는 전통적 비법이나 농업에 대한 지혜는 점차 사라져 갔다. 기술과 특허 앞에서 그저 시키는 대로 종자·농약회사가 제공하는 방법대로 따라야 했다.

몬산토는 농부들을 감시하기 위해 사립탐정도 고용했다. 그들은 돌아다니며 그들의 종자를 남겨 다시 농사를 짓는지, 혹은 종자를 구매하지 않은 농부가 몬산토의 종자를 키우는지 감시했다. 1999년 몬산토는 캐나다의 퍼시 슈마이저Percy Schmeiser라는 농부를 지적재산권 절도 혐의로 고소했다. 그는 결코 몬산토의 유전자 조작 종자를 사지도 심지도 않았다고 항변했다. 하지만 그의 밭에서 몬산토의 종자가 발견되었다. 인근 밭에서 날아 온 유전자 조작 식품의 꽃가루가 그의 밭에 옮겨 왔을 확률이 높았다. 결국 몬산토는 이러한 사태를 방지하기 위한 원천 차단 기술 개발에 나섰다. 자신의 특허를 조금이라도 침해받고 싶지 않았던 몬산토의 카드는 '터미네이터' 기술이었다. 정식 명칭이 '기술 보호 시스템Technology Protection System'인 이 기술은 모든 작물에 적용될 수 있었다. 이 기술이 적용된 종자는 다음 세대를 남길 수 없게 된다. 즉, 식물이 자라 열매를 맺고 다음 세대에 다시 번식할 수 있는 자연의 과정을 차단해 버리는 기술이었다. 이 기술을 개발하는 데에는 미국 국민들의 세금도 투입되었다. 이 기술은 아직까지 상품화되지는 않았다.

미국 생명공학 업계의 움직임은 한국에도 영향을 미친다. 2006년 한·미 FTA 협상 전, 미국 생명공학산업협회BIO는 미 무역대표부USTR 통상 정책 자문위원회에 의견서를 보내 생명공학

산업에 대한 지적재산권 보호, 표시제 완화 등을 요구하는 의견서를 보냈다. 협상이 타결된 후, 생명공학산업협회는 "한·미 FTA 협정을 성공적으로 끝낸 무역대표부를 칭찬한다"라는 환영 논평을 냈다. 그들은 세계 무역시장의 식품 안전 장벽을 '불필요한 무역 장벽'으로 규정했다. 미국 식품의약국은 그저 기업들이 제출한 안전성 관련 서류만으로도 시장 유통 허가를 내준다. 그들이 목놓아 외치는 것은 '생명공학산업 육성'이다. 미국 국방 장관이었던 도널드 럼즈펠드Donald Rumsfeld는 퇴임 후 몬산토의 이사로 부임했으며, 앤 배너먼Anne Venneman 농무부 장관은 역시 다국적 식품업체이자 몬산토의 자회사인 칼젠Calgene의 이사로 자리를 옮겼다. 몬산토의 자문변호사 클래런스 토머스Clarence Thomas는 대법관이 되었다.

그들이 이윤을 창출하는 방법은 우리가 생각하는 것보다 훨씬 촘촘하고 꼼꼼하며, 비윤리적이다. 우선 그들은 새로운 상품을 만들어 낸다. 그리고 함께 구성상품도 내놓는다. 그들의 상품은 첫눈에 보아도 매력적이다. 엄청나고 화려한 광고 문구는 사람들을 현혹한다. 인도의 면화 농부들은 몬산토의 종자를 키우면 부자가 될 수 있다는 광고를 수도 없이 보아야 했고, 자신의 삶이 그렇게 될 것이라고 믿게되었다. 예쁘게 포장되어 저렴한 가격에 진열되어 있는 상품은 소비자의 눈을 어지럽힌다. 자본력으로 무장한 그들의 공세를 피할 곳은 별로 없다. 어느새 농장에서 식탁까지 그들의 손이 뻗치지 않는 곳이 없게 되었다. 몬산토는 식량의 생산과 가공을 넘어 유통과 판매까지 관장하고 있으며, 세계 곡물 시장을 쥐락펴락하고 있다. 텔레비전에서 방송되는 요리 프로그램이나 유명 요리사들은 그들의 제품을 간접적으로 광고해 주는 요리를 선보인다. 이윤을 위해서라면 수단과 방법도 가리지 않는다. 환경의 파괴나 공동체의 파괴, 농부들의 삶, 해당 국가의 안전 정책, 그리고 먹는 사람들의 건강 따위는 이윤의 걸림돌이 될 뿐이다. 그들은 이것을 '무역 장벽'이나 '불필요한 규제', 혹은 '괴담'이라고 부른다.

유전자 조작 식품의 안전 문제는 한국에서도 논쟁의 대상이다. 환경단체와 식품 관련 업체, 정부의 입장이 첨예하게 맞서고 있다. 인도에서 유전자 조작 면화잎을 먹은 염소들이 떼죽음을 당했다. 푸츠타이 박사의 쥐들은 유전자 조작 감자를 먹은 이후 몸이 변했으며, 코넬대학교의 실험실에서는 유전자 조작 옥수수를 먹은 나비가 죽었다. 푸츠타이 박사의 실험이 언론을 통해 알려진 후 유럽에서는 유전자 조작 식품이 재료로 사용된 식품에 대한 표시를 의무화하고 있으며, 소비자들은 선택권을 갖는다. 하지만 미국과 한국은 여전히 이 논란에서 자유롭다. 거대한 회사는 정부와 연결된 회전문, 아니 연결 통로를 통해 이윤 창출의 성을 공고히 만들어 나간다. 안전 검사도, 표시 의무도 여론이 악화되기 전까지 자유롭다. 사업의 영역은 계속 확장 중이다. 한국 역시 유전자 조작 식품 표시제를 통한 최소한의 소비자 선택권만이라도 보장하라는 요구는 '기업의 자율'에 맡겨져 있다. 기업의 활동을 저해하는 행위는 경제성장의 걸림돌이다. 몬산토뿐인가. 재벌 기업 총수는 경제 발전을 위해 최우선 사면 대상이며, 대기업에 세금을 부과하는 일도 경제를 위해 곤란하다. 각종 규제는 기업을 위축시킨다며 호들갑이다. 안전은 중요하지 않으며, 우려는 근거 없는 공포에 불과하다. 그들은 끝없이 이 문제를 덮어 감추고, 농업을 종속시키고, 농민을 단순한 노동 제공자로 전락시키고, 특허로 이윤을 극대화하며, 규제 당국에 로비하고 있다. 정부의 규제 담당자들은 자본과 끈끈한 연대를 맺고 있다. 회전문은 그들의 앞길을 막는 규제가 새로 만들어지는 것을 차단시켜 준다. 위험은 별로 중요한 관심사가 아니다. 이제 그들은 국가의 정책도 좌지우지할 만한 힘을 갖는다. 그들의 변호사가 대법관이 되고, 고위직 관료들은 퇴임 후 그들 회사의 주요 임원이 된다. 그렇게 '마피아'가 만들어진다.

마피아

원래 철도차량의 내구연한은 15년이고, 여기에 정밀 진단을 거쳐 5년 단위로 연장할 수 있도록 되어 있었다. 2012년 정부는 이 규정을 폐지했다. 자주 철도차량을 교체하는 것은 엄청난 비용 손실이다. 조금 삐거덕거려도 별 문제 없어 보이면 운행하는 것이 남는 장사다. 정부의 규제 개혁 사유는 '정비 기술의 발달과 운송 기구의 효율적 운영, 관련 산업의 활성화'였다. 단순히 사용연한을 폐지하는 것으로는 부족하다. 자본주의는 탐욕스럽다. 철도 차량의 화재는 대단히 위험하다. 빠른 속도로 대규모 인력이나 화물을 수송하는 경우라면 더욱 그렇다. 특히 터널 내부에서 발생하는 화재라면 말할 것도 없다. 토목공학의 발달은 더 긴 터널과 더 빠른 열차를 만들어 냈다. 당연히 여기에 걸맞는 안전 기술과 장치 마련도 병행되어야 한다. 2011년 정부는 철도 터널 출입구에 긴급 구조차량이 접근할 수 있는 진입로 설치 규정을 없앴다. 사유는 '과다한 구난 시설 투자로 건설비가 상승'하기 때문이라고 했다. 철도 터널은 소방법의 적용을 받지 않아 방재 설치나 안전 관리 기준이 다소 느슨하다. 만약 구급차량이 진입할 수 있는 비상통로조차 없는 터널에서 여객철도의 불행한 사고가 났을 때, 대형 참사로 이어질 가능성이 조금 더 높아진 것이다. 일례로 국내에서 가장 긴 터널인 금정터널은 20.323킬로미터나 된다. 2012년 7월 27일 이 금정터널에서 모터 냉각장치 고장으로 560여 명을 태운 KTX열차가 1시간 넘게 멈춰서는 등 2010년 경부고속철도가 운행한 이래 2012년까지, 2년간 다섯 번의 운행중단 사고가 일어난 바 있다. 소방법의 적용을 받지 않는 터널은 화재에 매우 취약하다. 터널 내부의 강제 배기나 제연 설비도 없고, 119종합실과의 핫라인도 없다. 사고 발생 시 장시간 진압 작업에 대비한 내부 공기호흡기도 없다. 이 긴 터널에서는 소방관들이 출동해 현장까지 도착하는 데 드는 시간만도 적지 않을 것이다.

화재에 대비한 설비는 이윤의 눈으로 보면 모두가 추가 비용이고 불필요한 설비다. 당연히 안전 점검 역시 시간 낭비에 불과하다. 2009년에는 내항여객선 주기관(엔진) 검사 주기가 완화되고, 2013년에는 해상교통 안전 진단 적용 대상 범위가 축소되는 등 지속적으로 안전 관련 규제가 완화되었다. 더불어 2010년에도 항공기 승무원 및 관리사 항공 위험물 정기훈련 주기 및 이착륙 시 미끄럼 방지를 위한 활주로 고무 제거 주기 역시 완화되었다. 이착륙 시 강한 열로 인해 타이어가 녹아 활주로에 들러붙게 되는데, 이 고무를 제때 제거해 주지 않으면 비행기가 미끄러져 위험해진다. 그뿐만 아니라 관련 인력을 확충하고 교육시키는 것도 '비용 낭비'라고 했다. 2010년 철도차량의 무인운전 시 운전자 탑승 의무 규정이 완화되었다. 무인운전 가능 시스템이 장착된 차량, 주로 지역의 경전철 등은 운행 시 승무원이 없어도 된다는 것이다. 정부가 밝힌 이유는 '운영비용 절감'이었다.

2014년 5월 2일 서울지하철 2호선 상왕십리역에서 지하철 추돌 사고가 발생했다. 자동열차정지ATS 장치의 고장이 원인으로 밝혀졌다. 당시 기관사는 온 힘을 다해 수동브레이크를 밟았고, 다행히 사망자는 발생하지 않았다. 무인운전 시스템이 갖춰져 있다 하더라도 승무원이나 기관사가 없다면 화재나 시스템·기기 오류로 인한 긴급 대응 능력이 현저히 떨어져 어떤 식으로 참사로 확산될지 알 수 없는 일이다. 대구지하철 참사는 '묻지마 범죄'인 방화로 시작되었다. 돌발적 상황은 어디에서든 어떻게도 일어날 수 있다. 사고가 참사가 되지 않도록 하려면 인간의 오류에도 불구하고 기계는 안전할 수 있어야 하고, 기계의 오류가 있다면 인간이 이를 제어할 수 있어야 한다. 정부는 열차의 1인 승무를 확대하는 규제완화 정책을 자랑하면서 그 효과를 '비용 절감'이라고 기재했다. 이제까지 아무런 이유도 없이 필요도 없는데 두 사람 이상의 기관사가 함께 열차에 탔던 것일까. 비용을 낭비하기 위해서였을까. 한국의 정부는 누구의 비용 절감, 건설비 감축, 이윤 확대를 위해 법률과 규정을 만들고 있는 것일까.

세월호 이후 한국사회의 화두는 '관피아'였다. 정부 부처의 개수만큼이나 수도 없이 많은 마피아의 이름이 각 분야별로 속속들이 포진되어 있다는 이야기가 매일 언론을 장식했다. 박근혜 대통령까지 나서서 관피아 척결을 외쳤다. 세월호라는, 결코 사람을 태우고 바다로 나가서는 안 될 배가 오랜 시간 동안 사람과 짐을 싣고 서해를 오갔다. 그들의 배가 텔레비전 예능 프로그램에까지 나올 만큼 당당하게 영업할 수 있었던 이유에는 그들이 장악한 관료들이 있었다. '해피아'라 명명된 그들의 공고한 연대는 승객들의 안전이 아니라 그들의 이윤 창출을 위해 움직였다. 단순히 규정 위반을 눈감아 주는 수준을 뛰어넘어 인양·구조업체까지 함께 움직였다. 마피아는 해양수산부를 중심으로만 존재하지 않았다. 2014년 10월 민병두 의원(새정치민주연합)은 "박근혜 정부의 관피아는 현재까지 파악된 현황만 보더라도 세피아, 군피아, 법피아

국민 안전 위협하는 나쁜 규제철폐 20선

분야	완화 규제	내용	사유	시기
해운	선박 제한 선령 확대	여객선 선령 제한 20년→30년	해운업계 부담 경감	2009년
	컨테이너 안전점검 축소	항만 컨테이너 안전점검 사업자의 현장점검의무 연 1회 이상→연 1회로 축소	안전점검 사업자 부담 경감	개정 추진 중
	선박검사·수리기술자 선원 제외	선박검사원·선박 수리를 위해 승선하는 기술자 정규직 아닌 파견근로자로 고용 가능	해사노동협약 국내 비준 대비	2014년
	소형선박 입출항 신고 면제	무역항 출입하는 동력요트·모터보트 입출항 신고 면제		개정 추진 중
	위험물 선박운송 기준 완화	선박 위험물 검사·승인업무 수행자의 안전운송 교육 의무규정 삭제	타법 직무교육과 중복	2013년
	선원 징계 완화	해양 사고로 업무정지 받은 책임자의 징계를 유예하고 2~4일 직무교육으로 대체 가능	해양·수산 종사자 생업 위한 승선 지속하도록 편의 제공	2012년
항공	공항 활주로 정비 기준 축소	교통량 적은 3등급 공항 미끄럼 방지 위한 활주로 고무찌꺼기 제거 주기 완화	인력·장비·예산 낭비 우려	2013년
	수송기 기령 제한 폐지	부정기 운송기의 기령 제한(25년 이하) 및 좌석수(80석 이하) 폐지	항공운송사업 활성화	
	열차 내구연한 완화	철도차량 사용 내구연한(차종별 20~30년) 폐지	일률적 규제 불합리	2012년
	안전 관련 규정 완화	철도 운영자 종합안전심사제도 폐지, 철도 종사자 안전교육 의무 폐지, 차량 정비 점검 의무조항→임의 조항으로 완화	제도 운영 불합리 개선	2012년
	철도 운전면허 갱신 주기 연장	철도 운전면허 갱신 주기 5년→10년으로 연장		2013년

분야	완화 규제	내용	사유	시기
환경	화학물질 등록 기준 완화	연구개발용 화학물질 등록절차 면제, 안전관리정보 공개대상 중 화학물질 성분·함량 제외	기업 영업비밀 보호	시행 준비 중
	화학 사고 처벌 기준 완화	화학 사고 과징금 부과 기준 전체 사업장 매출 5퍼센트→사고 사업장 매출 5퍼센트로 축소 및 영업정지 기준 2년간 3회 이상으로 완화	기업 부담 경감	개정 추진 중
	환경오염 배상책임 완화	피해 유무 입증 주체를 기업에서 피해 주민으로 변경	기업 부담 경감	개정 추진 중
	위험물 운송 안전 기준 완화	탱크로리로 운송 시 위험물 운송자 격증·교육수료증 휴대의무 폐지	불필요 규제	개정 추진 중
생활 안전	공산품 안전관리 위반공표 기준 완화	공산품 안전관리 위반자의 위해사실 공표명령 범위를 '개선·수거·파기명령'으로 간소화	위반자의 자유·명예 과잉 침해	2013년
	제품 리콜 기준 완화	'중대 결함'에서 '결함으로 인한 중대 사고'로 변경	기업활동 위축	개정 추진 중
	소방검사 기준 완화	건물주 사전예고 기간 24시간→7일로 확대, 전수 방식 소방검사를 샘플링 방식 소방특별조사로 대체	건물주 편의	2009년
	승강기 안전 기준 완화	정기검사 유효기간 연장조건 완화, 사고 발생시 조사 보고범위 축소	규제 합리화	2014년
	건물 내진설계 대상 축소	경미한 대수선 건축물 내진설계 생략	재건축 활성화	2013년

출처: 《월간 중앙》 2014. 7. 3.

등 모두 31개 분야 1,685명에 이르고 있다"라고 밝혔다. 마피아들의 연대 강화에는 앞서 언급한 기업과 정부 간의 회전문이 그 핵심 고리가 되었다. 그들이 골몰했던 일은 서로의 이익을 살뜰히 챙겨 주는 것이었다. 그리고 사람들이 죽었다.

이명박 정부와 박근혜 정부의 공통점 중 하나는 끊임없이 '규제완화'를 주장한다는 것이다. '전봇대 뽑기', '손톱 밑 가시'라는 말을 넘어 단두대처럼 규제를 잘라야 한다는 섬뜩한 단어도 대통령의 입에서 나왔다. 명분은 경제다. 기업이 돈을 버는 행위에 걸림돌이 되는 모든 것을 치워 버리겠다는 선언이다. 규제는 경험의 결과물이다. 삶의 다양한 가치·안전·환경·인권·노동 등 다양한 부분의 존엄을 지키기 위해 제도적으로 사회가 약속한 결과물이다. 하지만 이윤과 효율을 위해서는 불필요한 존재가 된다. 물론 여기서 말하는 이윤은 모두의 것이 아니라 그들만의 이윤이다. 대통령 산하 규제개혁위원회는 막강한 권력을 자랑한다. 이 위원회는 다른 어떤 가치보다 경제와 이윤을 최우선의 가치에 두고 모든 것을 결정해 버린다. 다른 가치가 끼어들 여지는 없다. 물론 그들이 대변하는 이익은 그들과 굳게 손잡은 자본이다. 앞서 언급한 규제완화 내용만 살펴보아도 그들이 최우선으로 고려하는 것은 안전이 아니라 이윤이라는 것을 알 수 있다. 그들의 관심사는 '국민'들의 손톱 밑 가시가 아니라 '기업'의 가시일 뿐이다. 박근혜 대통령은 불필요한 규제를 두고 '암 덩어리'라고 표현했다. 하지만 이 사회의 진짜 암덩어리는 관피아들이며, 자본과 정부의 회전문이다.

세월호 사고 이후 관피아 문제가 전면에 등장하자 입법기관이 들썩였다. 일명 '관피아 방지법'에 관한 논의가 시작되었다. 그중 뇌물과 부정부패, 정부와 업계의 유착 등을 척결하기 위한 일명 '김영란법(부정청탁금지 및 공직자의 이해충돌 방지법)'은 관피아

척결의 시초가 될 것으로 기대를 모았다. 이 법은 2012년 8월 22일 입법예고 되었고, 법무부 등의 반발로 1년이나 지난 2013년 7월 정부 조정안이 국무회의를 통과하여 8월 국회에 제출되었다. 국회는 이 법안을 찬밥 취급했다. 정무위원회는 '위헌 소지'가 있다며 법안 처리에 미온적이었다. 그리고 법안은 국회의원들에 의해 조금씩 조금씩 바뀌기 시작했다. 이해 충돌과 관련된 조항은 쏙 빠졌다. 그렇게 국회 구석을 떠돌던 법안은 2014년 4월 세월호 사고 이후 다시 주목받기 시작했다. 박근혜 대통령은 "국민 안전과 국가 개조를 위한 첫 단추"라고 치켜세웠다. 논의가 시작되면서 법안은 누더기가 되어 갔다. 여론에 떠밀린 법안은 결국 2015년 3월 국회 본회의를 통과했다. 법안의 최초 제안자인 김영란 전前 국민권익위원회 위원장은 법안에 대한 아쉬움을 토로했다. 금품을 받았더라도 직무 관련성이 있어야 처벌할 수 있게 한 점, 법 적용을 받는 가족과 부정 청탁 범위가 축소된 점, 국회의원의 부정 청탁 여지를 남겨 둔 것에 대해 '후퇴'라고 지적했다. 국회의원들이 법을 논의하면서 자신들에게 불리한 내용을 빼거나 최대한 적용받지 않도록 최선을 다한 결과라는 의혹이 일었다. 2014년 12월 9일 국회 본회의에서 또 다른 관피아 방지법으로 불리는 '공직자윤리법 개정안'이 통과 되었다. 공직에서 퇴직한 이후 취업 제한 기간을 1년 연장했고, 취업 제한 대상 기관을 확대했다. 회전문의 입구를 좁게 만드는 법이었다. 하지만 이 법이 행정안전위원회와 법제사법위원회를 거치는 과정은 쉽지 않았다. 법제사법위원회의 김진태 새누리당 의원은 개정안에 대해 "과잉 입법이고 (직업 선택의 자유를 침해하여) 헌법에 위반할 소지가 크다"라고 주장했다.

미국의 저널리스트 나오미 클라인Naomi Klein은 저서 《쇼크 독트린》에서 미국의 신자유주의학파인 시카고학파가 어떻게 남미의 군부쿠데타에 협력했고, 그 이후 그 나라의 경제를 지배했는지를 폭로했다. 미국을 등에 업은 남미의 군부쿠데타 이후 시카고대학의 경제학과에서 장학금을 받으며 공부를 한 경제학도들은 남미의 경제를 모두 바꾸어 놓았다. 그들이 가진 3대 원칙은 민영화, 탈규제, 그리고 노조박멸이었다. 그들은 공공 산업을 민영화시켰고, 몇몇의 미국계 대기업에 이권을 몰아주었으며, 모든 규제와 복지를 없앴다. 모든 제한에서 해방된 완전한 경쟁 체제의 시장을 중심으로 한 자본주의를 외쳤다. 그 결과 남미 국민들의 삶은 더욱 팍팍해졌다. 물가와 에너지 가격은 폭등했고, 생필품과 식량은 구하기조차 어려웠으며, 임금은 폭락했고, 양극화는 더욱 심해졌다. 수많은 국민들이 심각한 빈곤의 상태로 빠져들었다.

한국에도 경제 마피아들이 있다. 재무부 출신 인사들은 그들만의 카르텔을 형성했고 언론은 그들을 '모피아(재무부 영문 약자 'MOF'와 '마피아'의 합성어)'라고 부른다. 그들은 정계와 금융계를 주무르며 한국경제의 많은 것을 결정한다. 그들이 경제 정책을 결정할 때 가장 중요한 것은 국민의 삶이 아니다. 2014년 세밑, 최경환 경제부총리는 정규직의 과잉 보호가 문제라고 하며 비정규직의 계약 기간을 4년으로 늘리는 방안을 내놓았다. 안정적 일자리보다 기업이 사람을 쉽게 쓰고 버릴 수 있는 계획이라는 비판에도 그는 굴하지 않았다.

부역자

영국의 작은 마을 셀라필드에는 핵 재처리 공장이 밀집되어 있었다. 1970년대 이 공장 주변에서 어린이들의 백혈병이 급격히 증가했다고 주민들은 주장했다. 전문가들은 핵 재처리 시설과 전혀 상관없는 일이라고 말했다. 한편, 미국의 수많은 생명공학자들은 유전자 조작 식품이 농약 사용을 줄여 환경에 도움이 될 것이라 주장하기도 했다. 또 예일대 경제학과 교수였던 어빙 피셔Irving Fisher는 "몇 달 뒤면 주가가 훨씬 높아질 것"이라고 주장했지만 14일 후 대공황이 일어났다.

마피아들은 이윤을 창출하기 위해 기업의 경영 전략 외에 규제 당국을 손에 넣었다. 하지만 종종 여론은 그들의 비윤리적이고 반환경적인 위험한 행동에 대해 우려를 표한다. 그들은 그런 여론을 잠재울 필요가 있었다. 마피아의 가족 구성원에 정부 외에 다른 전문가가 필요해졌다. 몬산토는 그들의 먹거리가 안전하다는 광고를 뛰어넘어 '과학적 근거'가 필요해지기 시작했다. 그렇게 과학자나 전문가들은 이윤 창출에 걸림돌이 될 만한 모든 의심을 제거해 주는 역할을 맡았다. 사실 이런 전문가들의 최악의 사례는 나치에 부역했던 우생학자들이었다. 과학자들은 사람들이 꺼려하는 단어도 그럴싸하게 바꾸어 주었다. '핵발전소'가 아니라 '원자력발전소'라 명명해 주었으며, 방사능폐기물이 아니라 사용 후 핵연료라고 부르도록 해 주었다. 그뿐만 아니라 경제학자들은 자본과 시장의 추악함을 복잡한 수식과 공식으로 덮어 주었다. 한국의 경제 전문가들은 1997년 외환위기 직전까지도 한국경제의 호황을 장담했다. 전문가들은 '포템킨 마을'을 만드는 데 누구보다 앞장섰다. 위험을 은폐하는 데 그들보다 좋은 도구는 없었다.

1997년 캘리포니아대의 베티 동 Betty Dong 연구원은 제약회사 부츠Boots의 갑상선기능저하증 신약 신스로이드Synthroid가 경쟁사 약품보다 우수할지도 모른다는 연구를 진행하고 있었다. 제약회사 부츠는 이 연구에 마침표를 찍고 싶었다. 베티 동의 연구에 25만 달러를 투자했다. 하지만 연구 결과는 정반대였다. 신스로이드는 경쟁사의 약품보다 뛰어난 효과를 발휘하지 못했다. 회사는 베티 동의 연구 결과가 세상에 알려지지 않도록 압력을 행사했다. 길고 긴 법률 분쟁 끝에 이 연구는 7년 후에나 발표될 수 있었다. 물론 부츠는 그 사이 매년 6억 달러에 가까운 합성 갑상선기능저하증 약물 시장의 최강자가 되었다. 같은 해인 1997년 브라운대의 직업건강 전문의 데이비드 컨David Kern은 마이크로파이버Microfiber사의 노동자들에게서 심각한 폐 질환을 발견했다. 마이크로파이버는 나일론섬유 제조업체였고, 여기서 발생하는 미세 나일론이 심각한 폐질환을 일으킬 수 있다는 우려가 제기되었다. 당연히 회사는 이 연구를 은폐하려 했다. 데이비드 컨은 연구 결과를 발표해 버렸지만 그가 일하던 병원과 대학의 관리자들은 그에게 논문을 철회하고 진료를 중단하라고 요구했다. 그가 일하던 병원은 마이크로파이버사가 제공하는 자선 프로그램의 수혜 병원이었다. 로드아일랜드 주의 유일한 직업건강센터였던 데이비드 컨의 프로그램은 폐쇄되었다. 데이비드 컨은 그의 연구를 발표했기 때문에, 둥은 7년간의 소송을 이끌었기 때문에 세상에 위험을 은폐하려 했던 기업의 행위를 폭로할 수 있었다.

하지만 대부분의 경우는 그렇지 않다. 거의 모든 연구는 기업의 돈으로 기업의 입장을 '과학적'으로 설명하기 위해 진행된다. 물론 그들의 연구 과정에는 비밀 유지 조항이 포함되어 있다. 전문가들은 이제 부역하는 것을 뛰어넘어 스스로 공고한 카르텔의 일부가 되었다. 막대한 연구 자금을 가진 산업계와, 규제와 법을 만드는 정부와, 그들에게 이론을 제공하는 전문가 집단은 시간이 갈수록 강고한 연대를 유지해 나가고 있다. 전문가들은 기업의 사외이사 자리를 마다하지 않았고, 때로는 정치인이 되기도 했으며, 담당 관료가 편의를 봐준 기업으로 취업하기도 했다. 그런 일은 지금 이 시간에도 벌어지고 있다. 그들의 관심사에 국민들의 안전이나 삶의 질은 포함되어 있지 않다. 건강이나 공공의 도덕 같은 것도 들어 있지 않다. 이익의 카르텔 안에 공공은 들어설 틈이 없었다. 마피아는 확장되었다.

후쿠시마에서 4개의 핵발전소가 터져 버렸고, 인간의 시간 속에서는 회복하기 어려운 상황이 되었다. 한국에서는 핵발전소 직원들이 뇌물을 받고 불량 부품을 사용해 왔다는 뉴스가 연일 언론을 장식했다. 고장과 사고의 위험은 높아졌지만 한국의 위대한 핵발전 기술은 안전하다고 말했다. 가까운 나라 일본에서 핵발전소가 터졌을 때도 안심하라고, 일본과 우리나라는 다르다고, 바람은 반대 방향으로 분다고, 우리나라엔 위험한 물질이 날아오지 않았으니 괜찮다고, 아이들도 걱정 말고 평소와 다름 없이 생활하면 된다고 주장했다. 사람들은 많이 배운 사람의 말이 그렇다니, 유학까지 다녀온 박사님·교수님의 말이 그렇다고 하니 믿었다. 하지만 그들이 누구에게 돈을 받고, 누구의 지원을 받으며, 어떤 자리를 약속받고 있는지 우리는 알 수 없다.

배의 스크류가 강의 수질을 좋아지게 할 것이라던 교수님은 4대강에 등장한 큰빗이끼벌레는 수질이 좋아졌다는 것을 상징하는 생물이라고 주장했다. 이런 문제는 한국에서만 벌어지는 일이 아니다. 몬산토와 유전공학계, 그리고 미국정부의 커넥션에서 볼 수 있듯 전 세계 어디에서도 가치중립적이고 객관적인 과학자나 전문가는 이미 멸종 위기이다. 평화시장의 가난하고 못 배운 재단사의 소원은 '대학생 친구'를 갖는 것이었다. 그는 아마도 어려운 노동법을 잘 설명해 줄 공부 잘하는 친구를 필요로 했을 것이다.

우리는 과학이 가치중립적이고, 객관적이며, 정확한 것이라고 믿는다. 전문가나 과학자들의 이야기는 그들이 오랜 시간 연구한 결과물이며, 공부를 많이 한 훌륭한 사람이니 당연히 그의 말은 대단한 신뢰를 가진다고 생각하기 마련이다. 정말 그럴까? 우리는 뉴스에서 종종 어렵고 전문적인 책이 가득 차 있는 서재를 배경으로 인터뷰를 하는 교수님이나 전문가의 말을 듣는다. 그리고 그의 직책이나 관련 경력을 들으며 그의 말에 신뢰를 얹게 된다. 다시 한번 곱씹어 보면 별다른 전문적 지식이 있지 않아도 할 수 있는 말인 경우도 있지만 거리의 장삼이사의 말보다 그의 말을 굳이 뉴스에 삽입하는 것은 왜일까. 기자가 하고 싶은 말을 그의 입을 통해 대신 듣는 것은 아닐까. 왜 환경과학원장을 역임하고 유명 사립대학의 환경공학과 교수로 재직하고 계신 그분은 "4대강 운하에 오가는 배의 스크류가 산소를 공급해 수질이 좋아질 것"이라는 말을 했던 걸까. 환경공학적으로 어떤 논거와 관련 연구가 있었던 것일까.

언젠가 텔레비전 뉴스에서는 매우 충격적인 모형 실험이 방송되고 있었다. 커다란 아크릴 투명 수조가 있었고, 그 수조 안에는 작은 서울이 들어 있었다. 한강이 가로지르고, 바로 옆에는 한국에서 가장 높은 건축물이라는 63빌딩이 우뚝 서 있었으며, 그 발 아래로 오밀조밀한 모형 아파트가 다닥다닥 붙어 늘어서 있었다. 검정 양복에 넥타이를 맨 누군가가 수조에 푸른 물을 붓기 시작했다. 작은 아파트 모형은 금세 물속으로 잠겼다. 63빌딩은 반쯤 물에 가려졌다. 시퍼런 물이 출렁출렁 수조를 채웠다. 그는 북한에서 엄청난 규모의 댐을 짓고 있고, 그 댐을 폭파하면 서울이 물바다가 된다고 말했다. 이에 대응하는 댐을 짓지 않으면 우리는 꼼짝 없이 앉아서 물폭탄을 맞는다고 했다. 연일 규탄 집회가 열리고 댐을 짓기 위한 성금을 모금하기에 바빴다. 선생님은 아이들에게 성금을 내라고 닦달했고, 집회에 동원했다. 텔레비전에서는 유명 대학의 교수님이 나와 북한의 댐이 얼마나 위험한 것인지, 얼마나 많은 물의 양을 가지고 있는지, 한강의 수위가 얼마나 상승하는지에 대해 전문적인 용어와 수학공식을 들먹이며 설명했다. '교수님'의 말씀을 들은 사람들은 정말로 서울이 물바다가 될 것이라는 공포에 휩싸였다. 아이들은 저금통을 깼고, 어른들도 쌈짓돈을 털었다. 그리고 사람들의 기억에서 이 물바다가 잊혀갈 무렵이 '평화의 댐' 공사는 정권의 비자금을 조성하기 위한 사기극이라는 것이 밝혀졌다. 쏟아져 내려오는 물의 공격에 대항하기 위해 만들어졌다는 거대하고 압도적인 콘크리트 덩어리에는 어떤 수위 조절 기능도 없다. 그저 강을 가로질러 엄청난 위용을 자랑하며 서 있을 뿐이다. 1980년대의 냉전과 지저분한 비자금의 상징은 21세기에도 보강 공사라는 이름으로 세금을 먹고 있다. 1993년에 감사원은 평화의 댐에 대한 감사 결과, 북한 금강산댐의 수공 위협과 피해 예측은 과장됐다고 결론을 내렸다. 댐을 건설하자 주장한 현대건설의 정주영 회장은 고인이 되었다. 600억 원이 넘게 투입된 사업을 주도한 대통령은 수중에 29만 원밖에 없다고 한다. 그리고 당시 이 사업의 열렬한 지지자였던 서울대 토목공학과 선우중호 교수는 1995년 서울대 총장을 거쳐 명지대 총장, 그리고 2012년까지 광주과학기술원의 총장으로 재임했다. 만약 평화의 댐 건설을 주장했던, 당시 각종 수식과 전문적 언어로 '한강 물바다론'을 설파하던 그 교수님들이 어떤 책임을 지거나 응분의 처벌을 받았다면 아직도 이런 전문가들이 끝없이 쏟아져 나오는 사회일 수 있었을까.

납은 매우 위험한 물질이지만, 열과 압력에 약해 가공하기가 쉽기 때문에 공업 분야에서 대단히 자주 쓰이는 금속이다. 과거에도 인쇄 분야에서 사용되었고, 지금도 여전히 건설 현장에서 사랑받는 금속이기도 하다. 하지만 인체에 축적되면 대단히 치명적이다. 각종 암은 물론 뇌 손상과 생식계 장애, 유산 등을 비롯한 신체의 손상을 가져온다. 이런 물질에 대한 위험은 꽤 오래 전부터 알려져 있었다. 1922년 제너럴모터스^{General Motors}는 휘발유에 테트라에틸납을 사용하면 내연기관의 힘이 증대된다는 것을 알았다. 그 덕에 제너럴모터스는 포드^{Ford}를 제치고 업계 1위로 급부상했다. 이 테트라에틸납은 액체 형태였기 때문에 인체로 쉽게 침투할 수 있었다. 1924년 뉴저지 주 엘리자베스에 있는 스탠더드 오일 Standard Oil 소유의 테트라에틸납 처리 공장에서 단 5일 동안 공장노동자 49명 가운데 5명이 사망하고, 35명이 중증 치매와 신경질환에 걸렸으며, 몇 명은 정신병원에 감금되었다. 당연히 납중독으로 인한 문제였다. 회사의 현장주임은 "너무 열심히 일을 하다가 미쳐 버린 것 같다"라고 말했다. 비슷한 사고가 계속 이어졌다. 제 너럴모터스의 연구소가 있는 오하이오 주 데이튼에서 노동자들이 사망했으며, 뉴저지 주 딥워터의 듀폰Dupont 화학공장에서는 2년 동안 납중독 사고가 300건 이상 보고되었다. 자동차연료에 사용 되는 테트라에틸납은 일반 시민들에게도 위협이 되었다. 납은 배 기가스로 배출되어 공기 중으로 흩어졌다.

자동차업계는 이 문제를 감추어야 했다. 제너럴모터스는 미국 광산국U.S. Bureau of Mine과 손을 잡았다. 광산국은 채굴된 납의 주요 생산품인 테트라에틸납의 사용이 줄어드는 것을 원치 않았다. 제 너럴모터스는 광산국에 돈을 대며 이 휘발유의 안전성에 대한 연 구를 수행하도록 부추겼다. 정부의 공식 기관과 전문가들이 참여 한 연구 결과는 "에틸가솔린을 사용하는 자동차의 배기가스에 장 기간 노출되어도 납중독의 위험성은 전혀 없다"였다. 과학과 전문 가의 영역은 이렇게 마피아들에게 봉사했다. 연구의 결론은 연구 비를 제공하는 이들에 의해 정해져 있었다. 플로리다 의과대학의 부교수 리처드 데이비슨Richard Davison은 107편의 논문을 검토한 결 과 제약회사가 후원한 연구 논문 중 자사의 의약품이 비교 대상보 다 못하다는 결과를 내놓은 논문은 하나도 없었다고 주장했다.

가습기 살균제와 관련된 피해 소송의 핵심 중 하나는 피해액 산정이었다. 정당한 배상액을 산정하기 위해서는 피해자의 신체가 얼마만큼의 피해를 입었는지 장해율을 따져야 한다. 이를 위해서는 병원의 감정이 필수적이다. 피해자들은 2013년 5월 법원을 통해 서울대병원에 신체 감정을 요구했다. 하지만 1주일 후 서울대병원은 거부 통보를 해 왔다. 2013년 6월 신촌 세브란스병원에도 신체 감정을 요구했지만 4달을 이유 없이 끌던 병원은 거절 의사를 밝혔다. 표면적인 이유는 교수들이 바쁘다는 것이었다. 피해자들은 마지막으로 서울 아산병원에 신체 감정을 요구했다. 아산병원은 관련 논문도 발표한 곳이었다. 하지만 몇 달을 묵묵부답이던 병원은 2014년 1월 거부 의사를 밝혔다. 역시 이유는 '교수들의 일정' 때문이었다. 법원의 신체 감정 촉탁이 거부당하는 것은 대단히 이례적인 일이었다. 법원의 손해배상 소송 중 신체 피해에 대한 소송은 대부분 병원의 감정을 통해 판결이 결정된다. 대형 병원 3곳이 연달아 이를 거부한 것은 당혹스러운 일이었다. 같은 시점 법원은 다른 소송의 심리에 대해 이들 3곳 병원에서 신체 감정을 받았다. 이들 병원이 신체 감정을 거절한 명확한 이유는 알 수 없었다.

전설의 홍보가 버네이스Edward L. Bernays는 "최고의 홍보는 뉴스처럼 보이는 것"이라고 했다. 우리는 전문가와 과학자의 말을 들으며 그들의 권위와 연구 성과에 대한 신뢰를 갖는다. 하지만 과학자 혹은 전문가 집단은 철저히 그들의 연구에 돈을 대는 곳이나 권력이 있는 곳에 봉사해 온 것도 사실이다. 가까운 예로 이명박 정부의 한반도 대운하와 4대강 사업이 있었다. 한반도 대운하

사업은 대통령 선거의 공약이었다. 부산에서 서울까지 배가 다니는 '운하'를 건설한다는 계획은 엄청난 규모의 토목공사였다. 여론은 좋지 않았다. 3면이 바다인 나라에 굳이 운하를 건설하겠다는 계획은 대중의 코웃음을 사기에 충분한 계획이었다. 대통령이 "국민이 원하지 않는다면 대운하는 하지 않겠다"라고 선언할 만큼 여론은 정부의 편에 있지 않았다. 하지만 대운하는 '4대강 살리기'라는 이름으로 추진되었다. 나라 주요 하천의 바닥을 파내고, 중간중간 물을 막고, 강변을 정비하겠다는 계획은 건설업체에는 땅 짚고 헤엄치는 훌륭한 먹잇감이었다. 평화의 댐을 지어야 한다고 주장했던 현대건설도 당연히 이 계획에 적극 참여했다.

여기에 전문가 집단이 있었다. 수질을 살리고, 홍수를 막고, 레저산업까지 살리는 일석삼조의 계획이라는 찬사를 붙인 것은 대통령이나 관료가 아닌 토목공학자·환경학자들이었다. 일류 대학의 교수라는 직함을 가진 이들은 4대강 사업이 왜 친환경적이며, 아름다운 사업인가를 연일 홍보했다. 텔레비전과 신문지면에는 국운이 걸린 사업의 필요성을 강조하는 전문가들의 칼럼과 논리가 줄을 이었다. 그들은 정부로부터 훈장을 받았고, 각종 정부요직에 앉았으며, 국책 연구 용역을 따냈다. 정부의 사업에 반기를 드는 학자는 드물었다. 차라리 입을 다물었다. 함부로 비판했다가는 학계에서 매장당하거나 연구 실적 없는 교수가 되는 길이 남아 있을 뿐이었다.

물론 이 사업의 반대편에 섰던 전문가도 있었다. 국책 연구 기관에서 연구를 담당하는 '과학자'였던 김이태 연구원은 "국토의 대재앙을 막아야 한다"고, "아들·딸 보기 부끄러운 아빠가 되지 않기 위해서"라고 말하며, "제대로 된 전문가에게라면 4대강 사업이 대재앙이 될 것은 상식"이라고 했다. 그리고 그에게는 국정원의 조사와 인사평가 최하위, 연구 배제, 각종 징계가 기다리고 있었다. 반면 "4대강 사업은 미래 물 문제를 근본적으로 해결하는 사업으로 홍수 예방, 수자원 확보, 수질 개선 등을 통해 궁극적으로 국민의 삶의 질을 향상시키고자 하는 사업"이라고 주장했던 명지대 토목공학과 윤병만 교수는 2015년 25대 한국수자원학회장에 취임했다. 24대 학회장이었던 경북대 토목공학과 한건연 교수는 "4대강의 수량이 풍부해야 생태계가 복원된다"라고 말했던 전문가였다.

위험의 증폭

기업과 정부, 그리고 전문가들은 그들만의 성을 쌓아 왔고, 확장해 왔다. 우리가 알지 못하는 사이 차곡차곡 공고히 쌓은 그들만의 제국은 스멀스멀 위험을 키워 왔다. 새로운 위험을 만들어내는 것은 기술이지만 이 위험을 체계적으로 증폭하고, 사람들의 눈을 가리고, 적절히 유통하는 것은 자본주의이다.

미국에서는 1970년대 이후 각종 화학물질에 대한 독성이 알려지기 시작했다. 벤진이나 폴리염화비페닐, DDT 등이 그 주인공이었다. 유전자 조작 식품의 위험성에 대한 경고도 환경단체를 중심으로 확산되기 시작했다. 당연히 이를 통해 막대한 부를 쌓아가던 기업들은 발끈했다. 몬산토는 "화학물질이 없으면 생명도 없습니다"라는 표어까지 내걸며 홍보에 전력을 다했다. 독극물을 만든다는 부정적 이미지를 탈피하기 위해 과학의 영역도 동원했다. 더불어 화학물질에 대한 정부의 규제가 경제성장의 걸림돌이 될 것이라는 말도 덧붙였다. 당연히 이 논리에는 온갖 통계와 수치가 따라붙었다. 미국의 번영과 발전을 가로막는 것이 기업에 대한 규제라고 목청을 높였다. 염화비닐이 독특한 형태의 간암을 유발시킨다는 증거가 나오자 화학업체들은 염화비닐에 대한 정부의 규제안이 실시되면 200만 개의 일자리가 사라지고 650억 달러의 비용이 추가로 들게 될 것이라고 했다. 그럼에도 여론에 떠밀린 미국 연방정부는 결국 규제를 도입했다. 일자리는 사라지지 않았고, 그들이 주장했던 비용의 단 5퍼센트만이 추가비용으로 지출되었다.

가습기 살균제 사고가 발생하고 1년이 다 되도록 정부규제를 향한 발걸음은 느리기만 했다. 환경부가 야심차게 '화학물질 등록 및 평가 등에 관한 법률안(이하 화평법)'을 입법 예고하며 유해 화학물질을 관리하겠다고 했지만 산업계의 반발은 강했다. 법률안은 조금씩 조금씩 산업계의 입장대로 누더기가 되어 갔다. 일명 '가습기 살균제 방지법'이라 불려 왔던 화평법이 본격적으로 국회를 통과할 예정이라는 소식에 산업계는 벌떼처럼 일어났다. 법안의 해당 상임위원회를 통과한 국회의 모든 법은 법안의 '체계·형식과 자구의 심사에 관한 사항'을 담당하는 법제사법위원회를 거쳐야 한다. 환경노동위원회를 통과한 화평법은 '신규화학물질 또는 연간 1톤 이상 기존 화학물질을 제조·수입·사용·판매하는 사업자는 화학물질의 용도 및 그 양을 매년 환경부에 보고'하도록 했지만 법제사법위원회의 심사 과정에서 틀어지기 시작했다. 윤성규 환경부 장관은 환경물질 보고 의무조항에서 '사용' 사업자의 삭제를 요청했다. 제조하는 업체 외에 사용하는 업체의 의무를 제해 달라는 이유는 '산업계의 부담'이었다. 새누리당 의원들은 재논의를 시작했다. 권성동 새누리당 법제사법위원회 간사는 "대기업도 국민이다. 모든 국민에게 불이익은 없어야 한다"라고 주장했다. 법안의 통과는 요원해 보였다. 이춘석 당시 민주당 간사는 "경제 5단체 부회장들이 새누리당 지도부를 찾아가 구체적으로 법을 어떻게 바꿔 달라는 내용까지 제시한 것으로 알려져 있다"라고 폭로했다. 정회의 정회를 거듭한 끝에 결국 야당이 물러섰다. 법안에서 '사용'이라는 단어가 삭제되었다. 문제는 화학물질을 '사용'하는 업체는 대부분 대기업이라는 것이다. 단 하나의 단어가 삭제되었을 뿐이지만 대기업은 의무에서 해방되었다. 그들이 원했던 핵심 규제를 제거하는 데 성공한 것이다. 이 '사용'이라는 단어 하나가 삭제되면서 가장 큰 수혜를 입은 것은 삼성반도체였다. 삼성반도체는 백혈병 사고에도 불구하고 그동안 어떤 화학물질을 사용했는지 자료를 공개하지 않아 피해자들이 산업재해를 인정받지 못했다. 옥시와 같은 대기업 역시 '사용'업체였기 때문에 법안의 대상에서 제외되었다. 당초 화평법의 목표였던 제2의 가습기 살균제 사고 예방이라는 말은 멀어져 갔고, 법안은 대기업 규제가 사라진 반쪽 법안이 되었다.

　현재까지 자본주의를 대체할 만한 다른 체제로 이행한 집단은 없다. 지구상의 많은 국가가 자본주의를 경제 작동의 기본 원리로 채택하고 있다. 칼 폴라니Karl Polanyi 는 19세기 이후의 자본주의에 대해 "하나의 원동력을, 이익이라는 하나의 원동력만을 토대로 삼고 있다"라고 평했다. 자본주의가 계속된 비판에서 자유롭지 못한 이유가 바로 '이윤 추구'라는 단순하고 명확한 목표 때문이다. 자본주의는 시장경제에서 탄생했고, 그 시장경제가 사회 전반의 작동 원리에 적용되도록 했다. 그리고 이제는 우리의 삶을 온전히 지배하는 시스템으로 훌쩍 자라 버렸다. 이제 시장경제는 단순히 물건을 거래하고, 가격을 결정하고, 수요와 공급이 있는 것을 뛰어넘어 '투자'의 개념을 형성시켰으며, 인간은 시스템의 주도자가 아니라 그에 끌려가는 존재가 되었다. 자본주의는 이제 스스로 생명체가 되어 지구를 휩쓸고 있다. 자본주의가 계속된 도전과 비판을 받는 이유도 여기에 있다. 인간의 존엄보다 상위에 존재하는 목적, 이윤과 효율. 그것이 지상 최고의 가치로 군림하기 때문이다. 때로 이윤은 인간의 건강이나 공동선, 도덕 따위를 깡그리 무시하기도 한다.

우리는 그런 사례를 수도 없이 목격해 왔다. 거짓 회계 보고서를 만들어 대량의 해고자를 낳았고, 죽음의 행렬을 진두지휘했다. 유해한 화학 약품을 사용했고, 그로 인한 산업재해에 발뺌했다. 독성 폐기물을 식수로 쓰는 강에 몰래 방류했다. 먹어서는 안 되는 첨가물을 넣거나 불량한 가공을 통해 음식을 만들어 팔기도 했다. 숲과 강을 지키기 위한 보호 장치는 불필요한 규제, 암덩어리라 치부했다. 연구 보고서를 조작하고, 전문가를 매수하는 일은 아주 간단한 일이었으며, 규제 당국을 직접 흔들기도 했다. 노동조합 때문에, 각종 규제 때문에 한국의 공장을 해외로 이전할 것이라는 기업의 논리는 쉽게 만날 수 있다. 해마다 전국경제인연합은 정부에 규제완화 목록을 만들어 전달하고, '기업하기 편한 나라'를 만들어 달라 대통령을 만나 요청한다. '비즈니스 프렌들리'라는 이름으로 더 많은 규제를 완화해 주고, 더 많은 애로사항을 해결해 주고, 더 많은 세금을 깎아 주고, 더 많은 편의를 제공해 준다. 그렇게 해야 나라가 발전하고 성장한다고 했다. 사람들은 기업이 더 열심히 이윤을 창출하고 한국을 떠나지 않도록 하기 위해 독극물에 오염된 강물을 마시고, 불필요한 토목공사로 훼손된 땅에 살면서, 나쁜 음식을 먹고, 오염된 환경을 감내해야 했으며 때로는 해고까지 당해야 했다. 그래야 기업이 잘되고, 일자리가 늘고, 낙수효과가 생긴다고 했다. 하지만 기업은 일자리가 아닌 비정규직을 늘려 나갔고, 돈을 쌓아 두고도 투자를 하지 않았다. 파이를 먼저 키워야 한다고 했다. 파이는 커진 것 같았지만 삶은 더 팍팍해져 갔다. 그들이 쉽게 돈을 벌 수 있도록 조성된 시스템은 위험을 키워 가는 데 일조했을 뿐이었다. 개인으로 쪼개진 조각들이 아귀다툼을 벌이는 동안 그들은 이윤을 위해 할 수 있는 모든 일을 다 했다. 그리고 안전은 조금씩 자리를 잃어 갔다.

뉴스에서 참사가 보도될 때마다 만나게 되는 단어는 '안전불감증'과 '인재人災'다. 사고의 원인을 되짚어 보면 그것은 이 사회가 축적해 놓은 모순의 집합체이며, 세계가 낳은 괴물의 집약체이다. 건설비를 조금이라도 줄이기 위해 저질 자재를 쓰거나 써야 할 재료를 모두 사용하지 않거나 만약의 사태에 대비한 설비는 없애 버렸다. 운영비를 절감하기 위해 운영 인력을 줄였고, 정비나 점검은 귀찮은 일이므로 비정규직이나 하청업체에 대충 맡겼고, 비숙련 일용직 노동자가 담당하기도 했다. 안전을 위해 반드시 지켜야 한다는 정부의 가이드라인은 기업 활동을 저해하는 불필요한 규제라고 목소리를 높였다. 결국 아파트가 무너지고, 다리가 끊어지고, 배가 가라앉았다. 그렇게 우리는 이윤과 효율을 위해 수단과 방법을 가리지 않았던 자본주의가 선사한 질병을 앓고 있다. 우리가 살고 있는 사회의 위험은 기술 발전의 산물이기도 하지만, 자본주의가 체계적으로 양산하고 증폭하고 유통한 결과물이기도 하다. 돈이 종교이고, 자본이 신이며, 이윤과 효율이 성경인 사회에서 위험은 평화로운 일상을 공격하고 있다. 하지만 이를 규제하는 일은 '손톱 및 가시'와 같은 존재로 치부될 뿐이다. 이윤과 효율이 세계의 왕으로 군림하는 동안 환경이나 분배, 안전, 복지, 연대는 설 자리를 잃었다. 자본주의는 이제 더 많은 경쟁과 적절한 낙오를 부추기면서 옆 사람의 낙오나 위험에 관심을 가질 마음조차 빼앗아 버렸다. 위험을 피하지 못했던 것은 개인의 책임이며, 운이 없었거나 부주의했기 때문이라고 말한다. 우리는 여전히 일상의 위험이 사회의 모순이라 말하는 것을 금지당하고 있다. 경제는 성장해야 하고, 기업은 번영해야 한다. 그렇지 않으면 우리 모두 엄청난 파국을 겪게 될 것처럼 공포를 조장하고 있다.

하지만 진짜 공포는 그들이 감추고 키워 온 위험이 딛고 있는 한쪽의 삶마저 위협하고 있다는 것, 산책을 하고, 아이와 밥을 먹고, 출근을 하고, 잠을 자는 일상마저 잠식하는 위험이 자본주의의 비호 아래 몸집을 점점 불려 나가고 있다는 것이다. 정치인과 산업계, 전문가들은 자본주의의 토양 속에서 잘 맞물려 돌아가는 톱니바퀴의 일부가 되었다. 그들은 자신들이 자유로운 경쟁과 시장을 통해 세습의 불합리한 고리를 끊어 내고 누구나 노력을 통해 성공할 수 있는 세계를 만들었다고 주장했다. 자본주의는 개인들에게 무한한 경쟁을 강조하고, 그것이 공평한 능력 위주의 사회라고 주장한다. '보이지 않는 손'은 삶의 평형을 이루게 하는 최적의 시스템이라고 말했다. 그렇게 대부분의 사람들은 저임금 속에서 체제에 순응하며 경쟁 속으로 빨려 들어갔다. 이렇듯 자본주의는 인류의 문명이 발전하면서 인본주의를 기반으로 성장해 온 가치, 즉 공동의 선에 대한 경멸 위에서 번성하고 있다. 동시에 이 세계의 위험은 분명 재앙에 가까운 형태로 성장했다. 물론 이 재앙은 소수의 지배와 그들의 특권층 유지에 골몰해 온 결과물이다.

가습기 살균제 사고가 세상에 알려진 여름이 지나고 피해자들의 고통은 줄어들지 않았지만 세상은 현란한 정치 뉴스에 묻혀 사고를 잊어 갔다. 그해 초겨울 경제지에는 가습기 매출이 현저히 줄어들고 있다며 겨울철 촉촉한 건강관리의 중요성을 일깨워 주는 기사가 심심치 않게 등장했다. 그들이 걱정했던 것은 여전히 고통받고 있는 피해자들의 삶이 아니라 줄어드는 가습기의 매출뿐이었다. 2012년 1월 30일자 SBS CNBC 뉴스에 의하면 상장 100대 기업사 중 판검사 출신 직원은 76명에 달했다. 그 기업들은 어떤 법도 두렵지 않을 것이다. 그뿐만 아니라 그들은 미디어도 손에 넣었다. 미디어는 스스로가 권력이라고 생각하며 기꺼이 그들의 카르텔 안에서 한자리를 차지하고 있다. 뉴스 앵커의 청와대행은 어쩌면 당연한 일이었다.

일본 자민당의 최대 정치자금 후원업계는 금융, 철강 그리고 전력회사다. 그들의 돈에 대해 자민당은 핵발전소의 확대와 전기요금 인상이라는 정책으로 화답했다. 위험은 회전문과 마피아, 그리고 부역자들을 통해 체계적으로 증폭된다. 그들만의 정치를 통해 그들은 끝없이 노멘클라투라의 자리를 유지하고 세습한다. 그래서 누군가는 현대사회를 '기업 지배Corporatocracy' 사회라고 부른다. 이제 거대 자본이 갖지 못한 것은 군사력 정도밖에 없다.

5장.

위험은
불평등하다

자본주의는 인간과 인간 사이의 결속에
적나라한 이기심과 무감각한 현찰거래 외에는
아무것도 남겨 놓지 않았다.
— 카를 마르크스, 프리드리히 엥겔스

고개를 뒤로 젖히고 올려다볼 수밖에 없는, 컴컴한 하늘에 구름을 뚫고 올라간 거대한 빌딩이 보였다. 번쩍이며 빛나는 멋진 건물에는 멋진 사람들이 살고 있었다. 그들은 원하는 것은 무엇이든 할 수 있었다. 인간의 과학기술은 거대한 마천루와 도시를 건설하는 수준을 뛰어넘은 지 오래였다. 자유롭게 우주여행을 하는 것은 물론, 첨단 의료기술까지 갖추었다. 인간은 몸이 아프면 아픈 부분을 기계로 대신할 수 있었다. 그렇게 기계로 몸을 바꾸게 되면 영원히 살 수 있다고 했다. 하지만 모든 사람이 그렇게 살 수 있는 것은 아니었다. 하늘까지 뻗은 엄청난 위용의 건축물 아래에도 인간이 있었다. 입을 것도 먹을 것도 변변치 못한 그들은 기계 몸을 가진 인간들이 버린 쓰레기를 주워 먹으며 살고 있었다. 도시의 쥐처럼 그렇게 살아갈 수밖에 없었다. 그들은 가난했고, 가진 것이 없었으므로 몸이 아파도 치료할 수 없었다. 그도 그런 거대 도시의 아래에 사는 쥐들 중 하나였다. 엄마가 아팠다. 하지만 기계 몸으로 바꿀 수 있는 능력은 없었다. 저 멀리 어딘가 엄마의 목숨을 살려 줄 기계 몸이 있다고 들었다. 엄마와 함께 그곳으로 떠나기로 했다. 추운 벌판을 거쳐 어딘지 모를 그곳으로 가던 날, 기계 몸을 가진 사람들은 '재미삼아' 엄마를 '사냥'했다. 그들은 엄마를 박제해 장식할 것이라고 떠들며 웃었다. 그는 기계 인간들의 집을 불태웠고, 그곳을 떠났다. 최첨단 기술, 하늘같이 높은 빌딩은 누구나 가질 수 있는 것이 아니었다. 세상은 우주를 여행할 만큼 발전했지만 그런 달콤한 기술의 열매는 더 많이 가진 자들만의 몫이었다. 마치 2015년의 지구처럼 말이다. 이 지극히 암울한 디스토피아의 이야기는 1980년대 어린이용으로 지상파에서 방송되었던 일본 애니메이션 〈은하철도 999〉의 첫 회 내용이다.

평등한, 불평등한

삶은 폭발적으로 변해 왔다. 새로운 기술과 놀라운 과학은 인류의 위대함에 대한 자부심을 갖기에 충분했다. 과연 우리는 더 풍요롭고 편리한 세계에 살고 있을까. 정말 모두가 행복하고 편리한 삶을 영위하고 있는 것일까. 더 편리하고 더 멋진 삶은 모두의 것이 결코 아니다. 쉽게 얻어지지도 않는다. 안전 또한 마찬가지다.

어떤 면에서 위험은 평등하다. 위험은 아주 고르게 누구에게나 평등하게 무차별적으로 다가온다. 폭염이나 혹한, 지진이나 해일, 화산 폭발과 같은 자연재해는 물론이고, 새로이 생겨난 기술 위험도 누구에게나 똑같이 그 모습을 드러낸다. 하지만 위험을 회피하는 것은 결코 평등하지 않다. 매서운 겨울, 혹한의 추위는 누구에게나 동등하게 느껴질 것이다. 하지만 그 추위를 피하는 방법은 사람에 따라 다르다. 따뜻한 집, 보온 성능이 좋은 옷, 다른 어떤 추위를 피할 만한 행위, 혹은 나이와 성별이나 신체적 특징에 따라 천차만별이다. 위험에 대한 대응력은 인구의 수만큼 다양하다. 우선 생물학적으로 더 위험한 집단이 있을 것이다. 어린아이나 노인의 경우 더 위험에 쉽게 노출되거나 위험 앞에 무기력하다. 여성이나 장애가 있는 사람이라면 더더욱 위험한 상태에 놓일 가능성도 있다. 특정한 위험은 성별은 물론 생활습관이나 타고난 신체적 특징에 따라 다르게 나타난다. 인간은 모두가 다른 만큼 각기 다르게 위험을 받아들인다. 그리고 여기에 더해 사회적·경제적 삶의 방식에 따라 위험을 받아들이는 정도도 다르다.

결론부터 말하면 가난하고 약한 자들에게 위험은 더욱 가혹하다. 그들은 위험을 적절히 회피할 만한 수단과 방법을 갖추지 못했다. 그래서 위험의 회피는 철저히 불평등의 문제다. 적지 않은 사람들이, 부실한 건축물이 무너져 사람이 죽거나 다치는 일은 이제 몇몇 후진국에서나 발생하는 일이라 생각한다. 2013년 서울시가 발간한 〈2013년 2분기 재난위험 시설 관리대장〉에 의하면 시설물 안전 등급 D등급과 E등급인 시설이 모두 244개였고, 이 가운데 주거 시설은 108개, 45퍼센트였다. 같은 해 박수현 의원실(새정치민주연합)의 발표에 의하면 가장 낮은 등급인 E등급 시설 43개 중 주거용 건축물은 29개소였다. 그곳에도 사람이 살고 있다. 왜 그들은 그곳을 떠나지 못하는 것인가. 당연하게도 갈 곳이 없기 때문이다. 낡고 위험한 집에 사는 사람들은 서울의 미친 부동산 가격 덕분에 다른 곳으로 떠날 수 없다. 건축물 관리대장에도 없는 무허가 건축물에 살고 있는 삶의 숫자는 파악조차 어렵다. 그들은 과연 안전한 먹거리를 먹고, 안전한 노동을 하며, 질병이 발생했을 때 적절한 치료를 받을 수 있을까. 위험을 회피할 수 있는 적절한 정보는 제공받고 있을까. 고등교육을 받았고, 높은 보수의 일을 하는 사람들은 평소 운동과 건강한 식단, 그리고 주기적인 건강검진을 통해 더 안전한 삶을 영위할 수 있다. 그리하여 건강한 몸은 부의 상징이 된다. 그 반대편에 있는 사람들은 더 쉽게 병들고, 더 위험한 노동을 하고, 더 위험한 집에서 살아가는 것은 물론이고, 더 열악한 생활환경에 노출되어 있는 데다 질병을 제때 발견하고 치료하기도 어려울 것이다. 그래서 안전한 삶을 쟁취하는 것, 위험을 회피하는 일은 사회경제적 불평등과 따로 떼어 생각할 수 없다. 위험의 살포는 무차별적이지만, 위험의 회피는 지독히 불평등하다.

미국은 모병제 국가이며 전쟁 중인 나라다. 젊은 군인들은 늘

부족하고, 모병관들은 가난한 시골 마을을 떠돈다. 괜찮은 월급, 애국, 그리고 노후 보장까지 내세우며 파병 군인들을 모집한다. 고등학교를 졸업하고 딱히 미래를 결정하지 못한 스물 안팎의 청년들은 파병 군인이 된다. 마이클 무어Michael Moore의 〈화씨 9/11〉은 힘없고 가난한 시골 마을의 젊은이들을 파병 군인으로 모집하는 과정을 비아냥거렸다. 적지 않은 수의 파병 군인들이 외상 후 스트레스 장애PTSD에 시달리고 있으며, 미국 노숙자 4명 중 1명은 퇴역 군인이라는 통계도 있다. 일본에서 '원전 집시'라는 말이 화제가 된 적이 있다. 가난한 농민이나 어민, 노숙자들은 핵발전소의 더러운 일용직 노동을 떠돈다. 전국의 핵발전소가 있는 지역을 마치 집시처럼 떠돌면서, 반쯤은 노숙자가 되어 생활한다. 그들은 위험하고 더러운 핵발전소의 노동을 담당하는 이들이다. 하수구의 찌꺼기를 치우거나 위험 구역으로 들어가 비숙련 단기 노동을 담당한다.

사회경제적으로 약한 이들은 더 위험한 노동에 노출된다. 가난은 위험을 증폭시킨다. 일본의 원전 집시와 같이 빈곤층이 위험한 노동과 생계를 바꾸는 일은 전 세계 어디서든 찾아볼 수 있다. 우리는 어렵지 않게 가난한 나라의 '쓰레기 마을'을 찾아 볼 수 있다. 거대한 산을 이룬 쓰레기 더미에는 매일 새로운 쓰레기가 공급된다. 가난에 허덕이는 사람들은 아이들과 함께 쓰레기를 뒤져서 쓸 만한 것을 주워 먹고 산다. 하루 종일 쓰레기 산을 오르내리며 내다 팔 것들을 골라내고, 입을 것과 생필품은 물론 먹을 것도 찾는다. 그들이 사는 곳은 쓰레기 더미 인근의 얼기설기 엮은 판잣집이다. 그들은 쓰레기를 골라 주워 낸 물건을 업자에게 팔아서 하루하루의 삶을 겨우 지탱한다. 비라도 오면 냄새나는 물이 마을을 적시고, 땅을 적시고, 강을 더럽히지만 쓰레기 산은 소중한 생계의 터전이다. 그런 이들에게 안전한 의식주는 사치다. 그들은 더러운 물과 공기를 들이마시며 계속 살아갈 것이다. 위생적이지 않은 옷과 음식물을 섭취할 것이며 각종 질병에 시달리게 될 것이다. 물론 그 질병을 제대로 치료할 수조차 없을 것이다. 빈곤과 질병에 시달리며 단돈 몇 푼이라도 벌기 위해 고군분투하는, 그래서 더 더럽고 위험한 노동과 삶에 노출되는 일은 지구에서 그리 어렵지 않게 찾아볼 수 있다.

1906년에 출간된 업튼 싱클레어Upton Sinclair의 소설 《정글》은 미국의 더럽고 위험한 노동을 고발했다. 소설은 동유럽의 가난한 농민이 꿈과 미래를 찾아 기회의 땅 미국으로 건너간 이후 그들의 삶이 어떻게 망가지는지를 적나라하게 묘사했다. 주인공 유르기스는 리투아니아의 농부였다. 가난했고, 사랑하는 여인이 있었다. 그는 그녀와 그녀의 가족까지 모두 데리고 미국으로 건너갔다. 가진 모든 돈을 모아 어렵사리 미국행 배를 탔고, 거지꼴이나 다름없는 몰골로 겨우 시카고의 육가공업체에 취직할 수 있었다. 그는 가까스로 얻은 일자리에 만족하며 이제 열심히만 살면 사랑하는 가족과 함께하는 행복한 미래가 기다리고 있을 것이라고 생각했다. 쥐가 득실거리고 역겨운 냄새가 나는 공장에 하루 종일 서서 날카로운 칼로 고기를 다듬는 고된 노동이었지만 일자리가 있음에 만족해야 했다. 거리에는 일자리를 구하려는 이주자들이 넘쳐났다. 다치거나 아파도 일을 해야 했다. 임신한 아내와 노인, 어린아이들까지 모두 힘든 노동에 매달렸지만 일을 할수록 그들의 삶은 팍팍해졌다. 그가 성실하지 않아서, 노력하지 않아서 가난한 것이 아니었다. 성실하게 노력하며 마음을 다잡을수록 그의 삶은 점점 더 무너져 갈 뿐이었다.

누군가는 가난이 노력하지 않아 경쟁에서 도태된 당연한 결과라고 한다. 하지만 열심히 일하지 않아서, 성실하지 않아서 빈곤의 늪으로 빠진 것이 아니다. 일할수록 가난해지는 일은 우리 주변에서도 매 순간 벌어지고 있다. 가난한 삶은 상급학교 진학이나 배움의 기회를 박탈했고, 전문직이나 덜 위험한 직장을 가질 기회를 차단했다. 집값을 비롯한 최소한의 삶을 영위하기 위한 비용은 너무 높았다. 복지는 얄팍했고, 빚은 커져 갔고, 노동 시간은 늘어났으며, 다치거나 아파도 제때 치료를 받기 어려웠다. 질병에 대한 정보조차 제대로 제공받지 못하는 경우도 있다. '워킹푸어'라는 말은 이제 더 이상 낯선 단어가 아니다. 실제 파리 노숙자의 3분의 1은 직장을 가지고 있다고 한다.

미국의 대통령이었던 존 F. 케네디John F. Kennedy는 "밀려오는 물결이 모든 배를 떠오르게 해 준다"라고 주장했다. 생산을 늘리고 파이를 늘리면 모두가 잘살게 될 것이라는 이야기를 우리의 정치인들도 수없이 반복했다. 하지만 빈곤 해결과 불공정무역에 대항하는 국제기구 옥스팜Oxfam은 2016년이 되면 세계 상위 1퍼센트의 재산이 99퍼센트보다 많아질 것이라고 예측했다. 평균대의 기울기는 이미 급속하게 기울어 버렸고, 소수의 부자들을 위한 세상으로 변해 버렸다. 한국사회에서도 외환위기 이후 극심한 양극화가 사회적 문제로 대두되었다. 한국은 2011년 기준 OECD 국가 평균에 비해 약 3배 정도 높은 자살률을 가진 나라다. 2000년대 들어서 자살률은 더욱 증가해 인구 10만 명당 2005년 24.7명에서 2014년에는 29.1명으로 급격하게 증가했다. 특히 한국 노인들의 자살률은 2011년을 기준으로 했을 때, 인구 10만 명당 81.9명으로, 미국 14.5명, 일본 17.9명에 비해 압도적으로 높다. 노인의 삶은 빈곤과 외로움 속에 스스로 죽음을 선택해야 하는 지경까지 몰렸다. 빈곤층 노인에게만 해당되는 문제일까. 10대부터 30대까지의 사망 원인 1위는 자살이다. 한국의 청년들은 스스로 죽어 간다. 경제학자 루이 쇼벨Louis Chauvel은 "예전에는 빈곤이 이제 곧 사라질 노인세대의 문제였다. 그러나 오늘날의 빈곤은 그 속에서 평생을 살아야 하는 젊은이들의 문제"라고 했다.

불평등의 구조화는 위험의 구조화로 고착되었다. 2003년 서울대학교 보건대학원 백도명 교수가 〈국민건강 영양조사〉(1998) 자료를 분석한 결과에 의하면 정규직의 48.5퍼센트가 '지난 3개월간 앓고 있는 만성 질병'을 가지고 있었지만 비정규직에서는 61.8퍼센트였다. 태어날 때부터 죽을 때까지 사회의 불평등은 고스란히 다음 세대로 전이된다. 2006년《한겨레》가 학계 및 보건의료 단체와 함께 조사한 결과에 의하면 초등학교 학력의 산모는 대졸자보다 저체중아를 낳을 가능성이 1.8배 높았다. 저소득층의 아이들은 학교에 가기 시작하는 7세부터 읽기, 쓰기, 사회적 의사소통 등 인지발달 영역 전반에 걸쳐 격차를 보이기 시작한다. 부모의 학력이 낮고 빈곤할수록, 월소득이 낮고 중소도시에 거주할수록 사회적 배제를 경험하면서 정신건강의 수준도 낮아졌다. 2010년, 권영길 의원실(당시 민주노동당)은 2009년 수능 자료를 분석했다. 평당 부동산 가격이 가장 높다는 강남의 경우 영어 1~2등급 비율이 27.9퍼센트였지만 중랑구는 6.5퍼센트의 아이들만이 1~2등급을 받았다. 역시《한겨레》에 의하면 서울 강북 지역 주민이 강남보다 표준사망률이 30퍼센트나 높았다. 강북은 인구 1만 명당 병·의원 수가 강남의 3분의 1 수준이다. 성장 과정뿐만 아니라 사망에서도 불평등은 고스란히 드러난다. 부모의 학력이나 직업 등의 사회경제적 지위가 낮을수록 사망률은 높아졌다. '개천에서 용난다'는 말은 옛말이 되었고, 사랑도, 결혼도, 출산도 포기해 버린 젊은이들이 늘어난다는 뉴스가 나오기 시작했다. 빈부의 격차로 인한 상대적 박탈감은 사람들에게서 희망이나 꿈이라는 단어를 지우기 시작했다.

1951년생인 정몽준 전前 의원의 재산은 약 2조 원에 달한다. 37세에 현대중공업의 회장에 취임한 그의 1년 주식배당금인 154억을 현대중공업 비정규직 월급으로 모으려면 422년, 그의 재산만큼 모으려면 5만 5,000년이 걸린다. 이인영 의원실(새정치민주연합)의 자료에 의하면 근로소득자 상위 10퍼센트의 평균임금은 2007년 9,536만 원이었는데, 2012년에는 1억 1,075만 원으로 1,539만 원 증가했다. 반면 하위 10퍼센트 근로소득자는 같은 기간 임금이 1,160만 원에서 1,089만 원으로 줄어들었다. 2012년 기준으로 상위 1퍼센트의 소득은 전체 근로자 소득의 6.4퍼센트를 차지하며, 상위 10퍼센트는 전체의 27.8퍼센트를 차지하고 있다. 《21세기 자본》의 저자 토마 피케티Thomas Piketty에 의하면 100년 전까지 소득 상위 10퍼센트가 전체 부의 80~90퍼센트를, 소득 상위 1퍼센트가 50~60퍼센트를 차지하는 국가가 많았다. 또한 미국의 경우 1970년대 이후 상위 10퍼센트가 전체 소득의 70퍼센트를, 하위 50퍼센트가 전체 소득의 5퍼센트를 차지했다고 분석했다. 그는 상속엘리트들이 물려받은 부에 의해 지배되는 신新빅토리아식 계급사회로 가고 있다며, 이를 '세습 자본주의Patrimonial Capitalism'라고 불렀다.

통계청이 내놓은 〈2014년 가계금융·복지조사〉에 의하면 한국의 빈곤 갭poverty gap은 36.4퍼센트였다. 2011년 34.5퍼센트, 2012년 35.5퍼센트에 이어 꾸준히 상승하고 있다. 빈곤 갭은 전체 국민의 중위소득과 중위소득 이하에 속하는 빈곤층 평균 소득 간의 격차를 말한다. 국민소득은 전반적으로 상승했지만 가난한 이들은 더욱 가난해지고 소득의 격차는 점점 심해지고 있다는 것이다. 한국의 경우 소득세를 포함한 직접세의 비중이 다른 나라에 비해 낮아 조세로 인한 소득 불평등 개선 효과가 OECD국가 중 최저 수준이다. 세금조차 상위계급에게 혜택을 주고 있지만 최경환 경제부총리는 "법인세 인상은 국제적 흐름에 역행하는 것으로 자본 유출이 일어날 수 있어 매우 신중해야 한다"라고 말했다.

계급 내에서 뿐만 아니라 가난한 나라와 부유한 나라 사이에 존재하는 격차는 어마어마한 수준이다. UN 환경계획UNEP은 수명이나 문맹률, 영유아 사망률과 같은 지표의 격차가 더 이상 줄어들 기미가 보이지 않는다고 했다. 살아가는 동안 이제 열심히 일하면 그래도 더 나은 삶을 살 수 있을 것이라는 희망, 내 아이들에게 조금이라도 괜찮을 삶을 물려줄 수 있을 것이라는 희망이 거세된 삶은 견디기가 힘들다. 어쩌면 이는 가난 그 자체보다 더 견디기 힘든 일일 것이다. 그들의 삶은 위험으로 가득 차 있거나 점점 위험으로 빠져들게 된다. 위험의 늪은 삶을 쉬이 놓아 주지 않았다. 위험을 기꺼이 감내하지 않으면 살아갈 수도 없는 삶이 급격히 늘어 가고 있다.

사회경제적 불평등은 위험의 불평등이기도 하다. 위험으로 내몰리지 않도록 하기 위한 공동체의 약속과 최소한의 장치가 바로 우리가 '복지'라고 부르는 것이다. 구성원 모두가 건강하고 안전한 삶을 통해 더 나은 미래를 꿈꿀 수 있는 사회, 위험의 불평등을 최소화하기 위한 첫 번째 방법은 다양한 공적 의료와 복지 시스템을 통해 안전망을 구축하는 것이다. 자본주의가 이제까지 수명을 연장해 온 비결은 복지와 민주주의였다. 하지만 여의도에서

는 '복지 무용론', '세금 폭탄', '공짜병', '선진국병', '복지 망국'과 같
은 단어가 떠돈다. 알량했던 복지마저 사라져 가자, 빠르고 가까
운 약탈적 고리대출만이 남았다. 이윤은 소수에게 사유화되었고,
위험은 아래로 차곡차곡 쌓여만 갔다. 2개의 국민, 2개의 위험은
고착화되어 갔다.

소녀들이 학교를 떠날 때 즈음, 가장 큰 걱정은 취업이었다.
언론에서는 모든 고등학교 3학년생들이 대학에 가는 것처럼 수능
에 관한 이야기로 가득했지만 소녀들은 다른 걱정을 시작해야 했
다. 지방의 중소도시 여자상업고등학교 출신에 집안 형편도 고만
고만했다. 지역에는 취직할 곳이 많지 않았다. 얼른 취직을 해 효
도하고 싶은 욕심이야 여느 소녀들과 다르지 않았다. 그녀들의 꿈
은 연봉이 높고 기숙사까지 제공한다는 대한민국 최고의 기업 삼
성의 반도체 공장에 취직하는 것이었다. 성적이 좋아야만 갈 수
있는 꿈의 직장이었다. 부모님은 딸이 삼성이라는 초일류 대기업
에 취직했다고 동네방네 자랑하고 다녔다. 그리고 같은 학교를 나
와 줄줄이 삼성 반도체 공장에 취직했던 선후배들은 모두 병들었
다. 중증 재생불량성 빈혈, 다발성 경화증, 백혈병. 산업재해 신청
을 하면 다시 회사로 돌아가지 못할 것 같았다. 회사에서도 개인
적 질병이라고 했다. 삼성 반도체 공장의 생산직 노동자로 일했던
그녀들은 대체로 지역에 마땅한 일자리가 없었던 지방 중소도시
의 실업계 고등학교 출신들이었다. 같은 공장에 다니면서 천식과

같은 상대적으로 소소한 질병을 얻는 것은 물론 심각한 질병으로 세상을 떠나거나 영구적 장애를 입었다. 하지만 삼성은 '개인'의 질병이라고 주장하거나 산업재해 신청을 하려는 경우에는 돈으로 회유하고, 소송 취하를 유도했다. 깨끗하고 안전한 삼성의 공장에서 그런 일은 벌어질 수 없다는 말만 되풀이 했다.

《한겨레21》의 보도에 의하면 반도체 산업 성장기에 집중 채용된 비수도권 지역의 실업계 고등학교는 속초상고, 광주여상, 강경상고, 서천여상, 군산여상 등이었다. 수도권에 반도체 공장을 둔 업체들은 비수도권 지역의 넉넉지 않은 형편의 고등학생들을 실어 날랐다. 그들이 머무는 기숙사는 회사에서 관리하기 편했다. 소녀들은 좋지 않은 가정 형편과 지방도시의 풍족치 않은 삶을 벗어나기 위해 초일류 기업을 택했다. 그리고 병을 얻었고, 죽었다. 단지 그녀들이 스스로 선택할 수 없었던 몇 가지 조건 때문에 삶은 급속도로 위험해졌고, 죽음과 마주해야 했다. 위험은 때론 인식하지 못하는 곳에서 그 불평등의 모습을 적나라하게 보여 주기도 한다.

위험의 이동

1970년대 미국 캘리포니아 산타클라라 카운티에는 실리콘Si을 재료로 하는 반도체 생산업체들이 몰려들었다. 실리콘밸리의 시작이었다. 1980년대 초반 IBM과 페어차일드Fairchild 반도체 공장의 지하 저장 탱크에서 유출된 유독 화학물질이 지하수를 오염시킨 사건이 발생했다. 지역의 주민과 환경운동가들, 그리고 노동자들이 모여 '실리콘밸리 독성 물질 방지 연합SVTC'을 만들었다. 이들은 반도체 공장에서 사용되는 독성 물질에 대한 알 권리를 주장했고, 결국 시설에서 배출하는 물질 정보를 공개하도록 하는 조례와 연방법 제정을 이끌어 냈다. 그리고 1990년대 몇몇 실리콘밸리 업체들이 미국을 떠나기 시작했다. 온갖 유독 물질도 함께 떠났다. 위험은 더 가난한 나라로 이동했다.

세계적인 다국적 화학기업 유니온카바이드Union Carbide는 인도 각지에 공장을 두고 있었다. 현지 법인까지 두고 적극적으로 공장을 운영하던 회사였다. 물론 인도 외에도 많은 나라에 공장을 가지고 있었다. 유독 물질을 다루는 공장은 사람이 많이 살지 않는 곳에 지어졌다. 인도정부도 다국적 기업의 투자를 적극적으로 환영했다. 그 많은 공장 중 하나가 보팔에 있었다. 1969년에 설립된 공장은 인근 주민들의 중요한 일자리이기도 했다. 1984년 12월 3일 밤 11시경, 농약이나 살충제의 주요 성분이며 독성 화학물질이기도 한 메틸아이소사이안산의 탱크 온도가 급상승했다. 온도계의 바늘이 한 바퀴를 돌 만큼의 심각한 온도 상승이었다. 자정을 넘긴 12시 30분 탱크에 금이 갔고, 결국 독성 물질은 탱크 밖으로 흘러나왔다. 이 물질은 특히 폐에 치명적인 것으로 알려져 있었다. 공장은 비상사이렌을 울리며 노동자들의 대피를 명했다. 공장 안에 갇혀 있던 약 42톤의 유독 물질 가스가 유출됐다. 경찰은 새벽 1시에 비상경보를 발령했지만 이미 가스는 공장과 인근 마을을 덮쳤고, 바람은 어디로도 불지 않았다. 작은 마을 보팔은 공장이 들어선 후, 인구가 70만으로 훌쩍 늘어나 있었다. 그 모든 이들이 이 유독가스의 세례를 고스란히 받았다. 병원은 금세 포화상태가 되었다.

훗날 사고의 원인으로 지목된 것은 저장 탱크에 유입된 물이었다. 물과 화학물질의 반응이 온도 상승과 탱크의 폭발을 불러왔다고 했지만, 회사 측은 물이 유입된 경로에 대해 제대로 설명하지 못했다. 오히려 불만 가득한 직원들의 테러라고 주장했다. 하지만 노동조합은 설계에도 없는 파이프가 존재했다고 증언했다. 공장 설비에서는 물을 이용해 막힌 부분을 뚫어 주는 작업을 자주 했는데, 물이 들어오는 것을 막는 장치는 없었다는 것이었다. 그뿐만 아니라 파이프 부설 1주일 전에 담당자는 해고되었지만 다른 인력은 추가 채용되지 않았다고 고발했다. 탱크 온도를 유지하는 냉각 시스템은 5개월 동안 가동되지 않았고, 질소 충전 보호 장비의 부실을 경영진은 알고 있었지만 무시했다. 냉각 시스템도 없으면서 온도 경보기는 꺼 버렸다. 당연히 온도가 상승해도 경보기는 울리지 않았다. 모든 장비가 고장 날 경우를 대비해 유독가스가 배출될 시 자동으로 세정하는 기기(스크러버Scrubber)는 1달 넘게 고장 나 있었다. 더 최악의 경우를 대비해 가스를 태워 버리는 소각 시스템(플레어스택Flare Stack)은 파이프 고장으로 작동이 되지 않았다. 담당자는 신규 파이프를 요청했지만 묵살당했다. 소각 시스템마저 고장 나면 유독가스의 증기를 수용액으로 만들어 가스의 확산을 방지하는 방수 장치는 규모에 비해 너무 작았다. 물론 경영진은 이 문제에 대한 어떤 대책도 세우지 않았다. 도미노블록은 차근차근 사고를 향해 달려가고 있었다. 회사는 인도인들이 영어를 몰라 공장 시스템을 이해하지 못했다고 주장했으며, 노동조합에서는 운영 비용 감축을 위해 안전 비용 투자를 하지 않았기 때문이라고 주장했다. 이 사고로 인한 직접 사망자는 최소 4,000여 명이며, 추후 사망자까지 더하면 2만 명 이상이라고 추산하기도 한다. 부상자는 50만 명에 달했다. 사상자들 중에는 어린이와 노인이 많았다. 깊은 밤이라 제대로 대피하지 못했을 뿐만 아니라 유독가스에 더 취약했기 때문이다. 부상자들의 삶은 최악이었다. 유독가스로 인한 폐 기관 손상과 실명 피해가 가장 많았으며, 여성들은 유산과 기형아 출산으로 고통받았다.

인도정부가 유가족에 대한 대책이라고 내놓은 것은 가구당 835달러였다. 이마저도 몇 년이나 미뤄졌다. 유니온카바이드의 현장 책임자는 "인도인에게 800달러가 넘는 돈은 너무 과한 보상이다. 450달러만으로도 충분하다"라고 발언했다. 여론의 분노가 불붙었다. 그는 서둘러 미국으로 달아나야 했다. 유니온카바이드의 CEO가 직접 인도로 날아왔지만 공항에서 체포, 구금되었다가 강제 출국당했다. 이 회사는 2001년 다우케미컬The Dow Chemical Company에 인수되었다. 현재 인도정부와의 배상 문제는 다우케미컬이 담당하고 있다. 당시 경영진은 인도정부에 의해 형사고발되었다. 하지만 인도정부 역시 뇌물을 받고 공장의 더러운 행위를 눈감아 주었다는 주장이 계속 나왔다. 그뿐만 아니라 사고의 보도를 은폐하려 했다는 것이 드러났다. 여전히 다우케미컬은 인도정부와의 공동 배상 주장을 굽히지 않고 있다. 20세기 최악의 산업 관련 재앙이라고 불렸던 보팔 사고의 현장에는 최근까지도 유독 물질이 방치되어 있었다. 지옥처럼 변한 마을은 가난한 아이들의 놀이터가 되어 버렸다. 정부는 외면했다. 결국 2012년 인도정부는 독일의 유독 물질 처리업체와 계약을 맺고, 유독 물질을 독일에서 소각해 처리하기로 결정했다. 한편 2012년 런던올림픽 후원사 중 하나였던 다우케미컬에 대해 인도정부와 선수들은 후원의 철회를 요구하기도 했다.

당시 세계적으로 유행하던 것은 신자유주의였다. 일명 '신공공관리New Public Management'가 지구를 휩쓸었다. 국가가 직접 환경이나 안전에 대해 규제를 하는 방식에 기업들이 반발하자 경제학자들은 국가의 불필요한 시장개입에 이의를 제기했다. 국가의 규제는 경제성장과 효율에 방해가 될 뿐이라고 목소리를 높였다. 그들이 원했던 것은 무엇이든 '시장과 기업이 알아서 한다Market-Based Regulation'는 것이었다. 자율적 규제만이 모두가 잘살게 되는 방법이라고 주장했다. 시장에 맡기면 알아서 해결될 문제라고, 시장이 경제를 살리는 방법이라고, 정부는 최소한의 역할만 하는 것이 효율적이라고 했다. 그 결과는 보팔 사고였다.

한국 기업

대다수의 거대 기업들이 저개발국이나 개발도상국에 현지 생산 공장을 가지고 있다. 저임금으로도 얼마든지 일할 수 있는 노동자들이 많기 때문이다. '투자'라는 이름으로 현지 정부는 그들의 공장을 환영한다. 외국계 기업, 다국적 기업이 현지에서 공장을 짓고 고용을 창출하고, 국가에 세금을 내기 때문에 국가 차원의 유치 경쟁도 벌어진다. 원래 이런 공장은 그들 기업이 자란 나라에 존재했다. 하지만 시간이 흐르면서 위험하거나 더러운 노동을 사람들이 꺼려하기 시작했다. 노동자의 목소리가 높아지면서 임금도 높아졌다. 여론에 밀려 정부의 환경·안전 규제는 점점 강해졌다. 기업들은 다른 곳으로 눈을 돌렸다. 그들이 처음 공장을 시작했던 곳과 비슷한 곳. 낮은 임금이나 열악한 노동환경에 굴하지 않고 일할 사람들이 많은 곳. 환경·안전 규제가 없는 곳. 아니 오히려 쌍수 들고 환영하며 특혜와 예외를 아끼지 않는 곳. 바로 가난한 사람들이 모여 있는 곳이었다. 그들은 중국, 인도는 물론 동아시아와 중앙아시아까지 진출했다.

한국 기업도 마찬가지였다. 1970년대 한국에는 '공순이'들이 있었다. 시골의 처녀들은 동생의 공부를 위해 가방을 싸들고 서울로 몰려들었다. 그곳에는 가발을 만들고, 옷을 만들고, 신발을 만들던 숱한 저임금 노동이 있었다. 그리고 상상하기조차 어려운 열악한 노동환경이 있었다. 작업반장은 옷핀으로 쿡쿡 찌르며 '타이밍'을 먹여 가며 야근을 시켰다. 이런저런 회사의 복지나 다름

없는 항목을 더해 월급에서 제했다. 일할수록 가난해졌지만, 사람다운 대접 한번 못 받는 노동은 끝날 기미가 보이지 않았다. 일하다 다쳐도 하소연조차 할 수 없었다. 그저 일자리를 잃을 뿐이었다. 공장은 더러운 공기와 오염 물질로 가득 찼다. 그래도 참아야 했다. 노동조합은 빨갱이였으며, 법을 지키라는 말은 매질로 돌아왔다. 그래도 인간답게 살고 싶다는 목소리는 조금씩 세상을 바꾸었다. 임금은 높아졌으며, 노동의 환경과 조건은 나아졌다. 이제 기업들은 노동조합 같은 것은 꿈도 꾸지 않는, 말 잘 듣고 싼 노동력을 찾기 시작했다. 동남아시아, 중국, 중앙아시아 등에 여전히 일자리가 궁한 이들은 차고도 넘쳤다. 그리고 그곳으로 달려갔다. 한국 기업의 해외 진출은 1980년대 이후 급속도로 증가했다. 2009년 한국의 해외 직접 투자는 200억 달러에 이르렀고, 여전히 1년에 2,000개가 넘는 해외 법인이 생겨나고 있다. 2012년 말 해외에 신규로 설립되거나 인수된 한국 해외 법인은 5만 3,000개를 넘어섰다. 주로 제조업이 큰 비중(약 40퍼센트)을 차지하고 있다. 전자 부품이나 기계 부품, 섬유 등 노동집약적 제조업에 주로 진출한 것을 보면 당연히 값싼 노동력이 주요 진출 요인이라 할 수 있다. 그리고 기업의 행태는 조금도 달라지지 않았다.

OECD 다국적 기업 가이드라인 위반으로 한국 NCP에 제소된 전체 건수의 70퍼센트가 해외진출 한국 기업의 인권침해에 관한 것이었다. OECD 다국적 기업 가이드라인이란 해외로 진출하는 기업들이 준수해야 할 인권과 환경, 노동에 관한 조항을 나열한 것이며 이의 이행을 위해 가입국은 국내 연락사무소를 설치해야 한다. 이 연락사무소가 바로 NCP(National Contact Points)다. 이곳에 접수된 사건의 대부분이 한국 기업이 아시아 지역 저임금 노동자들을 상대로 저지른 노조 해체, 임금 체불, 폭행, 해고 등이다. 그 옛날 전태일이 몸에 불을 질러야만 했던 시대에 그랬던 것처럼 장소와 시간을 제외한 모든 것이 그곳에서 똑같이 벌어지고 있었다. 물론 한국정부는 최소한의 시스템인 모니터링 체계조차 갖추지 않았다. 그저 돈만 벌어 오면 끝이라는 생각 때문일까. 다른 나라의 기업도 아니고 한국 기업이 다른 나라에서 어떤 행위를 하는지, 어떤 위험을 이곳에서 가지고 나갔는지 몇 가지 사례로 살펴보자.

2009년 11월 인도의 한국계 전자 기업 공장에서 유독가스가 누출되어 노동자 60명이 쓰러졌다. 15명은 중태에 빠졌다. 하지만 회사는 지게차 연소라는 경미한 사고라고 주장했다. 중국에서는 국제 비정부기구인 중국노동감시China Labor Watch가 2012년 8월 삼성전자 중국 협력업체에서 불법 아동노동이 이뤄지고 있다고 주장했다. 아동노동 외에도 직원들의 초과 근무 시간이 100시간이 넘는 것으로 밝혀져 프랑스의 시민단체가 소송을 제기하는 일도 있었다. 캄보디아에서는 2008년부터 2009년 사이에 한국계 바이오연료 공장에서 배출된 폐기물이 삼롱Samrong 호수의 물고기를 집단 폐사시킨 것으로 추정하고 있다. 2009년에는 프놈펜 외곽의 한국 섬유·의류공장에서 노동자 500명 이상이 살충제에 노출되어 실신했다. 이 사건은 2달 사이에만 네 차례나 벌어졌다. 필리핀에는 한국의 조선소가 있었다. 이곳에서는 열악한 노동환경으로 2006년 이후 약 30여 명의 노동자가 사망했으며, 약 5,000여 건의 산업재해 사고가 발생했다. 한국의 조폐공사는 2010년 대우인터내셔널과 함께 우즈베키스탄의 면화 사업에 진출했다. 무려 공공 기관이지만 현지 독재정부의 강제 아동노동으로 생산된 면화로 여권과 지폐 용지를 만들고 있다. 조폐공사는 아동노동과 강제노동을 금지하며 기업의 사회적 책임을 명시한 UN 글로벌콤팩트UN Global Compact에 가입했다고 자랑했지만 조항을 이행할 의지는 없었다. 아동노동 문제는 2001년, 키르기스스탄의 한국인 소유 양파농장에서도 벌어졌다. 브라질에서는 2011년 삼성전자의 노동자들이 과도한 노동 착취로 인한 질병을 호소했다. 그들은 "우리는 삼성공장에서 개처럼 일했다"라고 주장했다. 삼성전자는 2013년 브라질정부에 의해 노동법 위반으로 약 1,200억원 상당의 소송을 당했다. 최장 10시간 동안 서서 일해야 했으며, 휴대전화 조립에는 32초, 텔레비전 조립에는 65초라는 무시무시한 작업 속도를 강요했다는 혐의였다. 삼성전자는 2014년 12월, 브라질 최대 석유기업인 페트로브라스Petrobras의 전 해외사업 부문 총괄 임원 네스토르 세르베로Nestor Cerveró 등 관련 인사 4명에게 약 580억 원의 뇌물을 준 혐의로 기소되기도 했다. 자국의 안전 규제와 환경 규제가 늘어나고, 임금이 상승할수록 더러운 공장은 규제가 없는 곳으로 이동했다. 나이키Nike나 애플Apple 등과 같은 제조업 기반

기업들은 자유무역의 깃발을 들고 해외 하청업체라는 전략을 구사하고 있다. 그렇게 위험은 전이되었다.

죽음의 외주화

이것은 단지 국제적인 문제, 가난한 나라와 부유한 나라 간의 문제가 아니다. 위험의 이전은 한 국가 내의 계급 사이에서도 발생한다. 위험은 더 가난하고 더 절박한 자에게 집중된다. 현대제철 협력업체 노동자 5명이 당진 공장에서 아르곤 가스누출 사고로 사망했다. 지름 5미터, 높이 8미터의 밀폐된 공간에 '살인 가스'의 누출 위험이 있는 곳이었지만 산소마스크, 가스누출 경보기 등의 기본적인 안전장치도 없었다. 더 더럽고, 위험하고, 힘든 노동은 하청에 맡기고 원청은 관리만을 담당한다. 물론 원청은 안전 관리에 대한 책임도 함께 외주화했다. 대부분 대기업인 업체는 원청 안전 교육이나 안전 관리를 담당하지 않는다. 노동을 하는 조건은 제공하지만 사전예방 조치의 책임은 없다. 더불어 하청업체는 작업속도나 조건·작업의 양에 대해 결정할 수도 없으며, 위험한 상황이 발생했을 때 작업을 중지하거나 비상 정지를 시킬 권한도 없다. 원청이 주문한 작업 시간에 맞출 의무만 있었다. 한국사회의 하청업체 노동의 규모는 얼마나 될까.

2008년 노동부의 500인 이상 사업장을 대상으로 한 사내 하도급 실태조사에 의하면 대상 사업장의 54.6퍼센트가 사내 하도급의 형태로 노동을 하고 있었다. 자동차제조업은 100퍼센트가 하도급이었다. 철강업은 87.1퍼센트, 기계금속업은 72.4퍼센트가량이다. 생산직 노동자의 거의 대부분이 하청업체의 비정규직 노동자라 해도 과언이 아니었다. 조선업이나 건설업은 물론 제조업과 용역서비스업, IT직종에까지 하청 비정규 노동은 쓰나미처럼 밀려 들어오고 있다. 그리고 그들은 위험을 고스란히 뒤집어쓰고 있다. 고용노동부는 원청노동자와 하청노동자의 산업재해에 관한 정확한 통계를 가지고 있지 않다. 물론 조사도 따로 하지 않고 있다. 새정치민주연합 이인영 의원실의 자료에 의하면 2012년에서 2014년 6월까지 조선업에서 사망한 노동자 중 83퍼센트, 즉 69명의 사망자 중 53명이 하청업체 소속이었다. 대우조선해양에서 사망한 23세·19세의 청년과, 등록금 마련을 위해 이마트에서 아르바이트를 하다 가스에 질식한 대학생 모두가 하청업체 소속 비정규직이었다. 금속노조 노동연구원의 연구에 의하면 조선산업에서 산재사망률은 사내 하청이 1.79, 원청이 0.49로 하청이 원청보다 3배 이상 높았다.

2014년 국가인권위원회와 한림대학교 산학협력단(연구책임자 주영수 교수)이 함께 실시해 12월 16일 발표한 〈산업재해 위험직종 실태조사〉 보고서는 철강업, 조선업, 건설플랜트 세 업종에 대한 산업재해와 하청노동자의 연관성에 대한 설문조사 결과를 담고 있다. 이 보고서에 의하면 하청노동자의 산재 위험이 더 높다는 대답이 조선업에서는 84.3퍼센트, 철강업에서는 92.3퍼센트로 나타났다. 설문조사에 의하면 조선업의 59.5퍼센트, 건설플랜트업의 41.2퍼센트의 하청노동자가 안전 조치를 하지 않고 일한 경험이 있다고 답했다. 이렇게 원청은 위험을 외주화하면서 그들 회사의 산재율을 낮춘다. 이마트의 대학생이 사망해도 이마트의 재해율에는 어떤 영향도 미치지 않았다. 그리고 이런 숫자는 산업재해 보험료의 감면 혜택으로 돌아온다. 삼성전자는 20개월간 300억 원의 산업재해 보험료 감면을 받았다.

상황이 이렇다면 정부가 나서서 손을 써야 하는 것 아닐까 생각하지만 현장 안전에 대한 정부의 관리감독은 말 그대로 눈 가리고 아웅하기다. 공무원이 점검이나 단속을 나오는 날, 단 하루만 조심하면 될 일이라는 건 현장에서 상식에 가깝다. 고용노동부는 결코 노동자의 편이 아니다. 고용률 70퍼센트를 외치면서도 현장의 안전 정책은 뒷전이었다. 사업주를 위한 '당근' 정책이 산업재해 정책의 전부였다. 2013년 기준으로 고용노동부의 점검 결과 90퍼센트 이상의 사업장이 안전 점검 위반으로 적발되었다. 하지만 이들이 받은 평균 과태료는 채 100만 원도 되지 않았다. 2012년에서 2014년 동안 중대 재해로 인해 산업안전보건법 위반으로 송치되어 처리된 2,045건 중 무혐의나 각하 등으로 사업주 처벌이 없었던 건은 32퍼센트, 징역형은 62건으로 3퍼센트에 불과했다. 물론 징역형조차 100퍼센트 집행유예였다. 40명의 건설노동자가 사망한 이천 냉동창고 사고의 사업주 벌금은 사망한 노동자 1인당 50만 원이었으며, 4명의 노동자가 사망한 이마트의 경우 산업안전보건법 위반으로 100만 원의 벌금을 문 것이 전부였다. 노동자 한 사람의 목숨 값이 기껏해야 50만 원에서 100만 원가량 되는 나라에서 우리는 살고 있다. 2011년에서 2012년 7월까지 1,298명의 산업재해 사망에 대해 노동부가 구속으로 기소 의견을 낸 건은 한 건도 없었다. 한 해에 2,000~2,500명이 산업재해로 사망하는 나라가 대한민국이다. 2013년에 업무상 사고로 재해를 입은 노동자가 8만 5,000명이었고, 재해자는 1년 동안 100만 명에 이른다. 이런 나라에 산업안전 담당 근로 감독관은 채 300여 명도 되지 않는다. 산업재해 전문 병원도 전국에 10개 정도에 불과하다.

은폐된 산업재해는 제대로 파악도 되지 않는다. 앞서 언급한 국가인권위원회의 설문조사에 의하면 건설플랜트 산업재해 사고의 80퍼센트, 조선·철강업의 산업재해 사고 92퍼센트가 산업재해로 공식 인정을 받지 못했다고 답했다. 하청업체는 산업재해 사고가 발생하면 원청과 재계약이 어렵기 때문에 사고를 감춘다. 노동자들에 대한 불이익도 있다. 산업재해로 처리할 경우 다음 현장에 취업이 어려워진다. 복직은커녕 그대로 퇴사해야 한다. 2012년 산업안전공단이 발표한 〈응급실 기반 직업성 원인 조사 연구〉에 의하면 산업재해 사망 노동자의 불과 34퍼센트만이 정식 산재보험 처리되었다. 2013년 에너지정의행동과 최재천 의원실(새정치민주연합)의 발표 자료 〈한수원 출입 방사선 종사자 업체별 인원수 및 총 피폭량〉에 의하면 정규직에 비해 발전소의 수리나 비파괴

검사 등을 진행하는 외주·하청업체 노동자의 피폭량은 최대 18.9
배나 높았다. 후쿠시마 핵발전소 사고 이후 수습 요원으로 투입된
이들도 하청업체의 비정규직 노동자들이었다. 프랑스 핵발전소 노
동자의 피폭 사례 중 80퍼센트가 비정규직이다. 이는 비단 각국
내 비정규직 노동자에만 국한된 이야기가 아니다. 1970년대 청계
천의 봉제공장 노동자들, 혹은 다른 공장에서 겪어야 했던 처절한
노동환경을 2015년에 감내하고 있는 것은 가난한 나라에서 온 이
주노동자들이다. 법무부가 집계한 2013년 기준 외국인 근로자는
24만여 명이다. 그들은 더럽고 위험한 일을 매를 맞고 욕을 먹으
며 하고 있다. 고용노동부에 따르면 2013년 기준 산업재해를 당한
외국인 근로자는 5,586명, 같은 기간 국내에서 발생한 전체 산업
재해 건수(9만 1,824건)의 6퍼센트에 해당하는 수치다.

위험과 정의

1982년 미국 노스캐롤라이나 주에서 워드트랜스포머Word
Transformer Co.라는 기업이 14개 카운티의 약 240마일의 도로변에
폴리염화비페닐 3만 1,000갤런을 불법으로 묻었다. 정부는 이를
적발했고, 이를 다시 처리해야 했다. 적지 않은 양의 유독 화학물
질을 처리할 계획을 세워야 했던 주 정부는 적절하게 매립할 장소
를 물색하기 시작했다. 최종적으로 선정된 곳은 워렌Warren 카운티
의 쇼코 타운쉽Shocco Township이라는, 주민의 75퍼센트가 흑인이었

던 마을이었다. 유독 물질의 마을 매립 소식에 주민들은 저항하기 시작했다. 집단행동으로 400여 명 이상의 주민들이 구속되기도 했다. 문제가 밖으로 알려지면서 인종 문제가 부각되기 시작했다. 위험한 물질을 왜 하필이면 상대적으로 흑인들이 많은 동네에 묻어 버리기로 결정한 것일까. 아마도 정부는 그들이 저항할 힘이나 능력을 갖추지 못했다고 판단했을 것이다. 수많은 주민들이 반대했고, 흑인사회를 중심으로 전국적으로 반대여론이 확산되었지만 폐기물 매립을 막지는 못했다. 주 정부는 지역 주민단체의 존재조차 인정하지 않았다. 1983년 미국 의회 회계감사원General Accounting Office은 〈유해폐기물 매립장의 입지와 주변 지역사회의 인종적·경제적 지위의 관련성Siting of Hazardous Waste Landfills and Their Correlation with Racial and Economic Status of Surrounding Communities〉이라는 연구 보고서를 펴냈다. 이 보고서에 의하면 미국 남부 8개 주를 포함하는 켄터키, 테네시, 노스캐롤라이나, 사우스캐롤라이나, 미시시피, 앨라배마, 조지아, 플로리다 등의 지역에서 사업장 외부에 건설된 상업적 유해 폐기물처분장 4개 중 3개가 흑인 다수 지역에 위치하고 있었다.

정책을 결정하는 사람들의 입장에서는 어쩌면 당연한 것이었다. 유색인종이나 사회적 약자 집단 거주지에 더러운 시설을 건설한다. 쓰레기 소각장, 매립지 등과 같은 시설이 들어서고 나면 경제적 여유가 있는 사람들은 집을 팔고 그 지역을 떠난다. 은행은 지역에 대한 투자를 꺼려한다. 그리고 이곳에는 더 이상 사람들이 들어와 살지 않는다. 떠나는 사람들이 점차 늘어나면서 기존 주택은 비어 폐가가 되고, 학교의 학생은 줄어든다. 인구가 줄어 가고, 남은 이들은 가난한 실업자들뿐이다. 시설에 대한 투자도 줄어들면서 각종 시설은 낙후된다. 의료 시설, 교통, 일자리 모든 것이 부족해진다. 점점 슬럼화가 진행되는 가운데 더러운 시설로 인한 환경 질환도 늘어난다. 그리고 떠날 수 없는 사람들만 남겨지게 된다. 더 커진 위험과 함께.

농업은 한국에서 더 이상 젊은 사람들에게 매력적인 일자리가 아니다. 세계적으로도 농업인구의 절대 다수는 '빈곤'에 노출되어 있다. 급속한 산업화와 도시화는 농촌의 인구를 스펀지처럼 빨아들였다. 매년 명절에 전국의 고속도로가 막히는 것은 그만큼 수도권에 사는 이들의 고향이 비수도권이라는 의미이기도 하다. 농업인구의 도시 이동이 비단 한국만의 현상은 아니다. 공장의 굴뚝이 늘어날수록 가난한, 더 이상 미래가 없다고 생각하는 농민들은 도시로 떠났다. 농업의 미래를 갉아먹는 데는 산업 위주의 정부 정책도 한몫했다. 농지는 더 이상 먹거리를 생산하는 위대한 공간이 아니라 그저 더 높은 건물과 더 많은 공장을 세우기 위한 공간이거나 투기를 위한 땅으로 전락했다. 엄청난 자동 설비를 갖추고 비행기로 농사를 짓는, 그래서 1년에 수백 톤씩 곡물을 생산해 내는 선진국의 농민들은 후진국 농민들의 삶을 더욱 벼랑으로 내몬다. 선진국의 농업은 엄청난 양의 농약과 물을 소비한다. 인근의 환경을 철저히 망가뜨리고 가난한 나라의 농민들의 삶까지 잠식한다. 선진국들은 자유무역이라는 이름으로 거대한 농업제국을 공고히 해 나갔다. 결국 후진국의 농민들은 자신의 의사와 상관없이 농촌을 떠나거나 자신의 자식만큼은 도시로 내보내기 위해 전력투구하게 된다.

그렇게 도시로 스며든 농민들에게 장밋빛 미래는 보이지 않았다. 변변한 기술이나 배움을 받지 못한 그들은 도시의 열악한 환경에서 저임금 노동자가 될 확률이 높았다. 도시에서 그들을 맞이하는 것은 최저임금일 것이며, 비싼 물가와 살인적 부동산 가격은 최소한의 생계를 꾸리는 것조차 여의치 않게 만들 것이다. 가난한 이들은 열악한 주거 환경과 노동 조건, 질병의 위험과 마주해야 할지도 모른다. 빈곤의 문제와 위험은 멀리 있지 않다.

산업혁명이 시작된 이래 지구는 엄청난 변화를 겪어 왔다. 인간의 삶은 더욱 빠르게 변했다. 대량생산과 대량소비 사회를 본격적으로 맞이하면서 과거와는 다른 시설을 필요로 하기 시작했다. 더 많은 전기를 생산하기 위해 발전소가 필요해졌고, 송·배전망이 필요하게 되었다. 핵발전소의 경우라면 핵폐기물을 양산했다. 도시는 매일 엄청난 양의 쓰레기를 토해냈다. 이를 처리하는 시설은 필수적이었다. 깔끔하고 화려한 도시를 유지하기 위한 시설이지만 도시에는 어울리지 않는 시설이었다. 이런 시설은 도시 외곽에 건설된다. 사람이 적게 사는 곳, 그리고 가난한 사람들, 기왕이면 저항하지 못할 사람들, 경제적 인센티브로 회유가 가능한 사람들이 있는 곳에 건설되었다. 물론 초기에 이런 시설물의 건설은 아무도 모르게 진행되었다. 한국에서 핵발전소가 처음으로 건설된 곳은 부산시 기장군 고리였다. 그곳의 어민들은 어느 날 갑자기 이주 명령을 받아야 했다. 나라에서 짓는 '전기 공장'이 들어설 예정이니 떠나야 한다고 했다. 측량을 하고 부지를 결정하는 동안 주민들은 아무것도 몰랐다. 발전소가 들어서는 일은 '나랏일'이었다. 한반도 지도에서 핵발전소나 화력발전소가 들어선 곳은 가난한 농민이나 어민이 살고 있는 지역이다.

그렇게 만들어진 전기 공장의 전기를 주로 소비하는 이들은 누구인가. 전기 흡혈귀와 같은 서울과 수도권 거주자들, 그리고 대기업의 공장이다. 추미애 의원실(새정치민주연합)의 발표에 의하면 2013년 국내 100대 기업이 원가 이하로 할인받은 전기 요금은 2조 487억 원이었다. 반면 기초생활수급자와 장애인 등 사회적 약자에게 제공한 전기 요금 할인금액은 2,533억 원이었다. 2014년 기준 한국전력의 최근 3년간 누적 손실액은 6조 2,480억 원, 순손실액이 8,462억 원이었다. 할인을 가장 많이 받은 기업은 삼성으로 4,697억 원이었으며, 현대자동차 2,701억 원, LG 2,434억 원, 포스코 2,055억 원가량이었다. 100대 기업 중에서도 상위 10대 기업의 할인이 75퍼센트나 차지했다. 엄청난 규모의 한국전력 적자를 감안하면 대기업의 전기 요금 할인은 상상을 초월하는 숫자다. 반면 국민들에게는 이 적자 때문에 전기 요금을 올려야 한다고 주장한다. 도시가스보다 상대적으로 적은 비용으로 난방을 할 수 있게 했던 전기의 요금 인상은 빈곤층에게는 치명적이다.

그저 정부에서 결정하면 받아들이고 감내해야 했다. 더럽고 위험한 시설과 공장의 입지를 결정하는 것은 주민들이 아니었다. 오히려 주민들이 반대하면 공권력을 동원해 진압하기도 했다. 결국 그들은 더러운 공기와 물과 함께 공업 지역 근처, 발전소 인근 마을에 살게 되었다. 오염된 환경은 더더욱 그들의 삶을 위협한다. 중국 국가환경보호총국의 저우성셴周生賢 국장은 "이제 환경은 사회 모순을 자극하는 사회문제가 되었다"라고 했다. 2004년에만 중국에서는 5만 1,000건의 환경 분쟁이 있었고, 약 10개의 '암 마을'도 여기에 포함되었다. 주민들은 아무렇지도 않게 오염 물질을 배출하는 공장 인근에 살고 있었다. 한국에서도 이런 사례는 어렵지 않게 찾아볼 수 있다. 방폐장을 건설하는 과정에서 찬반으로 갈라진 공동체는 붕괴되었고, 주민들은 구속되었으며, 해당 지역에 거주하는 것이 아닌 대부분의 사람들은 몰랐다. 몇몇 사람들은 정부가 약속하는 엄청난 경제적 혜택에 환호하기도 했다. 정부는 주민들에게 위험을 감내하는 대가로 돈을 쥐어 주었다. 쓰레기 소각장이나 매립지의 경우에도 마찬가지였다.

누가 결정하는가

수용 가능한 위험의 수준은 소통이나 연대를 통해서가 아니라 소수의 정책결정권자나 이익집단의 이윤을 중심으로 결정된다. 위험의 수준뿐만 아니라 누가 감당할지에 대해서도 그들이 일방적으로 결정한다. 그렇기 때문에 위험의 배분은 정의롭지 않다. 가장 먼저, 위험을 생산하는 곳과 감당하는 곳이 다르다. 기후변화의 책임은 이산화탄소를 배출하는 나라, 즉 선진국들의 경제성장으로 인한 것이지만 위험에 직면한 나라는 태평양의 섬나라들이다. 핵발전소를 끌어안고 사는 사람들과 그 전기를 소비하는 사람은 다르다.

밀양의 허리 구부러진 노인은 대대손손 살아 온 땅에 거대한 초고압 송전탑이 박히는 것을 보고 몸에 불을 질러야 했다. 이 송전탑은 이명박 정부의 아랍에미리트UAE 핵발전소 수출에 대한 조건으로 건설되고 있다. 2013년 5월 한국전력 변준연 당시 부사장은 "아랍에미리트 원전을 수주할 때 신고리 3호기가 참고 모델이 됐기 때문에 (밀양 송전탑 문제는) 꼭 해결돼야 한다"라며 "2015년까지 (신고리 3호기가) 가동되지 않으면 패널티를 물도록 계약서에 명시돼 있다"라고 말했다. 그뿐만 아니라 주민들의 반대는 "거기(밀양)가 터가 좀 세고, 다른 데를 (공사)하기 전에는 잘 몰랐는데 천주교·반핵단체가 개입"되어 있다면서 "그 사람들에게 세뇌당한 것"이라고 주장하기도 했다. 한국형 핵발전소 기술에 대한 아랍에미리트의 의구심을 지우기 위해 한국정부는 자국 국민들의 삶의 터전을 망가뜨렸다. 핵발전소 수출의 선결 조건은 밀양 주민들의 희생이었다.

더러운 환경을 만드는 시설로 인한 질병을 앓는 사람은 생물학적 약자이거나 그 지역을 떠날 수 없는 사람들이다. 더러운 노동을 감내해서라도 먹고살아야 하는 사람들은 가난한 나라의 노동자들이다. 핵발전소로 인해 현재 우리가 생산해 낸 쓰레기는 수만 년 뒤에도 위험한 모습 그대로 남아 있게 될 것이다. 이제 미래 세대는 강제로 위험을 상속받게 될 것이다. 세대 간 분배 정의의 실종이다. 여기에 위험에 대한 정보조차 제대로 알려 주지 않았으며, 왜 그곳에 위험이 큰 시설이 들어가야 하는지도 말해 주지 않았다. 몰래 추진하거나, 가난한 사람들이 사는 곳에 추진했다. 그리고 무조건 안전하다고만 말했다. 핵발전소가 그리도 안전하다면 송전탑이 필요 없고 송·배전 과정에서 전력 손실도 없는 도심 한가운데 세우면 될 일이다.

2014년 1월, 핵발전소 주변 주민이 갑상선암에 걸린 것은 방사선을 방출한 핵발전소의 책임이라는 첫 판결이 나왔다. 법원은 고리 핵발전소 인근 주민의 갑상선암 발병에 대한 한국수력원자력의 책임을 인정해 1,500만 원의 위자료 지급을 명했다. 인근 주민 226명의 집단 소송을 필두로 소송은 연이어 계속될 전망이다. 고리 핵발전소가 상업 가동을 시작한 것은 1978년이었다. 그동안 정부는 단 한 번도 인근 주민들에게 핵발전소의 위험에 대해 말해 준 적이 없었으며, 사고가 발생했을 때의 대피와 대응에 대해서도 말해 주지 않았다. 위험에 대한 절차적 정의도 이곳에는 없었다. 마지막으로 정책 결정자들은 위험을 방치했다. 위험한 시설,

위험한 물질, 위험한 상황을 개선하려 하지 않았다. 오히려 더 위험하도록 내버려 두기도 했다.

위험은 그대로 정체되지 않는다. 인간과 자연의 활동에 따라 끊임없이 모습과 크기를 바꾸고 재생산되기도 한다. 하지만 위험을 제어하기는커녕 보이지 않는 곳으로 몰아넣거나 누군가에게 강제로 할당했다. 규제완화라는 이름으로 안전은 이윤의 제물이 되었다. 결국 위험과 관련된 갈등은 계급 간, 지역 간, 혹은 세대 간 갈등이 된다. 위험의 전가를 결정하는 것은 누구인가. 위험은 계급·계층·인종·민족·젠더·지역·연령·세대 간 수많은 불평등, 즉 분배의 부정의를 낳는다. 이 위험의 분배를 누가 어떻게 결정해 왔는가. 이제까지 누가 얼마나 더 위험할 것인가를 결정하는 것은 자본과 그들이 만들어 낸 카르텔이었다. 이 카르텔은 앞서 언급했듯 다수의 이익을 위해 봉사하지 않는다. 그들의 성을 더욱 공고히 하기 위해, 그들의 이윤 창출을 위해 권력과 법과 돈은 움직인다. 그들이 원하는 것은 반항하지 않는 저렴한 노동력이 더 많아지는 것, 쉽게 쓰고 쉽게 버릴 수 있는 잉여 노동력이다. 그들이 원하는 것은 그들의 윤택한 삶을 위해 도시의 쥐처럼 살아가는 인간들일 뿐이다. 탐욕의 제국에 안전은 들어설 곳이 없다. 양극화가 심각해질수록 그들의 특권은 더욱 강해진다. 가진 자들은 '노예끼리 싸움 붙이기' 정책을 통해 구조를 바꾸기보다는 옆의 사람을 끌어내리며 상대적 행복을 꿈꾸게 만들었다. 노예끼리의 싸움은 '무슨 짓을 해서라도 돈만 벌면 된다'는 생각으로 발전한다. 이제 무한경쟁의 아귀다툼이 시작되었다. 생지옥과 다르지 않은 삶은 점점 위험해지고, 위험의 불평등은 깊어 가지만 누구도 이 불합리함에 대해 말하지 않는다.

위험 배분의 부정의는 기존의 사회경제적 불평등을 고착화하는 데 기여하고 있다. 위험은 자본과 손잡고 거래를 한다. 위험을 체계적으로 증폭시킨 자본은 이제 키워진 위험을 강제로 떠넘겨 버렸다. 경제라는 이름, 이윤이라는 이름으로 편안하고 안락한 삶을 누구나 가질 수 있다는 환상과 함께 경쟁을 통해 더욱더 위험을 피라미드 아래로 내려보내기에 여념이 없다. 발밑으로, 더 낮은 곳으로, 보이지 않는 곳으로, 내가 아닌 이에게 위험을 몰아넣는 세계는 과연 정의로운가. 그들은 점점 위험을 회피하는 일을 공동체가 아닌 개인이 모두 스스로 해결해야 하는 사회를 만들고 있다. 그리고 국가가 국민의 안전을 더 이상 책임지지 않는다는 선언은 오늘도 계속되고 있다. 안전한 삶을 영위하는 것은 이제 개인의 책임이 되었다. 그들은 교육을 통해 체계적으로 실패자를 양산하고, 불안하고 위험한 삶은 개인의 책임으로 돌렸다. 게으르거나 열심히 살지 않았기 때문이라고 말한다. 그리고 정작 이러한 시스템을 창조한 자들은 책임에서 멀어진다. 사실 자본과 그의 친구들은 국가의 시스템을 사랑하지 않는다. 공공 영역은 그들을 귀찮게 하는 존재에 불과하다. 오히려 국가는 비효율적 관료주의의 괴물이라고 생각한다. 정부의 규제와 간섭, 제도적 장치가 없다면 완전한 경쟁을 통해 어떤 걸림돌도 없이 이윤을 생산할 수 있다고 믿는다. 그래서 그들은 끊임없이 정부를 추동하며, 관료들과 손잡는다. 정부는 기업의 부도에 대해 구제 금융을 실시해 주었으며, 전기 요금은 물론 각종 세금까지 면제해 주고 있다.

경쟁을 통한 효율

근대국가의 역할 중 하나는 사회에 필수적인 기간망을 구축하고 운영하는 것이다. 국가의 주요한 산업 인프라를 건설하고 제공하는 것. 세금으로 철도와 도로를 깔아 물류를 원활히 하고, 전기와 같은 필수 영역을 건설하며, 통신이나 방송·상하수도를 구축하는 것과 같은 초기 투자비용은 막대하지만 공동체의 운영에는 필수적인 것을 담당해 왔다. 이러한 설비의 특징 중 하나는 '복지'의 영역과 교집합을 이룬다는 것이다. 상하수도, 통신, 방송, 교통, 전기 등과 같은 시설은 삶의 유지에 대단히 중요한 것이거나 삶의 질에 많은 영향을 미치기 때문에 이는 주로 공적 영역에서 관리되어 왔다. 영향을 받는 인구가 막대하기 때문에 (때로는 국가 인구의 대부분이기 때문에) 이러한 영역에서 이윤을 창출하겠다는 목적을 가지면 대단히 많은 사람들의 삶은 위험과 가까워질 수밖에 없다. 하지만 이미 국가가 건설해 놓아 초기 투자도 필요 없으며, 많은 이들이 사용하기 때문에 이익이 꾸준히 보장되는 이 황금알을 낳는 산업을 자본이 모른 척할 리가 없다. 게다가 독점적

지위를 가진 공공 서비스는 기본적으로 '경쟁'이 불가능하다. 땅 짚고 헤엄치는 장사다. 그들의 말대로 상수도를 민영화하면 경쟁을 통해 서비스가 좋아질까. 경쟁이 가능하려면 상수도회사가 10개, 수도꼭지도 10개가 되어야 한다. 거대한 자본은 경쟁이 아니라 '담합'을 통해 가격을 올려 왔다. 통신 사업은 민영화되어 몇몇 대기업의 과점 형태가 되었지만, 가계당 통신비는 단 한 번도 내려가지 않았다. 담배회사가 민영화되어 질이 좋아지기는커녕 값만 올랐다. 기업과 정부는 검은 거래를 통해 우리가 '민영화'라고 부르는 것, 그들이 '경쟁체제를 통한 효율화'라고 부르는 것을 진행해 왔다. 신자유주의가 지구를 휩쓸면서 기업들은 전기, 통신, 교통, 상하수도를 장악했다. 자국의 설비뿐만 아니라 가난한 나라의 기간산업까지 장악했다. 그리하여 우리는 전 세계에서 벌어지는 민영화의 폐해를 마주하고 있다. 볼리비아에서는 물 전쟁이 벌어졌고, 남미와 영국에서는 열차 사고가 발생했다. 미국의 종잇장 같은 의료 시스템은 '아프면 죽거나'와 '병원에서 파산하거나'의 선택지가 되었다. 한국 역시 철도, 물, 의료 등의 민영화 계획에서 자유롭지 않다. 그들은 이제 국가 안에서의 민영화에 만족하지 않는다. 자유무역협정FTA이나 서비스 교역에 관한 일반협정GATS, 세계무역기구WTO를 통한 자유무역에 대해 그들은 서비스의 선진화와 자유화를 확대하여 결국 서민들이 싸고 좋은 물건을 멀리서 공급받을 수 있다고 주장한다. 서비스 영역은 단지 소비재에 국한되지 않는다. 교육, 의료, 보건, 통신, 교통, 에너지 등 모든 부문이

해당된다. 결국 자유무역의 확대, 완전한 무역 장벽의 철폐란 공공 서비스의 붕괴나 다름없다.

자본은 노동자들의 안전 기준, 국가의 보건 환경 기준, 각종 환경 규제나 소비자 보호 조치 등을 원치 않는다. 그리고 그들의 무역협정에는 '역진 방지Ratchet' 조항이 들어 있다. 한 번 민영화된 서비스나 완화된 규제는 다시 되돌릴 수 없다는 규정이다. 굳이 민영화가 되지 않더라도 정부는 공공 부문의 비효율성에 대해 끊임없이 지적하며 효율성과 수익성을 강조한다. 공공 서비스에서 수익성을 강조하는 것은 전 국민의 삶을 이용해 돈벌이를 하겠다는 탐욕과 다름없다. 물, 전기, 가스, 도로를 통해 국가 이윤을 창출하겠다는 것 자체가 공공 서비스의 성격을 망각하는 것이다. 하지만 그들은 공공 기관과 공공 서비스에 대해 이윤을 강조했다. 직원들 간의 경쟁을 유발하고 성과급제도를 도입하고 구조조정을 강행했다. 공공 부문의 비정규직도 늘어 갔다. 이렇게 되면 결국 공공 서비스는 질적으로 하락할 수밖에 없다. 효율과 수익의 논리는 민영화를 위한 사전 포석을 마련하는 작업이 되기도 한다. 위험한 폭주를 막기 위해 공적 통제는 반드시 필요하다. 규제는 소유할 수 있을 때 가능하다. 공공 부문 효율화에 반대하는 노동자들을 비효율에 매몰된 철밥통이라고 비난할 것이 아니라 공공 서비스의 공공성 확대를 위해 연대해야 하는 이유가 여기에 있다. 위험은 이토록 잔혹하게 한쪽으로 기울기 시작했고, 이 무게추는 '자본의 이윤'이었다.

6장.

위험도
정치의
문제다

부의 분배를 결정하는 규칙들은 시대와 나라마다 판이하게 다르다.
그리고 인류가 마음 먹기에 따라 더욱 달라질 수 있다.
— 존 스튜어트 밀

⚠

2006년과 2007년 한국은 미국과의 FTA 협상을 진행하고 있었다. 그리고 2008년 협정 체결이 코앞이었다. 각 분야별 쟁점을 두고 막판 조율이 이루어지면서 관련 내용이 연일 뉴스를 장식했다. 정부가 미국과 쇠고기 관련 수입 조건 개정 협상을 재개한 것은 2008년 4월 11일이었다. 2007년 겨울에 새로 당선된 이명박 대통령은 한·미 정상회담을 하루 앞두고 서둘러 쇠고기 분야에 대한 협상을 마무리했다고 밝혔다. 그리고 4월 19일 MBC 〈PD수첩〉에서 '긴급 취재: 미국산 쇠고기, 과연 광우병에서 안전한가'가 방송되었다. 여론이 들끓기 시작했다. 미국에 대한 굴욕적 협상으로 안전하지 않은, 치명적 질병의 위험이 있는 먹거리가 수입된다는 이야기에 국민들은 '분노'하기 시작했다. 5월 2일 서울 청계광장에 여중고생을 중심으로 한 광우병 위험 쇠고기 수입 반대 촛불집회가 열렸다. 광우병에 대한 공포가 평범한 주부나 청소년들을 덮쳤다. 광우병의 정식 명칭은 소해면상뇌증BSE으로 1986년 학계에 처음 보고된 만성 신경성 질병이다. 이 병은 뇌가 변형 프리온Prion 단백질에 의해 스펀지 모양으로 변해 각종 이상 행동을 보이다 사망하는 인수 공통 질병이다. 1990년 영국에서 처음 발병이 보고되었으며, 그 원인은 동물성 사료를 중심으로 하는 공장식 축산 때문인 것으로 알려져 있다. 이 쇠고기를 먹은 사람 역시 인간광우병인 변종 크로이츠펠트-야코프병vCJD으로 사망하는 것으로 알려져 있으며, 당시까지 이 병으로 인한 사망자는 166명가량이었다.

유럽이 광우병으로 인한 공포에 휩싸이면서 쇠고기 수입국들은 조심스럽게 행동했다. 수입을 중단하거나 선별적으로 수입해 왔다. 유럽연합과 일본은 20개월 미만 소의 살코기만 수입했고, 중국·타이완·홍콩·싱가포르·태국·칠레·코스타리카·니카라과·이집트 등 12개 국가는 30개월 미만 소의 뼈와 내장을 제거한 살코기만 수입했다. 하지만 한국의 쇠고기 시장 개방이 한·미 FTA 체결의 '선결 조건'이었다는 것이 알려지면서 여론은 악화되었다. 2007년 7월 미국산 수입 쇠고기에서 광우병 위험 물질인 등뼈가 발견되면서 수입을 전면 중단한 상황이었기 때문에 2008년 이명박 정부의 쇠고기 수입 전면 개방은 당혹스러운 정책임에 분명했다. 이명박 정부는 광우병 위험이 잔존하는 미국산 30개월 이상 쇠고기는 물론 30개월 이하의 쇠고기도 광우병 위험 부위라고 알려진 특정위험물질SRM까지 수입하기로 결정했다. 먼저 30개월 미만 소의 갈비·등뼈를 포함한 쇠고기 수입을 허용했고, 그 다음으로 '강화된 사료 금지 조처를 공표할 경우 30개월 이상 소의 쇠고기 수입'도 허용했다. 이에 발맞추어 미국 식품의약국은 협상 사흘 후, 동물 사료에 30개월 이상 소의 뇌와 척수 사용을 금한다고 공표함으로써 모든 조건을 완성시켰다.

먹거리 안전에 가장 민감한 집단에서부터 이 사태에 대한 우려를 표명하기 시작했다. 유럽에서 광우병 논란이 동물의 사육 방법에 대한 논란에서 인간의 건강, 그리고 먹거리 안전에 대한 전반적 논란으로 이어졌듯, 한국에서도 인체 유해성 논란에서 시작해 식품 안전의 문제와 정치에 대한 불신으로 발전되었다. 중고생들과 부모들이 수입 개방 반대 여론의 핵심 집단을 이루고 있었다. 이는 수만 명의 국민들이 연일 도심을 점거하고 쇠고기 시장 개방의 반대 집회를 여는 모습으로까지 확산되었다. 4월 29일 〈PD수첩〉의 방송과 5월 2일 청계광장 집회가 이어지면서 여론이 악화되자 이명박 대통령은 '송구'하다는 대국민 담화를 발표했다. 하지만 5월 29일, 정부는 쇠고기 수입고시 발표를 강행했다. 집회 인원은 약 5만 명까지 불어났다. 그리고 6월 10일, 어청수 당시 경찰청장은 광화문에 컨테이너박스를 쌓고 집회에 참가한 국민들을 막아섰다. 광우병과 관련된 과학적 논쟁은 이제 중요한 문제가 아니었다. 정부는 국민들과 소통하고 설득하고 대책을 세우는 과정을 생략했다. 국민들은 안전한 쇠고기만을 수입하도록 하는 '재협상'을 주장했지만 미국 농무부와 한국 농림수산식품부(현 농림축산식품부)는 자신들의 협상이 최선이라고 일방적으로 강조했다. 정부와 여당은 국민들의 우려나 언론의 보도에 대해 '광우병 괴담'이라 부르는 강수를 두었다. 어떤 소통도 거부하겠다는 선언에 다름 아니었다. 갈등은 한국정부와 미국정부 간의 협상테이블을 벗어나 한국정부와 시민들 사이의 논쟁으로 확산되었다. 결국 거리로 뛰어나온 국민들은 106일 동안 촛불을 켰고, 밤이 새도록 경찰의 물대포를 맞으며 매일 밤 도시를 뛰어다녀야 했다.

합리적 소통의 단절은 갈등을 유연하게 바꾸는 데 전혀 도움이 되지 않았다. 정부의 강제진압은 국가권력에 대한 불신과 분노를 불러왔다. 집회의 구호는 위험 쇠고기의 수입 금지, 재협상에서 다른 언어로 확장되었다. 대운하 철회, 의료 및 공기업 민영화 반대, 물 사유화 반대, 공영방송 수호 등 쟁점은 확대되기 시작했다. 정부의 대응은 누그러들지 않았다. 오히려 집회 강제해산에 이어 '광우병 국민대책회의'에 대한 압수 수색을 강행했다. 정부가 수출국의 이해를 국민의 안전보다 더 고려한다는 불신은 수그러들지 않았다. 집회 참가자 혹은 정부의 대책에 반대하는 시민들은 정부가 국가의 주권을 포기했다고 받아들였다. 정부는 이런 여론에 대해 물리적 강압으로 대응했다. 한국사회의 고질병 중 하나인 '반미'나 '종북'이라는 낙인찍기도 등장했다. 정부의 공권력은 건강한 논쟁을 지우고, 저항의 파고만 불러왔다. 불확실한 위험에 대해 정부는 개인이 회피할 문제라 규정했고, 사람들은 정부의 무책임한 행태에 분노했다. 반대자들이 원했던 것은 위험에 대한 정부 차원의 근본적 차단이었다. 하지만 대통령이 정부 정책의 반대자들에게 한 말은 고작 "촛불은 어떤 돈으로 사는가"였다. 결국 여론에 떠밀린 재협상에서 30개월 미만의 쇠고기만을 수입하기로 결정했지만 정부·여당의 지지율은 쉽게 회복되지 못했다. 전문가 집단의 '과학적' 논쟁 역시 이 공간에서는 힘을 잃었다. 양측은 첨예한 갈등을 이어가면서 각자 선호하는 전문가들의 이야기만을 선택적으로 들을 뿐이었다. 전문가 집단에 대한 비신뢰 역시 최고조에 이르렀다. 정부는 반대편 전문가 집단의 이야기조차 '괴담'이라 치부했다.

한·미 FTA와 쇠고기 수입 개방을 둘러싼 갈등 과정에서 정부는 쇠고기의 안전을 강조하기는 했지만 한·미 FTA와 관련된 다른 경제적 논리에 보다 집중했다. 쇠고기 수입협상은 철저히 경제논리에 의해 좌우되었다. 광우병에 대한 전문가와 시민들의 우려, 공포, 불안에 대해서는 어떤 관심도 두지 않았다. 시민들은 광우병이라는 '재앙'에 대해 우려했고, 정부의 정책에 대한 모든 불신을 쌓아 갔으며, '과학적으로 안전'하다는 어떤 말도 신뢰하지 못했다. 정부는 오히려 소통의 단절을 선언하고 관련 장관고시를 강행하거나, '명박산성'을 쌓고 강압적 시위 진압이라는 행위만을 반복했다. 정부는 소통의 단절을 표명했지만, 시민들은 다른 형태의 소통을 시도했다. 인터넷방송과 SNS 등을 통한 소통, 디지털

기기를 통한 소통이 이어졌으며, 피아를 명확히 구분하는 적대적 행위가 숱한 공간에서 쏟아졌다. 정보는 가려지지 않은 채 온라인 공간을 떠돌았다. 누구도 어느 곳에 '신뢰'를 두지 않는 상태에서 대규모 도심 소요사태는 106일간 계속되었다. 정부의 '과학적 근거'조차 국민들의 신뢰를 얻지 못했다. 당연한 일이었다. 먹거리에 대한 불신이 정치에 대한 불신까지 이끌어 내는 데는 그리 오랜 시간이 걸리지 않았다. 정치 조직인 정당의 어떤 대응도 신뢰를 얻지 못했다. 대의민주주의와 정치가 작동 불가능한 상태에 빠져들었다 해도 과언이 아니었다. 비폭력집회의 상징이었던 '촛불집회'를 물리력으로 진압했고 〈PD수첩〉 제작진에 대한 수사에 착수했으며, 집회의 주동자라 판단된 이들에 대한 수배·구속·수감이 이어졌다. '광우병 국민대책회의'에 참여했던 1,842개의 시민사회단체들은 '비영리민간단체 공익활동 지원사업'에 대한 보조금 지원 대상에서 배제되었다. 2008년 한국을 휩쓸었던 일명 '광우병 사태'는 국가의 위험관리 불능이 한 사회에 어떤 혼란과 파국을 불러오는지 여실히 보여 주었다.

유럽에서 1990년대 광우병 논란이 한창일 때 한국은 이에 대한 관심을 보이지 않았다. 기본적인 위험의 인지조차 제대로 되지 않았던 상황이었다. 한·미 FTA로 무역 장벽이 사라지고 논란이 발생하는 과정에서 광우병 위험을 인지하게 되었고, 여기에 언론이 대단히 중요한 역할을 했다. 그리고 위험을 평가하고 산정하는 과정에서 국내외 전문가들의 난립이 일어났다. 각기 다른 방법과 사례를 들며 '아무런 위험이 없다'와 '대단히 위험하다'를 말했고, 그 사이에서 어떤 것이 정확한 정보인지 알 수 없었다. 위험수용의 과정에서 누가 위험을 마주하는지, 누가 이익을 보는지, 공공은 어떤 역할을 해야 하는지에 대한 탐색이 전혀 작동하지 않았던 최악의 사례였다.

위험에 대한 태도

위험은 완전히 사라지지도 제거되지도 않는다. 앞서 언급했듯 위험은 그저 하나의 가능성이며 미래의 일이기 때문에 완벽한 안전이란 존재하지 않는다. 그렇기 때문에 우리는 위험과의 동거 수준을 정해야 하고, 관리하고 통제하는 방법에 대해 고민해야 한다. 인간은 위험을 관리하기 위한, 아니 그보다 먼저 위험의 특성을 알아내기 위한 연구를 해 왔다. 많은 이론이 쏟아져 나왔다. 대형 사고가 발생하기 전에 그와 관련된 수많은 경미한 사고와 징후들이 반드시 존재한다는 것을 밝힌 '하인리히 법칙'이나, 치즈의 구멍처럼 위험은 곳곳에 포진해 있고 그것이 일렬로 이어질 때 사고로 연결된다는 '스위스 치즈모델' 이론 등의 여러가지 법칙은 오랜 시간에 걸친 경험을 기반으로 한 위험의 특성을 분석한 결과이다. 여기에 더해 수많은 안전 장치와 방법도 고안되었다. 기계를 조작하는 인간의 다양한 실수에도 불구하고 사고로 이어지지 않도록 하는 장치인 '페일 세이프Fail-safe'가 가장 대표적이다. 주변에서 쉽게 찾아볼 수 있는 예로는 적정 인원 이상의 사람이 엘리베이터에 탑승했을 때 아예 움직이지 않도록 하는 설계가 있다.

찰스 페로Charles Perrow는 《무엇이 재앙을 만드는가?》에서 '정상사고Normal Accident'를 말했다. 아무런 관계가 없어 보일지라도 일련의 행위가 모여 '사고'로 발전할 수 있다는 것이다. 도미노처럼 이어지는 과정의 하나만이라도 제거한다면 위험은 사고가 되지 않거나 참사로 확산되지 않는다. 하지만 이러한 위험 제어의 방법도 전통적인 위험이나 한정된 공간의 사고에 대한 대책인 경우가 대부분이다. 위험의 종류에서도 언급했듯 새로운 위험은 이러한 전통적 제어 방법으로는 손쓸 도리가 없는 경우도 많다.

그럼에도 우리는 위험과 함께 살아가기 위한 다양한 지혜를 짜내야 한다. 그 과정을 '위험통제'라고 부른다. 위험통제는 위험의 확산이나 전개에 영향을 미쳐 그것이 인간에게 많은 피해를 주지 않도록 하기 위한 의도된 모든 행위를 말한다. 위험의 통제를 위한 최초의 단계는 '위험의 인지'이다. 선험적으로 혹은 과학적으로 어떤 위험의 존재와 그 피해를 '인지'하게 되었다면 이제 그 위험이 누구에게 얼마나 영향을 미치는지 알아야 한다. '위험평가'의 단계이다. 전문가들이 동원되어 어떤 방법으로 얼마의 시간 동안 위험을 평가하고 산정할지, 위험이 얼마의 빈도로 얼마의 파급력을 가지는지, 얼마나 시간이 지나야 위험이 발현될지에 대해 연구해야 한다. 그 후에는 그 평가 결과에 대한 정보를 공개한 후 그 '수용'에 대해 논의를 시작해야 한다. 위험의 속성상 완벽한 제거는 불가능하기 때문에 어느 정도까지 우리가 그 위험을 안고 살아야 할지를 결정해야 하는 것이다.

이것은 과학이나 전문가의 영역이 아니라 사회적 소통과 논쟁의 대상이며, 그 결과물은 정책으로 귀결된다. 이후 어이지는 정책 집행과 평가 역시 사회적 소통을 동반해야 한다. 이러한 과정을 거치기 위해서는 각각의 단계에서 벌어지는 일의 정보가 충분히 공개되어야 한다. 특히 전문가의 영역인 위험평가에서는 더욱 그러하다. 어떤 방법으로 평가했는가, 어떤 모순과 한계를 갖는가, 어떤 가변성을 가지고 있는가. 이를 투명하게 공개하지 않으면 수용의 수위에 대한 충분하고 성숙한 논의를 기대할 수 없다. 논의의 과정에서 가장 중요한 것은 '그들만의 논의'가 아니라 안전에 대한 최우선의 이해당사자, 관련 사회집단, 전문가 등과 함께하는 넓고 깊은 소통이다. 정보를 공개하고, 이해당사자를 모으고, 논의를 진행하고, 정리하고, 다시 논의를 이어가면서 최선의 결과물을 도출하는 과정은 공동체의 행정에 주어진 의무다. 논의를 거듭하면서 공동체는 이 위험과 어떻게 살 것인가를 결정해야 한다. 결정의 과정에 동원되는 수많은 질문들은 일부 해소되기도 하고, 남겨지기도 한다.

여기서 가장 핵심이 되어야 하는 질문은 '위험이 얼마나 정의롭게 분배되었는가'이다. 위험회피의 문제에서 승자와 패자는 누구이며 각기 얼마나 위험의 영향을 받는가, 갈등은 얼마나 매끄럽게 조정되었는가는 대단히 중요한 질문이다. 이제 수용의 여부와 수위가 결정이 되었다면 이를 '정책'으로 선택하여 집행하게 된다. 이제 이 위험을 당초 결정했던 수위에서 벗어나지 않도록, 혹은 다른 양상으로 발전되지 않는가를 관리하고 관찰하고 또 그 정보를 공유하는 일이 진행된다. 그리고 정책에 대한 평가와 피드백이 뒤따르게 되고, 다시 이 과정에서 새롭게 인지되는 위험은 없는지를 고려해야 한다. 이 모든 단계가 위험관리의 세 가지 영역이라 불리는 위험분석Risk Analysis, 위험소통Risk Communication, 위험관리Risk Management이다.

전문가와 행정: 위험분석과 위험소통

대체로 위험을 인지하거나 식별하는 것은 전문가의 영역이다. 어떤 위험은 전문적 장비나 지식이 있어야 알아차릴 수 있다. 특히 새로운 기술로 인한 위험일수록 더더욱 그러하다. 위험을 평가하는 것, 연구하는 것은 철저히 전문가의 몫이다. 최근까지도 한국에서는 '식품첨가물' 논쟁이 있었다. 화학물질로 범벅이 된 식품첨가물에 관한 안전성 논란이었다. 아이들이 자주 먹는 과자는 물론, 햄이나 소시지와 음료까지 거의 모든 음식에 포함되어 있다는 그 식품첨가물은 과연 먹어도 안전한 것인가. 아이들에게 어떤 질병을 일으키거나 아프게 하지는 않을까. 사람들은 걱정했다. 식품회사들은 '트랜스지방 0그램'이라든가 첨가물이 없다는 제품을 조금 더 비싼 가격에 내놓기 시작했다. 한쪽에서는 안전하다는 말도 오갔다. 누구도 알 수 없는 노릇이었다. 도대체 얼마나 먹어야 안전한 것인지, 이 식품에는 어떤 첨가물이 얼마나 들어가 있는지 믿을 수가 없었다. 이것은 철저히 전문가들의 영역이었다. 과학이 해결해 주지 않으면 안 될 일이었다. 제법 긴 시간 동안 한국사회에서는 식품첨가물에 대한 과학적 공방이 오갔다. 앞서 사례로 언급한 광우병 사태 역시 마찬가지다. 어떤 쇠고기를 어떤 조리법으로 얼마나 먹으면 안전한 것인지, 정말 미국의 목축 시스템은 한국보다 안전한 것인지 일반인은 절대 알 수 없다.

광우병 사태 당시 생물학연구정보센터BRIC는 초창기인 2008년 4월 30일부터 온라인 자유게시판에서 광우병에 대한 집중 토론을 벌였다. 또 한국과학기술단체 총연합회, 한국과학기술한림원, 한국과학기술연구원, 한국생명공학연구원, 한국생명공학연구협의회, 인도주의실천의사협의회 등은 5월 7일부터 약 보름간 광우병 위험과 안전을 놓고 논쟁을 벌였다. 결국 '진영 논리'로 귀결되긴 했지만 전문가들 사이에서도 위험을 평가하는 것은 대단히 예민한 문제다. 그럼에도 위험의 평가는 전문가의 역할이다.

언급했던 것처럼 전문가들에게 또한 무조건적 신뢰를 보내긴 어렵다. 과학기술의 영역에서조차도 정확한 위험평가를 실시하거나 위험을 분석해 내는 일이 쉽지 않기 때문에 그들이 어떤 방법으로 위험을 평가하고 산정했는지, 한계나 모순은 없는지 확인하고 재평가해야 한다. 과학이나 전문가들의 영역은 대단히 비공개적이거나 기업의 이윤 논리의 영역에 포섭되어 있거나 하는 경우가 있어 그들의 연구 자체를 신뢰하기 어려운 경우도 있으며, 위험을 정확하게 예측해 낸다는 것 자체가 어려운 일이기도 하다. 실험실 안에서 파악하는 위험과 현실에서 벌어지는 위험은 전혀 다른 과정과 결과를 가져오기도 하며, 과학기술 그 자체가 완벽하다고 할 수도 없기 때문이다. 앞서 기술한 대로 그들의 연구에 돈을 대는 이들의 카르텔이 존재하는 한 '객관적' 연구라는 것은 존재하기 어렵다. 그렇기 때문에 전술한 '사전예방의 원칙'은 위험관리의 과정에서 중요하게 다루어져야 하며, 그들의 연구 과정과 방법에 대한 정보 공개와 소통이 이루어져야 한다. 전문가들이 제대로 위험평가를 하게 하는 일, 그 또한 위험관리의 핵심요소다.

위험이 평가되었다면, 그래서 위험의 크기와 빈도가 파악되었다면 그것을 알리는 일, 그리고 사회적 논의를 시작하는 일은 행정의 몫이 된다. 전문가들의 위험평가를 가지고 어느 정도까지 이 위험과 함께 살 것인가를 판단하는 과정에서 반드시 진행되어야 하는 것은 '소통'이다. 기업, 시민사회단체, 이해당사자, 시민(여론), 정치인, 관료 등과의 직접적 소통은 물론 미디어를 통한 간접적 소통까지 모두 꼼꼼하게 충분한 시간을 가지고 이루어져야 한다. 이 소통의 공간을 조직하고 실행하고 정책에 반영케 하며 피드백을 받는 일련의 과정은 행정의 영역이다. 충분한 신뢰를 쌓을 수 있도록 정보를 제공하고, 공론의 장을 만들고, 반영토록 하기 위해 공적 영역은 행정력을 발동해야 한다. 이를 위해 가장 먼저 정확한 정보를 투명하게 공개하고 전달해야 한다. 이어서 이로 인한 갈등을 파악하고 조정과 중재를 이끌어 내는 일이 뒤따르게 된다. 사회적 수용의 수위를 결정하기 위한 이 단계는 대단히 지루하며 엄청난 사회적 비용을 투입해야 하는 일이기도 하지만, 위험수용에 대한 신뢰를 얻기 위한 핵심적 과정이며, 끊임없이 반복되어야 하는 일이다. 이는 민주주의 작동의 기본 원리이기도 하다. 소통을 반복하는 과정에서 신뢰가 쌓이고, 이를 기반으로 위험의 수용 정도가 결정될 것이다. 결국 얼마나 유기적인 소통이 이루어졌는가는 위험수용에 지대한 영향을 미치게 된다.

직접 소통 외에도 미디어를 통한 간접 소통의 방법도 있다. 언론은 스스로 소통의 주체가 되기도 하고, 은폐된 정부의 정보를 폭로하기도 하며, 위험상황 시 정확한 정보를 알리고 대비와 수습에 대한 정보의 전달자 기능을 하거나 여론의 흐름을 주도할 수도 있다. 단적인 예로 세월호 사고 당시 언론은 제대로 된 정보를 제공하지 않아 구조와 수습에 혼선을 초래했으며, 오보를 거듭하거나 선정적 보도에 집중한 나머지 '기레기(기자+쓰레기)'라는 오명을 얻기도 했다. 사실 언론은 종종 스스로 기득권으로서 기꺼이 카르텔의 일부가 되기도 한다. 광우병 사태 당시에도 언론은 시위대의 폭력적 모습에 집중하거나 정부의 일방적 정책 홍보의 수단으로 전락하기도 했다.

한국에서 위험소통이 제대로 이루어진 사례는 거의 없다. 위험을 수용하는 일은 정부가 국민 몰래 진행해 왔거나 강제적으로 진행되어 왔다. 정확한 정보를 전달하거나 이해당사자와 대화를 하기 보다는 돈으로 매수하거나 일방적으로 강행하는 경우가 대부분이었다. 한국사회에서 방사능폐기물 처리장 건설과 관련된 논란은 1986년부터 2005년에 처리장 부지가 경주로 최종 확정되기까지 긴 시간 동안 깊은 상처를 남겼다. 대체로 주민들도 모르는 사이에 결정되었고, 돈을 미끼로 더럽고 위험한 시설의 건설을 종용했다. 설득의 과정은 부정과 비리로 얼룩졌다. 마을 주민들 개개인을 돈으로 매수하거나 그들에게 선물을 주는 일부터 시작해서 찬반투표 자체를 조작하기도 했다. 지역의 공동체는 갈등과 불신으로 반목하게 되었다. 부지 선정에 언급된 모든 지역이 황폐화되었다고 해도 과언이 아니었다. 최근 밀양의 초고압 송전탑 건설 과정 역시 마찬가지다. 국가의 정책에 반대하는 이들을 '님비NIMBY'라 치부했다. 위험을 일방적으로 감내해야 하는 당사자들을 '이기적'이라 비난했다. 위험을 수용하는 과정에서 발생하는 갈등에 대한 소통 요구는 그 자체로 한국 시민운동의 역사이기도 하다.

환경 문제뿐만 아니라 안전한 먹거리나 쾌적한 주거 등과 같이 일상에서 사회경제적 약자가 받는 위험을 최소화하기 위한 공공의 노력과 역할이 '복지'라는 것은 앞서 언급한 바 있다. 하지만 복지 정책을 결정하는 과정 역시 불통이기는 매한가지였다. 복지의 수준을 결정하는 일은 여의도와 종로를 중심으로 하는 몇몇 소수 집단의 전유물이거나, 선거 시즌 한철 언어의 향연에 불과하기도 했다. 누구도 그 현황과 수준에 대해 제대로 된 이야기를 가지고 사람들과 소통하고 토론하고 논쟁하지 않았다.

정치: 위험관리

스웨덴 역시 핵발전소를 가진 나라다. 스웨덴의 핵발전 관련
국가 정책은 롤러코스터를 탔다. 집권당에 따라 180도 다른 행보
를 보여 주었던 것이다. 보수정당이 집권했을 때는 확대 계획을,
진보정당이 집권했을 때는 단계적 철폐를 약속했다. 핵발전소를
폐기하는 것은 과학의 문제인가, 행정의 문제인가, 아니면 정치의
문제인가. 후쿠시마에서 4개의 핵발전소가 연이어 폭발해 심각한
수준의 방사능이 일본의 동북부를 덮쳤다. 사람들은 자신의 마
을이 얼마만큼의 방사능에 오염되었는지, 그래서 어떻게 대처해
야 하는지 궁금해 했다. 막연한 두려움과 공포 속에서 살아야 하
는 상황을 답답해 했다. 이런 국민들에게 일본정부가 한 일은 '방
사능 허용 한계치'를 상향조정하는 것이었다. 그리고 그들은 말했
다. "한계치 이하이기 때문에 안전하다." 위험수용의 수준을 결정
하는 일, 그것은 정치다. 전문가들과 행정의 영역으로부터 충분한
정보를 제공받고, 논의하고, 숱한 질문에 대한 토론의 과정을 거
치면서 공동체는 어디까지의 위험을 끌어안을 것인가에 대한 답
변을 도출한다.

이 과정은 대단히 혼란스러울 것이다. 하지만 이것은 민주주
의 제도를 가진 공동체의 최소한의 의무이기도 하다. 물론 제도의

작동 특성에 따라 공동체 간에 약간의 차이는 있을 수 있지만 위험을 분배하는 일에는 승자와 패자가 있기 때문에 당연히 그것의 수용을 결정하는 일 또한 계급적이며, 정치적인 행위가 된다. 완전한 안전은 없다. 위험이 존재한다면 그에 대한 수용과 분배를 두고 벌어지는 사회적 갈등은 당연한 일이 된다. 그렇기 때문에 위험관리가 얼마나 잘 되었는가에 대한 평가는 얼마나 분배가 잘 이루어졌는가에 대한 판단과 맥락을 같이한다. 물론 위험을 더 많이 수용할수록 경제적 이익이나 편익은 커질 수 있다. 핵발전소와 방사능폐기물을 안고 살면서, 현재의 거대한 에너지를 만들어 내는 시스템 안에서 살 수 있을 것이다. 하지만 일정 한도 이상의 중대한 위험을 원하지 않는 사람들이 위험을 고스란히 감내해야 하는 것을 사회적으로 허용해서는 안 된다. 이는 사회정의의 문제다. 위험을 분배하는 일련의 과정이야 말로 정치적 행위, 그 자체가 된다. 일방적으로 정부에 의해 살던 터전에서 쫓겨나야 하는 사람이 있다면, 정부 정책에 의해 특정 집단만이 높은 수준의 위험에 노출되는 일이 발생한다면 이는 위험관리의 실패다. 시간이 걸리더라도 소통하고, 갈등을 조정하고, 중재하는 것이 위험관리의 핵심인 것이다.

방사능 위험을 수치로 말하는 것은 전문가들이지만 집단의 행정력으로 소통을 조직하고, 정보를 제공하며, 사람들은 그에 대해 선택해야 하는 것. 그리고 전문가들의 연구 과정을 공개하도록 하고, 정확한 정보를 논의하는 일. 이러한 위험관리를 우리 사회는 얼마나 충실히 해 왔는가. 위험관리의 핵심은 위험과 편익이 누구에게 귀속되는가이다. 우리는 위험의 수용 정도를 결국 어떤 식으로든 결정을 내릴 것이겠지만 누구의 합리성과 누구의 이익에 편승해 결정했는가는 끊임없는 문제로 남게 된다. 이것은 결국 정치적 성격을 띠고 있기에 정치적·사회적 논쟁이 된다. 그러므로 위험의 분배는 대단히 정치적 행위이자, 바로 우리 자신의 이야기라고 말할 수 있다. 정치는 멀리 있는 것이 아니며, 자신의 위험으로부터 회피하기 위해, 집단이 가장 정의로운 방법으로 위험을 분배하기 위해 작동되어야 한다.

책임과 처벌

1987년 3월 6일, 아직은 쌀쌀한 날씨의 유럽 북부였다. 저녁 7시, 영국의 헤럴드 오브 프리 엔터프라이즈호(이하 엔터프라이즈호)가 벨기에의 지브뤼게항에서 영국의 도버항을 향해 떠났다. 배는 출발한 지 고작 2분 만에 기우뚱거리기 시작했고, 순식간에 가라앉아 버렸다. 항구에서 고작 1,500미터밖에 떨어지지 않았고, 바다의 깊이는 겨우 10미터밖에 되지 않았다. 하지만 이 사고로 총 459명의 승객 중 193명이 사망했고, 4명이 실종됐다. 여론이 악화되었다. 도대체 왜 이토록 많은 사람이 죽어야 했는가. 진상 조사가 시작되면서 국민들의 분노는 극에 달했다. 배는 항구를 출발하면서 뱃머리의 문을 닫지 않았다. 부갑판장은 출항 4시간 전에 술을 먹고 잠들어 버려 문을 닫지 않았고, 선장은 이를 확인하지 않았다. 사실 배는 문이 닫히지 않아도 출발할 수 있도록 되어 있었고, 경보등과 같은 설비는 없었다. 최종 확인을 하는 매뉴얼도 없었다. 오히려 문을 닫지 않고 항해하는 것이 파고가 높지 않은 북해에서는 관례에 가까웠다. 더욱이 지브뤼게항은 수심이 얕았기 때문에 선박에 차량을 싣기 위해 물을 넣어 높이를 맞춰 놓았다. 항해 전 이 물을 빼야 했지만, 다른 배들이 기다리고 있는 데다 출항 시간이 늦었다는 이유로 그냥 항해를 시작했다. 제시간에 출발하지 못한 배는 속도를 붙였다. 물은 급속도로 배 안으로 쏟아져 들어왔다. 그렇게 배는 출항과 동시에 가라앉아 버렸다. 이 배는 세월호와 같은 종류의 배였다. 로로Roll-on Roll-off, Ro-Ro선 방식의 페리로 승객과 화물 및 자동차도 실을 수 있어 매우 편리하지만 차가 드나드는 공간(카램프)이 밀폐되지 않으면 침수가 매우 쉽다는 단점도 가지고 있다. 세월호와 다르게 엔터프라이즈호는 항구에서 가까운 곳에서 사고가 발생한 탓에 구조는 빨랐다. 몇 분만에 헬기와 잠수부·구조 선박이 달려왔고, 그나마 피해를 줄일 수 있었다. 그리고 이 사고는 유럽의 선박 안전 강화의 계기가 되었다. 이후 모든 페리선에는 선박 앞문이 완전히 닫혔다는 것을 알려주는 신호등 설치가 의무화되었다.

사고의 진상 조사 과정은 영국 국민들에게 모두 공개되었다. 영국 사상 최대의 청문회도 이뤄졌다. 사람들은 허술한 관리와 운항을 해 온 여객선회사에 분노했고 처벌을 요구했지만, 영국의 사법 체계는 '법인'에 책임을 물을 수 없도록 되어 있었다. 도대체 이 살인의 책임은 누구에게 지울 것인가. 영국 전체가 어려운 질문에 답해야 했다. 기업에도 형사상 책임을 지울 수 있는가. 업무 형태와 관례라는 기업의 구조가 사람을 죽였다. 하지만 살인이나 과실 치사 등의 혐의를 '법인'에 적용한 경우는 없었다. 살인죄를 적용받기 위해서는 회사의 책임자가 결정적 위험에 대한 책임이 있고, 위험을 알고 있었지만 묵인했다는 것을 증명해야 했다. 이는 쉽지 않은 일이었다. 대체로 직접적 책임은 가장 말단 직원이나 안전관리자에게 있었다. 매뉴얼이 제대로 지켜지지 않았다는 것을 알고도 상급자가 직접 지시를 했다는 증거를 대지 않는 한 처벌은 담당자의 몫이었다. 한국에서도 건설 현장을 비롯한 많은 사업장에서 안전관리자는 비정규직이거나 한직, 비인기 직종이다. 잘하면 본전, 못하면 무한 책임을 지는 자리는 말단 직원에게 주어져야 할 자리가 아님에도 사고의 책임은 그들에게 지워진다. 영국에서도 마찬가지였다.

여객선회사의 변호사들은 사고의 책임을 승무원들에게 돌렸다. 운항과 안전에 관한 모든 책임은 승무원에게 있다고 강변한 것이다. 결국 재판 과정에서 회사가 적절한 매뉴얼과 설비를 제대로 갖추지 못했고, 승무원들에게 제공하지도 않았다는 사실이 밝혀지면서 책임은 회사의 경영진에게 더해졌다. 임원 7명이 기소되었다. 하지만 고위직 임원들은 직접적 책임이 없다는 이유로 무죄 판결을 받았다. 증거 불충분이 사유였다. 그들이 적절한 운영 매뉴얼을 제공하지 않았던 것은 번거롭고 귀찮았으며, 더 많은 짐과 손님을 싣는 일 외에는 관심이 없었기 때문이었다. 하지만 이를 처벌할 수는 없었다. 법인은 개인이 아니었고, 법인을 처벌한다는 것에 대한 법리적 해석이 분분할 뿐이었다. 영국 국민들은 개인과 동등한 자유를 누리는 법인이 책임에서 자유롭다는 것에 이해할 수 없다는 반응이었다.

영국사회는 엔터프라이즈호 사건을 통해 법인 시스템이 가진 비도덕성과 비윤리성을 확인했고, 법인에 살인 사건의 책임을 물어 처벌해야 한다는 여론을 수렴했다. 그리고 이 여론을 반영한 제도를 갖추기까지 끊임없는 토론을 거쳤다. 마가렛 대처Margaret Thatcher 총리의 신자유주의에 대한 비판 여론도 높아져 가던 시기였다. 대처는 1979년 '영국병'을 고치겠다며 작은 정부를 외쳤다. 재정지출 삭감, 공기업 민영화, 산업 재편, 규제완화, 경쟁 촉진, 고용 유연화를 실현하며 노동조합과의 '전쟁'도 불사했다. 교육과 의료에 대한 재정 지원을 축소했다. 기업에 대한 전폭적 지원이 비윤리적 행위를 부추긴 것 아니냐는 여론도 확산되었다. 그리고 1997년 5월 치러진 선거에서 보수당은 노동당에 참패했다. 노동당은 국민들에게 법인을 형사처벌의 대상으로 삼는 법안을 만들겠다고 약속했다. 약속은 지켜졌다. 3년이 지난 2000년 5월 노동당 정부는 기업의 살인에 대한 처벌을 규정하는 법률안 제정 권고를 받아들였고, 이를 총선 공약으로 내세웠다.

재집권에 성공한 노동당은 2003년 '기업과실치사 및 기업살인법Corporate Manslaughter and Corporate Homicide Act(이하 기업살인법)'의 초
안을 완성했으며, 법은 2007년 의회를 통과해 2008년부터 시행되
었다. 이 법은 말 그대로 법인의 행위로 인한 사망 사고에 대해 개
인과 마찬가지로 처벌할 수 있도록 하는 법이다. 이 기업살인법은
결코 노동당의 정치적 약속만으로 제정되지 않았다. 유가족과 피
해자들, 비정부기구와 노동조합이 함께 끊임없이 세상을 추동했
다. 고통을 말하고, 억울함을 호소했다. 근본적인 처벌이 필요하다
고 반복해서 강조했다. "벌금 때문에 회사가 파산한다 해도 이것
은 불행하지만 필연적인 결과다." 2011년 기업살인법의 첫 적용 판
결에서 했던 판사의 말이다. 법의 제정 이후 최초로 이 법이 적용
된 사건은 지질환경 측정회사의 노동자가 시험 광구에서 샘플을
채취하다 사망한 사건이었다. 유죄 판결에 따른 벌금은 회사 연매
출의 250퍼센트에 달하는 금액이었다. 법이 없었다면 하지 못했
을 판결이었다. 물론 이 법의 제정에 가장 큰 영향을 미친 사건이
었던 엔터프라이즈호 사건의 경우 결국 사장이나 임원들에 대한
처벌도 법인에 대한 처벌도 하지 못했지만, 영국에서는 이 법의
제정 이전과 이후에 산업재해 사망 사고에 대한 처벌이 극과 극으
로 달라졌다. 적극적 안전 조치를 하지 않았던 기업 역시 사망에
책임이 있다는 인식이 대중들에게 확산되었다. 한국에도 물론 산
업안전보건법이 있다. 하지만 이 법은 원청업체에 대한 책임도 물
을 수 없으며, 벌금도 아주 미미할뿐더러 법인에 대한 형사처벌과
는 거리가 멀다.

위험의 논의에서 책임과 처벌은 대단히 중요한 요소다. 위험은 예방하고 사전에 미리 도미노의 고리를 끊는 것이 가장 중요하다. 하지만 위험이 발현되기 전의 모든 조치가 실패했을 경우 그에 대한 책임은 당연히 물어야 한다. 단지 책임과 처벌을 넘어 비슷한 사례가 발생하지 않도록 사회 전체가 학습하는 것 또한 당연한 일이다. 물론 위험의 책임을 묻는 일은 쉽지 않다. 우리가 살고 있는 사회는 대단히 복잡하며 그 인과관계를 제대로 따지기 어렵기 때문이다. 영국의 여객선 사고 사례에서 보여지듯 개인이 사고를 촉발했다고 하더라도, 어쩔 수 없는 시스템하에서 벌어진 일이라거나 인간의 실수Human Error를 제대로 고려하지 않은 상태에서 벌어진 사고라면 개인에게 모든 책임을 물을 수 없다. 하지만 부실한 안전 설계와 같은 다른 요인이 얽혀진 사고까지 개인에게만 책임을 지운다면 사고의 예방에도 결코 효과적이지 않을 뿐더러, 그 사회는 사고에서 어떤 교훈도 얻을 수 없기 때문이다.

공포의 연대와 정치

1892년, 미국의 윌리엄 T. 러브William T. Love라는 사람은 야심 찬 사업계획을 생각했다. 나이아가라 폭포 때문에 나이아가라 강과 대서양의 뱃길이 막혀 있는 상황이었다. 그는 여기에 운하를 건설해 배를 다닐 수 있게 한다면 엄청난 부자가 될 수 있다고 생각했다. 하지만 대형 공사를 계속 진행하기에 그의 돈은 충분치 않았다. 결국 운하는 완공하지 못했고, 길이 1.6킬로미터, 폭 약 14미터, 깊이 3~10미터 정도의 거대한 구덩이만 남기고 말았다. 이 엄청난 구멍의 이름은 '러브 캐널Love Canal'이 되었다. 시간이 흘러 1920년, 이 땅은 나이아가라 시에 팔렸다. 나이아가라 시는 이 거대한 구덩이를 온갖 화학폐기물을 버리고 묻는 데 사용하기 시작했다. 다종다양한 화학폐기물과 석유화학폐기물을 쏟아부었다. 1942년부터는 후커Hooker Chemical and Plastics사가 여기를 매입해 폐기물을 버리기 시작했고 1947년까지 5년 동안 약 2만 2,000톤의 독성폐기물을 묻었다. 거대한 구멍은 가득 찼다. 결국 1952년 매립은 중단되었고, 약 1.2미터 정도의 진흙으로 덮어 버렸다. 당시 나이아가라 시의 인구는 처음 운하를 파기 시작했을 때보다 늘어나 있었다. 시의 지역학교위원회는 학교를 건설할 부지를 찾고 있었고, 후커사에 땅을 사겠다는 의사를 표명했다. 회사는 이곳에 폐기물이 묻혀 있다며 팔지 않겠다고 했지만 결국 지역학교위원회의 강력한 매입 요청이 통했다. 토지소유권의 복잡한 문제 때문에 골치가 아팠던 후커사는 단돈 1달러에 이 땅을 팔았다. 1957년, 이곳에 학교를 세우고 하수도관을 설치하는 공사가 시작되었다. 폐기물을 덮고 있던 진흙층은 쉽게 부서졌다. 그리고 진흙층 아래에 있던 화학물질의 봉인이 풀렸다. 화학물질은 마을의 공기를 오염시키고, 땅속으로 스며들기 시작했다. 마을에는 악취가 진동했고, 정체불명의 물질이 마당을 적셨다. 사람들은 병들어 가기 시작했다. 아이들은 날 때부터 병들어 있었고, 사람들의 몸에는 갖가지 질병이 생겼다. 마을 사람들은 그곳에 묻힌 폐기물을 원인으로 지목했지만 지역학교위원회와 후커사는 이를 부인했다. 1977년, 나이아가라 시 당국은 지하수가 더러운 화학물질에 오염되어 있다는 것을 발견하고도 아무런 일도 하지 않았다. 학교도 마찬가지였다.

로이스 깁스Lois Gibbs는 아들의 간 질환과 만성 천식과 같은 질병이 그 구덩이 속 화학물질 때문이라고 생각했다. 전학 요구는 거부당했다. 그는 학부모들을 일일이 찾아다니기 시작했다. 홀로 학교의 아이들이 어떤 질병을 앓고 있는지 조사하기 시작했다. 아픈 것은 자신의 아들뿐만이 아니었다. 아이들은 비가 오면 학교 운동장의 고인 물에서 뛰어놀았다. 결국 20여 년이 흐른 1978년 뉴욕 시 보건 당국에 의한 건강 영향 역학조사가 시작되었고, 언론에 이 사건이 보도되기 시작했다. 주민들의 유산율은 다른 지역에 비해 4배가 높았다. 1973~78년 사이에 태어난 아이들 16명 중 9명이 정신박약, 또는 심장 질환이나 신장 질환을 갖고 있는 등 선천성 기형아였다. 1978년 8월 결국 지미 카터Jimmy Carter 대통령은 이 지역을 '연방비상 지역(환경재난 지역)'으로 선포했다. 인근에 거주하던 238가구에 대한 즉각 이주를 명했다. 학교는 폐쇄되었고, 본격적 조사가 시작되었다. 조사 결과, 벤젠 등 11가지의 발암물질이 마을을 떠돌고 있었으며, 폐기물에서 뿜어져 나온 독성물질이 토양이나 지하수를 오염시키고 실내 공기까지 오염시켰다는 것을 확인했다. 1980년 5월 미국 환경보호청EPA은 인근 주민의 암이나 생식 이상, 염색체 손상에 대한 연관성을 확인했으며, 대통령은 1,500가구에 대한 이주와 보상을 약속할 수밖에 없었다. 3차에 걸친 2억 5,000만 달러짜리 복구작업이 진행되었고, 미의회는 슈퍼펀드법CERCLA을 통과시켰다. 이 법은 원인자 보상에 대한 법이었다. 1995년에 환경보호청은 해당 회사가 1억 2,900만 달러의 배상을 하도록 조치했다. 러브 캐널 지역은 여전히 사람이 살 수 없는 땅이다. 그저 눈에 보이지 않게만 조치하면 될 것이라 생각했던 일, 기업도 국가도 외면했던 일은 결국 '부모'의 힘으로 세상에 알려졌다. 숱한 아이들과 주민들이 병들고 난 후에야 국가는 관련 대책과 예방 차원의 법안을 통과시켰다.

울리히 벡은 저서《위험사회》에서 "불안(공포)의 연대"를 말했다. 산업사회가 결핍(빈곤)의 연대를 추동해 왔다면 이제는 위험에 대한 연대가 새로운 정치의 중심으로 작동한다고 본 것이다. 일례로 광우병 사태는 이제 기존의 전통적으로 조직되었던 계층이나 계급이 아니라 청소년이나 주부를 중심으로 조직되었다. 그리고 이러한 연대는 소규모 공동체를 중심으로 활발하게 확산되고 있다. 후쿠시마 핵발전소 사고 이후 먹거리 안전을 걱정하는 사람들은 식재료를 생산자와 직거래하거나 협동조합의 형태로 공급받는 일을 선택하기도 했다. 지역 단위의 정치에서 핵심적으로 작동하는 기제로 '위험'이 부상하기 시작한 것이다. 과거의 빈곤이 아닌 위험이 새로운 의제로 떠올랐다면 우리가 평등이라 부르던 단어는 이제 안전으로 대치될 수 있다.

같은 맥락에서 이제는 정의로운 부의 분배를 넘어 정의로운 위험의 분배가 새로이 고민해야 할 핵심 정치 의제가 되었다. 위험은 그 분배 과정에서 정치적 행위가 결합되지 않는다면 일방적으로 힘없는 자들에게 전가되거나 소수의 이익만을 대변하거나 혹은 오로지 경제적 논리에 의해 좌우될 것이다. 위험관리의 기준을 자본(혹은 그와 결탁한 정치)에 맡길 것인가. 자본은 위험을 감소시키는 데 관심이 없다. 그들은 위험을 눈앞에서 보이지 않는 곳으로 청소하는 데 관심이 있을 뿐이다. 안전과 비용은 교환 관계에 있는 경우가 대부분이기 때문이다. 자본은 이윤을 위해 대중에게 위험을 숨기는 일도 서슴지 않는다. 그들이 원하는 것은 대중들이 위험에 대해 잊는 일이다. 위험의 분배가 '정의'로운 과정과 결과를 얻어야 하는 이유가 여기에 있다.

2014년 연말 예산심의에서 국회 산업통상자원위원회 소속 새누리당 의원들이 요구한 예산이 증액되었다. '원전의 국민수용성 제고를 위한 공공 커뮤니케이션 강화 사업' 예산이었다. 공공 커뮤니케이션은 핵발전소의 수용과 안전에 대한 토론이 중심이어야 하는 것이지, 원전을 수용하라고 일방적으로 홍보하는 것이 아니다. 정부 시책에 대해 무조건적 수용을 요구하는 세뇌를 커뮤니케이션이라고 부르지 않는다. 우리는 모두가 정치인이다. 살아가는 모든 순간에 정치적 행위와 정치적 결정을 한다. 직업이 정치인인 사람들만 정치를 하는 것이 아니다. 위험에 관한 논의에서도 마찬가지다. 위험이 정치적 의제이며, 위험을 얼마큼 정의롭게 수용할 것인가가 정치라면 우리는 이제 정치를 외면할 수 없다.

후쿠시마 핵발전소 사고가 발생했을 당시 일본의 총리였던 간 나오토菅直人는 말했다. "어릴 때부터 과학기술자가 되고 싶다고 생각했다. 하지만 과학기술이라는 것이 인간을 행복하게 만들기도 하지만 반대로 불행하게 만드는 경우는 없는지 의문했다. 가장 쉬운 예로 핵무기가 있다. 일본의 공해 문제도 마찬가지였다. 여러 가지 물건을 효율적으로 만드는 것은 인간을 행복하게도 하지만 인간이나 환경을 오염시키기도 한다. 그리스신화에 프로메테우스에 관한 이야기가 있다. 불을 모르는 인간을 본 그가 불을 전달했지만, 제우스는 분노했다. 불을 사용하게 된 인간은 이제 큰 재앙을 겪게 될 것이라 경고했다. 프로메테우스는 바위산에 묶여 영원히 독수리에게 간을 쪼아 먹히는 형벌을 받았다. 프로메테우스의 불은 어쩌면 과학기술일지도 모른다. 과학기술에는 양면성이 있다. 결국 인간을 불행하게 만드는 과학기술을 줄이는 것, 그것이 정치의 역할이라고 생각했고, 나는 정치인이 되었다."

7장.

민주주의와 연대: 정의로운 위험의 분배를 위해

"정치 따위 우리하고 무슨 상관이냐"
그 한마디는 그 말을 한 사람의 권리 박탈 선언이나 마찬가지이다.
정치는 자신을 경멸한 사람에게 반드시 복수하는 법이다.
— 율리안 민츠 《은하영웅전설》 중에서

⚠️

사망자만 192명, 부상당한 사람은 151명. 최악의 참사라 불렸던 대구지하철 참사의 인명피해 규모다. 한국에서 벌어진 철도 사고 중 가장 많은 인명 피해를 기록한 사건이기도 하다. 2003년 2월 18일 대구지하철 1호선 중앙로역 아침, 누군가 지하철 객차 안에서 불을 질렀고, 혼자 있던 1080호 열차의 승무원은 '마스터 콘트롤 키'를 뽑고 도망쳤다. 문은 열리지 않았고, 애절하고 가슴 아픈 마지막 문자와 통화만 가득히 세상에 남겨 둔 채 사람들은 죽어갔다. 사람들은 기관사를 욕했다. 변명의 여지가 없었다. 지하철 공사의 직원 5명도 사망했지만 192명의 사망자와 유가족 앞에서 어떤 말도 할 수 없었다. 잘못한 일이었다. 승무원은 비상 상황이 발생했을 때 가장 먼저 승객의 대피를 위한 조치를 취했어야 했다. 하지만 그때 승무원이 한 사람이 아니었다면 어땠을까. 승무원이 도망을 쳤더라도 객차의 문을 쉽게 수동으로 열 수 있도록 되어 있거나 의자가 불에 타지 않는 소재였다면. 의자 밑에 방독면이라도 있었더라면. 평소에 훈련이 잘 되어 있었더라면. 사고가 참사로 번지는 사이의 수많은 도미노 조각들에 대한 후회는 차고도 넘친다. 어디서부터가 잘못되었던 것일까. 단순히 방화를 한 누군가가 문제였던 것일까.

1998년 대구지하철공사는 구조조정을 실시했다. 지하철의 앞뒤로 타던 기관사 2명을 1명으로 줄였다. '경영 효율화'와 '비용 절감'이라는 당연한 단어도 따라붙었다. 수백 명의 승객 안전과 운전을 담당하는 사람은 단 한 사람이 되었다. 비상 상황이 되면 기관사는 종합관제센터와 교신, 초기 대응과 승객 피신을 담당해야 한다. 노동조합은 1인승무제가 승객의 안전을 담보하는 데 한계가 있다고 주장했지만 귀족노조의 밥그릇 지키기라는 눈총만 받았다. 사고 당시의 사장은 '증거 인멸' 혐의로 기소되었다. 그의 기소는 사고에 관한 것이 아니라 사고 직후 물청소를 지시했기 때문에 증거가 사라진 것에 대한 것이었다. 사장은 대법원까지 가는 항소 끝에 무죄 판결을 받았다.

직원들에게는 잘못을 인정하는 것과 별개로 비슷한 사고가 발생하지 않도록 하나씩 바꾸는 일이 중요했다. 노동조합은 2003년과 2004년 1인승무제 폐지와 안전 인력 확충, 참사 재발 방지책 마련, 민간 위탁 반대 등을 내걸고 파업을 시작했다. 지하철이 있는 다른 지역의 노동조합도 함께했다. 지방 공기업 사상 최장 파업인 88일을 끌었다. 그리고 몇몇의 인원은 확충되었지만 대구지하철 노동조합은 13명의 해고자를 남겼다. 화재 당시 승무원이 도망쳤다는 이유로 출근하면서 도시철도공사가 새겨진 점퍼조차 입지 못했던 이들의 요구는 당연한 것이었지만 그들의 파업은 누구도 기억하지 않았으며, 그들의 해고도 잊혀져 갔다.

사고 후 지하철은 많은 것이 바뀌었다. 승강장에 스크린도어가 생기고 수동으로 문을 열 수 있는 방법이 크게 게시되었다. 소화기 점검이 이루어졌고, 방독면 및 제세동기가 설치되었다(2006년, 지하철 등에 비치된 방독면이 유독가스를 걸러내지 못하는 '불량'이라는 것이 밝혀졌다. 136억 원의 세금이 이 방독면 구매에 사용되었다. 불량품을 만든 업체가 공무원에게 뇌물을 주고 설치한 방독면이었다. 당시 국정감사에서 행정자치부는 발뺌하기 바빴다). 지하철 객차의 내장재도 불연재로 바뀌었다. 하지만 도시철도의 내구연한은 25년에서 2009년에 40년으로 바뀌고, 2012년에는 아예 규정 자체가 사라져 버렸다. 자동화 시스템 도입이라는 이유로 역사驛舍와 열차의 승무원은 계속 줄어들었다. 지역의 많은 경전철은 무인운전 시스템으로 운행되고 있거나 바뀔 예정이다. 역무원은 혼자서 3~4개의 역을 감당해야 한다. 한국의 하루 지하철 이용객 수는 800만 명에 이른다. 사고 후 살아남는 것은 이제 모두 '개인'의 몫이 되었다.

성장의 그늘

　정초, 아직 음력설도 지나지 않은 2015년 1월 10일. 의정부의 10층짜리 아파트에서 불이 났다. 하루가 멀다 하고 대형 사고가 터지던 김영삼 정부 때와 비슷하지 않느냐는 말이 호사가들의 입에 오르내리던 때였다. 의정부의 아파트에서 불이 났다는 속보가 뉴스를 장식하기 시작했다. 붉은 화염과 검은 연기가 다닥다닥 붙은 창문 사이로 혓바닥을 날름거리고, 소방관들이 분주히 뛰어다니고 있었다. 시시각각 속보로 전해지는 화면 속 아파트 건물은 그저 검은 연기가 삐져나오는 콘크리트 덩어리에 불과했다. 그렇게 4명이 사망했고, 수백 명의 이재민을 낳았다. 정확한 화재의 원인은 밝혀지지 않았지만, 주차장 인근의 오토바이에서 최초로 작은 불꽃이 확인되었다고 했다. 이 불은 왜 대형 화재로 번졌을까.

　원인은 '규제완화'에 있었다. 이명박 정부는 건설 경기의 부흥을 꿈꾸었다. 대형 건설사들은 물론, 지방의 중소 건설사들까지 함께 보듬었다. 건설회사들을 위한 새로운 먹거리가 필요했다. 그리고 2009년 도시형 생활주택사업을 장려하기 시작했다. 건설 경기 부양에 걸림돌은 없어야 했다. 진입로의 폭·건물 간 거리·각종 건설 기준 등을 모두 완화했다. 서민들의 주거난 안정이라는 명목도 더해졌다. 이런 아파트는 세대별로 주차 공간을 마련해야 할 의무도 없었고, 15층 이하인 경우 스프링클러와 같은 기본적 소화 설비 설치 의무도 없었다. 더 많은 집을 지어 팔겠다는 욕심이 이런 제도를 만들었다. 초기 화재에 대한 대응도 없는 상황에 골목 주차까지 더해져 소방차가 비집고 들어올 틈조차 없었다. 아파트 건물 사이는 1.5미터에 불과했다. 화재가 발생한 의정부 아파트는 설계 변경으로 최초 건축물 인허가 때보다 건물 간 거리가 45센티미터나 줄었다. 이격 거리가 인허가 기준에 비해 1미터나 줄었지만 준공 검사를 통과했다. 건설 경기 부양이라는 이름으로, 위험에 취약한 아파트는 전국 방방곡곡에 세워졌다.

정부는 〈규제정보포털〉이라는 사이트를 운영하며 얼마큼의 규제를 완화했는지 자랑하고 있다. 단두대처럼 규제를 내리쳐 잘라야 한다는 대통령의 목소리는 각 부처의 실적 경쟁으로 이어졌다. 사람들이 많이 이용하는 DVD방이나 주점과 같은 '다중 이용시설'의 안전 관리 기준은 2015년 1월 8일부터 완화되었다. 불에 쉽게 탈 수 있는 칸막이와, 연기가 차면 탈출조차 쉽지 않은 컴컴한 실내의 특징을 가진 시설이지만 구조 변경 등에도 설치 신고를 대폭 면제해 주었다. 세월호 이후 설립된 '국가안전처'는 방의 면적이 줄어도 안전성은 줄지 않는다고 말하며 규제완화를 용인했다. 방의 면적이 줄고, 드나드는 사람의 숫자가 많아지면 안전도는 낮아진다. 화재가 넓은 공간에서 발생하는 것과 좁은 방에서 발생하는 것 중, 어느 쪽이 더 빨리 확산될지 생각해 보면 답은 명확하다. 모든 고압가스 용기는 경계 표시가 부착된 차량으로 운반해야 하지만 2014년 8월부터 13킬로그램 이하의 무독성가스 용기는 일반 차량도 운반할 수 있도록 했다. 산업통상자원부는 소비자의 요구에 따른 규제완화라고 해명했다. 고압가스는 독성보다 폭발로 인한 화재 때문에 위험하다. 고용노동부는 2014년 10월, 공장에서 동력으로 작동하는 대형문에 수동 소형문을 설치할 경우 비상시 사용할 수동 개폐 장치를 설치하지 않아도 되도록 하는 내용으로 '산업안전보건기준에 관한 규칙'을 완화했다.

이 순간까지도 안전성 문제가 제기되고 있는, 금이 간 벽과 싱크홀Sink Hole과 줄어드는 석촌호수의 물 덕에 하루가 멀다 하고 뉴스에 이름을 올리는 제2롯데월드는 이명박 정부 시절 숱한 우려와 논박을 무시하고 공군비행장 활주로를 틀어 가면서까지 허가를 내주었다. 경제성장에 얼마나 많은 기여를 했는지, 얼마나 많은 괜찮은 일자리를 창출했는지는 모르겠으나 사람들은 잠실 인근을 오가는 것을 두려워해야 했다. 하늘까지 뻗은 초고층 빌딩 때문에 얼마나 많은 위험이 생겨나고 커졌는지 사고가 나기 전까지는 알 수 없는 일이 되었다. 제2롯데월드 측은 싱크홀의 원인이 인근 9호선 공사 때문이라고 주장하고 있다. 2015년 말 이 건물은 123층(555미터)의 초고층 빌딩으로 완성된다. 롯데 측은 경제적 파급효과가 총 7조 원에 달할 것이라고 추산했다. 그 경제적 파급효과는 누구에게 귀속될 것인가. 소방 설비가 부실한 아파트에 살면서 '불이라도 나면 위험할 것 같아요'라는 재수 없는 말은 현실이 되었지만 누구에게 책임을 물어야 하는 것일까. 건설 경기의 부양을 위해 규제완화에 힘쓰셨던 장본인은 '황제 테니스'와 회고록 출간 등으로 우아한 노후를 보내고 계신다.

어느 순간 위험은 훌쩍 우리 가까이 와 있었다. 텔레비전에 광고가 끊이지 않았던 가습기 살균제, 무엇이 들어가 있는지 모를 식품첨가물과 유전자 조작 식품, 내 집 마련의 꿈을 실현해 준 스프링클러도 없는 아파트까지. 삶은 조금씩 편리해지는 것 같았지만 위험은 훨씬 커졌다. 그리고 누구도 위험에 대해 말해 주지 않았으며, 알려고 하지도 않았다. 먹고 사는 일이 더 급했다. 안전은 한가한 소리였다. 하루하루 생계가 급한 이에게 건강하고 안전한 삶은 남의 나라 이야기에 불과했을 것이다. 모두가 외쳤다. 경제성장이 제일 중요하다고, 대통령은 매년 신년 기자회견에서 경제를 살려야 한다고 외쳤다. 언제 죽었는지 모를 그 경제를 위해 전 국민이 일치단결하여 달려야 한다고 주장했다. 안전에 대한 요구는 쉽게 잊혀졌다. 아니, 오히려 부를 늘리고 경제가 성장하면 자동으로 안전해질 것이라고 믿었다. 모두가 성장의 혜택을 누린다면 생활수준이 올라갈 것이고, 안전한 먹거리와 안전한 집, 질병으로부터의 안심을 가질 수 있지 않느냐 항변했다.

그래서 우리 모두는 안전해졌을까. 사회'안전'망이라 부르는 복지는 언제부터 이렇게 얇고 얇아졌을까. 경제성장을 위해, 공산주의적 발상이라는 이유로, '복지망국병'이라는 이름으로 폐기시켜 버린 숱한 복지 정책은 어렵지 않게 떠올릴 수 있다. 선거 때가 되면 '국가가 아이를 키워 주겠다'더니 보육교사 인건비나 보육 시설 확충 예산은 쉽게 삭감되었다. 저출산이 문제라며 아이를 낳는 것이 애국이라고 떠들더니 무상급식은 안 된다며 시장 직위를 건 어떤 정치인도 있었고, 또 어떤 정치인은 학교가 밥 먹으러 오는 곳이 아니라고 주장했다. 공공 서비스의 민영화 계획은 오늘도 '경쟁을 통한 효율화'라는 이름으로 계속되고 있다. 청년들의 삶이 팍팍하다며 열정에 투자한다더니 '반값등록금'이라는 단어조차 입에 올리지 않았다. 물가와 임금은 사이가 좋지 않았다. 최저임금은 여전히 시간당 몇 천 원에 불과하다. 그러면서 노동하지 않고 사회에서 주는 복지 혜택만으로 살려는 인간들이 있다고 비난한다. 복지의 확대는 사회구성원의 게으름을 확대할 것이며, 노동 의욕을 감소시켜 생산성을 줄어들게 할 것이라고 한다. 세금을 낭비하는 것이며, 결국 국가가 파산할 것이라고 주장한다. 하지만 정작 세금을 깎아 주고, 세금으로 지원해 주고, 세금으로 만든 시설을 헐값에 이용하게 해 주는 대상은 기업들이다. 그럼에도 우리의 위험한 삶은 당신이 노력하지 않아서, 게을러서, 성실하지 않아서, 혹은 운이 나빠서 충분한 사회경제적 지위를 가지지 못했기 때문이라고 했다.

위험의 회피는 왜 개인의 몫이 되었는가. 도대체 왜 우리는 '사회'를 구성하고 '국가'를 운영하고 있는가. 끝없이 이윤을 향해 질주하는 자본주의의 그늘에는 숱한 위험이 옹기종기 모여들었다. 위험은 서로를 격려하며 스멀스멀 몸집을 불려 나갔다. 경제가 발전할수록 안전하기는커녕 파이가 커진 만큼 위험도 커졌다. 빈곤과 실업에 대한 대책은 생산을 늘리는 것이라고 했다. 경제성장은 양극화를 완화했을까. 오히려 반대였다. 2006년 핀란드 헬싱

키에 본부를 둔 UN대학 세계개발경제연구소UNU-WIDER가 발표한 〈가계자산 국제분포The World Distribution of Household Wealth〉 보고서에 따르면, 2000년 기준으로 상위 1퍼센트의 부자들이 전 세계 부의 40퍼센트를, 2퍼센트가 절반 이상을 보유하고 있다. 미국은 상위 10퍼센트의 부자가 부의 70퍼센트를 차지했다. 성장과 고용의 연결 고리는 끊겼다. 성장 수치는 이제 우리의 삶과 별 상관없는 금융자본의 돈놀이로만 창출될 뿐이다. 그럼에도 숫자는 늘 우리가 성장하고 있으며, 잘살게 되고 있다고 말한다.

한국은 2014년에 이미 국민소득 3만 달러 시대를 맞이했다는데, 왜 나는 그만큼의 돈을 벌지 못하는가. 돈을 가진 자들은 돈이 돈을 벌어다 주며 점점 더 부자가 되었고, 그들은 그늘에서 쉽게 탈출했고, 대를 이어 소수의 기득권을 누리고 있다. 이윤을, 오로지 이윤만을 외치는 동안, 우리가 그에 부화뇌동하는 동안 삶은 피폐해졌다. 그늘의 크기를 키워 더 많은 사람들을 몰아넣는 것, 그늘 속 사람들이 서로가 서로를 밟으며 경쟁하는 것은 나쁘지 않은 일이었다. 삶을 이렇게 만든 자들이나 사회에 대한 분노보다 적자생존의 경쟁과 타자에 대한 차별을 당연하다 여기게 되었다. 공공의 시스템은 더 많은 이들을 위험으로부터 탈출시키는 데 실패했다. 정부도 위험은 개인의 몫이라 말했다. 그들과 한패였기 때문이었다. 위험은 사회적 논의의 대상조차 되지 못했다. 논의가 진행되더라도 위험이 미치는 영향이 부정확하게 전달되거나 의사 결정이 왜곡되기 일쑤였다. 자본주의는 사람들의 가슴 속에 성공, 이윤, 효율, 탐욕의 신을 잉태하게 했다. 물질이 다른 어떤 가치보다 제일 앞자리에 위치하게 되었다. 욕망은 스멀스멀 삶을 엮어 갔다. 사람의 목숨보다 돈이 먼저였다. 사람의 진액을 모두 빨아먹고 쉬이 버려도 다음 사람은 얼마든지 있었다. 부정과 부패로 지어 부실한 건물에 누가 살다 어떻게 되든 알 바 아니었다. 건설 현장이나 공장에서 사람 하나쯤 죽어도 별일 아니라고 하는 세계가 되었다. 사람의 가치는 거리의 휴지조각이 되어 뒹굴었다. 429억 원을 투입해, 2년 5개월 만에 완공한 경부고속도로 건설 속도전은 77명의 사망자를 낳았다. 금강휴게소 인근에 세워진 경부고속도로 건설 공사 희생자 위령비에는 "세상에 금옥보다 더 고귀한 것은 인간이 가진 피와 땀이다"라고 쓰여 있다.

민주주의와 연대

영국에서는 1980년대 말 열차 사고가 자주 일어나자 공개조사위원회를 구성했다. 조사위원회에서는 사고에 대비한 자동 열차 보고 시스템의 도입을 권고했다. 영국철도공사British Rail는 이 권고를 받아들이기로 했다. 하지만 시스템의 도입은 적지 않은 경비를 필요로 했다. 회사는 편익에 비해 비용이 과도하다고 생각했다. 완전 자동 시스템이 아니라 부분 자동 시스템을 도입하기로 결정했고, 정부는 이 결정을 승인했다. 물론 영국철도공사가 완전 자동 시스템을 도입했다 하더라도 완벽한 안전을 구현해 낼 수는 없을 것이다. 최대한의 안전, 최소한의 사고를 위해 할 수 있는 최선은 완전 자동 시스템이었을 것이다. 하지만 정부와 회사는 '완전'이 아닌 '부분' 자동 시스템을 선택했다. 비용과 안전 사이의 어떤 수준을 결정한 것이다. 모든 집단이나 공동체는 위험을 어느 수준까지 받아들일 것인지 결정해야 한다. 이 결정에는 다양한 가치에 대한 질문과 답이 선행된다. 누가 어떻게 위험을 받아들일 것인가. 이 위험의 양과 질은 얼마큼인가. 비용은 얼마이고, 감당할 수 있는 수준인가. 그 모든 것을 결정하는 과정, 이것이 공동체가 하는 '위험관리'의 과정이다.

　위험과 편익이 누구에게 귀속되는가 하는 것은 대단히 중요한 문제다. 바로 여기서 위험의 사회적 배분에 대한 '정의正義' 문제가 대두된다. 하지만 이 '정의'에 대해 말하는 순간 그들은 낙인을 찍는다. 프랑스정부는 유럽연합이 유전자 조작 농산물 경작의 공개적 등록을 요구했지만 응하지 않았다. 유전자 조작 식품에 대한 지역 주민투표도 거부하고, 유전자 조작 식품의 경작을 막기 위해 싸움을 벌여 지역자치법을 어긴 10여 명을 체포했다. 우리의 현실도 다르지 않았다. 정부의 정책에 반대하거나 논의를 요구하는 목소리를 내는 이들은 범죄인으로 다루었다. 송전탑과 같은 위험 시설물을 반대하거나, 광우병에 대한 우려의 목소리를 내거나, 민영화를 반대하는 행위는 범죄가 되었다. 한걸음 더 나아가면 '종북좌빨'이 되었다. 정치적 이견은 진영 논리를 넘어 이념 논쟁으로 번졌다.

위험의 배분 문제는 정치의 문제이며, 철저하게 민주주의적 과정을 필요로 한다. 하지만 몇몇의 사람들에게게만 허락된 '그들만의 성'을 공고히 하는 데 민주주의는 거추장스럽고 번거로운 존재다. 더 많은 사람들이 위험에 대해 공론화하는 것, 복지를 강화하고, 위험 시설을 짓는 데 이해당사자의 목소리를 경청하는 것, 위험에 과도하게 취약한 이들을 보호하는 국가의 정책이 필요하다는 목소리, 안전에 대한 다양한 요구의 취합. 이 모든 행위는 그들에게 전혀 도움이 되지 않는다. 그들은 사람들이 위험과 정치에 대해 관심 갖지 않기를 바란다. 먹고사는 데 급급하여 저 낮은 임금과 더 열악한 상황을 벗어나기 위해 몸부림치기를 바랄 뿐이다. 서로가 서로를 밟고, 서로가 서로를 적으로 여기는 세상의 꼭대기에서 군림하고 싶어 하는 그들이, 모든 이들이 평등하게 자신의 목소리를 내는 민주주의를 달가워할 리 만무하다.

자본주의는 민주주의와 친하지 않다. 민주주의는 위험에 대한 정책이 과연 효과적인지, 합리적 판단에 근거한 것인지 정보를 공개하고 함께 검토를 요구하고, 한쪽으로 쏠린 권력에 대해 이의를 제기하며, 결정에 대해 이성적 검토를 바라며, 더 많은 질문과 토론을 요구한다. 그래서 민주주의가 제대로 작동하지 않는 사회는 위험이 폭력적으로 귀속되는 사회다. 위험의 배분을 정의에 입각하여 진행하기 위해, 소수가 부당한 위험을 감당하지 않도록 하기 위해 신경망처럼 민주주의는 삶 속에서 작동되어야 한다. 우리는 자본주의의 그늘을 조금이라도 줄이기 위해, 그곳에 모여든 위험을 줄이고, 위험과 현명하게 동거하기 위해 민주주의를 강화해야 한다. 적극적으로 논의하고 고민하고 숙의하지 않으면 위험은 급격히 불평등과 함께 한곳으로 집중적으로 쏟아질 것이다. 이 위험을 얼마나 무용지물로 만들 것인가, 혹은 더 강화하도록 일조할 것인가는 민주주의를 통해 결정될 것이다. 민주주의와 함께 위험에 대한 다수의 요구가 모이고 고여 밖으로 터져 나와 더 많은 사람들과 이를 공유하고 나누어 정치적 목소리로 변화하고 발전할 때 위험은 설 자리를 잃게 될 것이다. 그렇기에 더 많은 민주주의는 안전한 사회를 위한 첫걸음이다.

위험이 줄어든 안전한 사회를 위해 민주주의를 강화하는 것은 물론 연대를 확장해야 한다. 누가 얼마나 더 위험할 것인가를 결정하는 것이 소수이거나 자신만의 이익을 위해 움직이는 자들의 것이어서는 안 된다. 그래서 위험에 대한 행위는 정치적 연대여야 한다. 독일의 사회주의자 빌헬름 리프크네히트Wilhelm Liebknicht는 연대란 "인류에 있어 최상의 문화적·도덕적 개념"이라고 했다. 사실 연대는 위험에 대처하는 인간의 가장 기본적 행위였다. 나약한 개개인은 집단과 공동체를 형성하며 상호부조의 기능을 강화하면서 위험에 대비해 왔다. 과거 부족국가나 왕조국가에서 볼 수 있는, 무리를 이루어 생존의 위험에 대비하는 것은 짐승들에게서도 발견되는 현상이다. 하지만 인간은 '사회'를 구성하고 '국가'를 구성했다. 이 역시 넓은 의미의 연대다. 연대는 '차이'를 전제로 한다. 우리는 생김새부터 삶의 역사까지 모두 다르다. 그래서 연대는 서로 파편화되어 가는 개인들 사이의 차이를 인정하며 나누고 배려하는 도덕적 행위를 통해 집단의 효율을 최대화하는 것이다.

1945년에 제정된 프랑스 사회보장법에는 "사회보장조직은 '국가적 연대'의 원칙을 토대로 한다"라고 적시되어 있다. 이는 사회보장이나 공공 서비스·노동법에 보장된 집단적 권리를 기반으로 하는 개념이기도 하다. 우리는 세금과 같은 형태를 통해 국가적인 연대를 형성하고 있다. 이는 수혜자와 시혜자로 사람을 구분하지 않으며 인간의 존엄과 동등함을 기초로 하고 있다. 스웨덴의 경우 노동자 연대임금 제도가 있다. 이는 50년간의 길고 긴 논의 과정을 거치면서 '가장 낮은 임금 수준의 노동자들을 지원'하는 정책으로 자리 잡았다. 2008년 금융위기 당시 많은 나라가 노동시장의 유연화를 앞세웠고 대량 해고와 임금 삭감이 지구를 휩쓸었다. 하지만 독일은 노동 시간의 단축과 같은 내적 유연화를 꾀했다. 이 국가들은 자본이 야기한 위험 앞에 연대를 통해 장기적으로 모두가 함께 살 수 있는 길을 택한 것이다.

하지만 한국에서 '기업'이 어려울 때, 노동자의 '함께 살자'는 목소리는 공권력을 동원한 강제 진압 대상이다. 2009년 쌍용자동차는 판매 부진과 국내외 금융위기로 전체 인력의 37퍼센트에 달하는 2,646명을 구조조정했고, 그 여파로 28명이 사망했다. 프랑스의 고전사회학자 에밀 뒤르켐Émile Durkheim 은 사회연대의 수준을 가늠하는 지표로 자살률을 들었다. 한국의 자살률은 OECD회원국 중 최고다. 2013년 통계청의 사망원인 통계에 의하면 매일 39.5

명이 스스로 목숨을 끊는 나라가 한국이다. 연대는 보험과 같이 오늘의 일부를 저축하는 행위나 공동체가 나보다 약한 자를 돕는 자선이 아니다. 자선은 베푸는 자와 받는 자로 구분하지만 연대는 그렇지 않다. 인본주의를 기반으로 자본주의의 경쟁과 욕망의 논리가 삶을 지배하는 것에 제동을 거는 것이 연대다. 그래서 연대는 위험의 정의로운 분배를 위한 좋은 토대를 제공하며, 위험 그 자체에 대한 방어막이 되기도 한다.

자본주의가 만들어 놓은 생산과 소비적 삶에서 조금 벗어난 연대의 시도는 위험을 더욱 초라하게 만들 수 있다. 한국에서도 시작되고 있는 다양한 형태의 협동조합과 '민중의 집' 사례는 풀뿌리를 기반으로 한 연대와 그로 인한 위험 정치의 좋은 사례다. 이탈리아나 스웨덴 등의 민중의 집은 도시 외곽으로 모여든 노동자들을 중심으로 상호부조 기능을 담당하는 것으로 출발해 각종 문화프로그램 등을 제공하는 만남의 공간으로 발전했다. 상조회로 출발했지만 그곳에서는 지역의 노동자와 주부, 실업자, 농민까지 모두가 함께 모여 지역사회와 스스로의 삶에 대해 고민한다. 보다 안전한 삶을 위해 무엇이 필요한지 목소리를 모았다. 그리고 그들은 의료와 건강보험, 공공 일자리 확충에 대해 정치적 목소리를 냈다. 지역의 정당과 노동조합과 주민들이 모두 함께 만나 머리를 맞댔다. 가로등을 설치한다거나 보육 시설을 만든다거나 대중교통을 확대하는 등의 요구를 지방의회에 전달했다. 자신의 삶의 안전망을 강화하는 것은 참여와 연대를 기반으로 한 정치적 행위를 통해서 해결할 수 있다고 생각했기 때문이었다. 스페인 민중의 집은 사회적 안전망이 전무하던 시기 협동조합을 통해 다양한 의료 서비스와 장례 지원까지 제공했다. 일본에서는 대기업 중심의 노동조합이 아니라 영세 자영업자나 저임금 노동자들이 중심이 되어 2007년 만들어진 '빈곤 네트워크'가 국가의 실업부조와 기초생활보장제도와 같은 정책을 이끌어 냈다. 누군가 만들어 놓은 시스템 속에서 홀로 헐떡이며 하루하루 살아가면서 위험 속으로 밀려나는 것이 아니라 스스로 주체가 되어 가는 과정이 바로 연대이기도 하다. 소수에 의해 독점된 정치나 소수가 결정하는 위험 분배 정책이 아니라 더 많은 이들이 함께하는 연대 속에서 위험은 시나브로 희석될 것이다. 소통하고 참여하고 연대하는 것은 신자유주의와 무한경쟁이 증폭하는 위험사회에서 튼튼한 방파제가 될 것이다.

세월호와 대구지하철

처음 '전원 구조'라는 속보를 마주했을 때, 누구도 의심하지 않았다. 연안에서 고작 2.5킬로미터 밖에 떨어지지 않은 곳에서 넘어가는 거대한 배에서 단 한 명도 구해 내지 못할 것이라고는 누구도 상상도 하지 못했다. 그래도 한강의 기적을 이룬, OECD에 속해 있는, 선진국과 곧 어깨를 나란히 한다고 하는 나라 아니던가. 최소한의 공권력, 최소한의 구조 시스템은 작동될 것이라고 생각했다. 그래도 고생하는 경찰공무원 해경이라고 생각했다. 배가 가라앉았다. 살아 구조된 이는 없었다. 시간이 지나면서 왜 사고가 났으며 왜 구조하지 못했는지가 조금씩 밝혀졌다. 사람들은 경악했다. 우리 사회가 언제부터 이토록 위험을 향해 질주하게 되었을까. 이토록 철저하게 '이윤'에 매몰된 사회였던가. 아이들이 죽어 가는 시간에도 어른들의 이해할 수 없는 계산과 이익을 향한 행동은 켜켜이 쌓이고 쌓였다. 이것은 살인이나 진배없었다.

부모들이 거리에 나섰다. 아이들의 옷을 입고, 아이들이 쓰던 칫솔로 이를 닦으며, 아이들의 이름표를 가슴에 달고 진상 규명을 위한 법 제정 서명을 받았다. 하지만 누군가는 이제 일상으로 돌아가 경제를 살려야 한다고 했다. 아픈 기억을 '잊으라' 강요하며, 일상으로 돌아가는 것이 '애국'이라 칭했다. 가족을 잃은 이들에게 가족의 품으로 돌아가라 했고, 일상이 사라진 이들에게 일상으로 돌아가라 했다. 인양하는 것조차 돈이 많이 든다는 이유로 반대하는 여당 정치인의 말이 있었다. 배라도 건져 사고의 원인을 밝혀 보자는 목소리는 돈 앞에서 주춤거렸다. 유가족들은 국민의 대표자라는 사람들을 일일이 만나고 다녔다. 국회에서 잠을 잤다. 국회의 국정조사는 시간 때우기에 불과했다. 대통령이 눈물까지 보이며 진상 규명을 약속했지만 정부와 여당은 이 사고에 대한 어떤 의지도 보여 주지 않았다. '세월호 특별법'을 만들어 아이들의 죽음을 밝히고, 안전한 사회를 만들자 했을 뿐이지만 그들은 '순수'한 유가족이 아니라고 했다. 도대체 자식의 죽음 앞에 어떤 것이 순수한 것인지 묻지 않을 수 없었다. '세월호 특별법' 제정 과정에서 성역 없는 수사권과 기소권을 두고 지리한 찬반이 오갔다. 세월호 특별조사위원회의 활동 기한부터 위원 추천까지 모든 것에 대해 합의는 쉽지 않았다. 여당은 단순한 교통사고라고 주장하며 특별조사위원회가 수사권과 기소권을 갖는 것은 법치에 대한 도전이라 했다. 총리가 된 새누리당의 이완구 의원은 '세월호 특별법'에 대해 "문명사회에서 있을 수 없는 일"이라고 했다. 세월호 특별조사위원회는 우여곡절 끝에 구성되었지만 '세금 도둑'이라고 비난당했다. 조사위원의 구성도 공무원 중심으로 이루어졌고, 인원도 당초 합의안보다 대폭 축소되었다. 다시 엄마, 아빠들이 거리로 나섰지만 경찰이 막아섰다. 도대체 왜, 수백 명의 목숨이 공권력의 방조 속에 죽어 간 사건을 이토록 조용히 덮고 싶어 하는 것일까.

대구지하철 참사 다음 날인 2003년 2월 19일 대구 지역의 시민사회단체가 모여 대책위원회를 구성했다. 대구지하철참사 희생자대책위원회는 진상 조사단과 법률 지원단을 꾸렸고, 그들의 조사 결과가 공식 사고 원인으로 인정받는 성과를 거두기도 했다. 대책위원회는 각종 추모 행사와 재발 방지를 위한 활동을 이어 갔다. 하지만 대구시장 사퇴 요구를 두고 내분이 일어, 활동 자체가 흐지부지 되어 버렸다. 그리고 사람들은 끔찍한 기억을 빨리도 잊었다. 기억하자고 수도 없이 외쳤지만, 뉴스에서 대구지하철은 사라져 갔다. 안전한 지하철을 요구하며 벌였던 노동자들의 파업은 이기적인 행위로 간주되었다. 유족들만 거리에서 분주했다. 지하철역을 점거하고 안전 대책을 요구했고, 법정에서 지하철공사 사장 무죄 판결에 울부짖었으며, 서울에 올라와 연대를 호소했다. 그리고 거리에서 지쳐 갔다. 모두가 시나브로 대구지하철 사건을 누군가의 우발적 범죄로 인한 참사로 기억하며 '일상'으로 돌아가 버리자 지하철 열차의 내구연한은 사라졌고, 1인승무도 모자라 무인승무가 되었으며, 민영화에 대한 이야기도 다시 등장했다.

2014년 4월 16일 세월호 참사는 우리 사회가 무엇에 경도되어 무엇을 등한시했는지를 보여 주었다. 인간의 존엄과 생명과 안전은 무엇 앞에서 좌절되었는지 일깨워 주었다. 그리고 국가의 역할에 대한 질문도 던져 주었다. 도대체 국가란 어떤 존재인가. 토마스 홉스Thomas Hobbes는 '만인에 대한 만인의 투쟁'이라는 세계를 종식시키기 위해 국가의 필요성을 강조했다. 그는 《리바이어던》에서 개인에게 발생하는 생명과 재산의 위협, 즉 가장 근본적인 인간의 불안에 대한 해답으로 권위주의적 국가를 말했다. 인간 사이에 발생하는 투쟁으로 인한 죽음의 공포와 불안으로부터 탈출하기 위해 개개인은 국가에 자신의 주권을 양도하고 그 위험으로부터 벗어날 수 있다는 것이다. 한편 로크John Locke는 자신의 생명과 재산을 지키기 위해 국가라는 사회계약을 맺었다고 주장했다. 국가는 개인의 재산과 생명의 보호를 위해서만 움직이는 최소한의 간섭만을 해야 한다는 것이다. 그 주장의 상이함은 차치하고 양자 모두는 개인이 놓인 다양한 위험에 대해 회피하기 위해, 최소한 자신의 생명과 소유한 것을 지키기 위해 국가라는 존재를 만들었다고 했다. 하지만 우리의 국가는 최소한의 그것조차 해내지 못했다. 그리고 학계와 정계, 법조계, 재계를 아우르는 지배층을 재생산하면서 이윤을 위해 똘똘 뭉쳐 다른 이들에게 위험을 전가시키는 일에 몰두했을 뿐이다. 빈곤과 위험은 지독히도 다정했고, 자본주의의 비정함과 함께 우리는 위험 속으로 차츰차츰 걸어 들어갔다.

2013년 10월 31일 최종범, 2014년 5월 17일 염호석. 이 두 사람의 공통점은 둘 다 34세라는 창창한 나이에 자신의 자동차 안에서 번개탄을 피워 스스로 목숨을 끊었다는 것, 그리고 둘 다 삼성전자서비스 노동조합의 조합원이었다는 것이었다. 21세기 한국에서 가장 비정하고 잔혹하고 무서운 단어는 '분급'이다. 1분에 225원. 죽은 최종범과 염호석의 임금 기준이다. 스스로를 "넥타이 맨 거지"나 "24시간 편의점"과 다를 것이 없다던 삼성전자서비스 노동자의 고된 삶은 스스로 목숨을 끊고 나서야 세상에 알려졌다. 아마 아빠의 얼굴을 기억하지 못할 두 살배기 딸을 남겨 두고 스스로 목숨을 끊은 고^故 최종범의 유서에는 "전태일 님처럼 그러진 못해도 전 선택했어요"라고 써 있었다. 1970년, 22살의 전태일이 외친 "근로기준법을 준수하라"라는 외침은 수많은 사람들의 가슴을 움직였고, 세상을 바꾸었다. 하지만 고^故 최종범의 아내는

"남편이 죽은 뒤에도 달라진 것은 없었습니다"라고 했다. 이 사회는 사람이 죽어도 달라지지 않는 사회가 되었다. 아니 오히려 사람들을 죽음으로 내모는 사회라 해도 과언이 아니다.

국가로부터, 사회로부터 버림받은 사람들은 넘쳐 난다. 법을 지키는 자가 비웃음 거리가 되는 세상에서 헌법도, 안전 규정도 그저 종이 위 활자로만 존재했다. 28명이 목숨을 버려도 쌍용차 문제는 여전히 해결되지 않고 있다. 박근혜 정부가 들어선 지 고작 2년 동안 수많은 사람들이 노동조합을 결성하기 위해, 노동 조건을 개선하기 위해, 비정규직 문제를 해결하기 위해 죽음으로 항거했다. 택시 노동자가 사납금 문제로 몸에 불을 붙였다. 학교 비정규직과 버스 노동자가 목을 맸다. 24시간 주민들의 호출에 대비하느라 쪽잠을 자며 일했던 아파트 경비원은 노비와 같은 삶을 참지 못하고 몸에 불을 붙여야 했다. KT에서는 2013년에만 11명의 직원이 스스로 목숨을 끊었다. 구조조정의 바람이 그렇게 11명의 생명을 앗아 갔지만, 10년간 1만 3,000여 명을 퇴출시킨 KT는 2014년 대규모 구조조정을 앞두고 옥상 출입문을 잠갔다. 회사 건물에서 자살을 막기 위한 조치라는 의혹이 일었다.

헌법이 보장한 노동자의 파업권이나 단체행동권도 사라졌다. 경쟁을 통한 경영 효율화라는 이름을 거부하기 위한 철도공사의 파업 이후, 공기업이라는 철도공사의 노동조합에 대한 보복은 가혹하고 철저했다. 162억 원의 손배가압류를 요구했고, 보복성 인사 조치를 강행했다. 국민들의 요구와 함께 어렵사리 마련된 국회의 철도발전특별소위원회 논의는 안중에도 없었다. 국회의 논의는 지리멸렬했고, 국회의원들의 시간 때우기와 해외 순방으로 점철되었다. 오히려 노동조합의 파업이 '불법'이라고 낙인찍었을 뿐이다. 결국 강제 전출이라는 보복에 시달린 노동자는 스스로 목숨을 끊었다. 그 뒤로 철도공사가 손배가압류를 철회했다거나 보복성 인사를 멈추었다는 소식은 들은 바 없다. 철도의 분할 민영화 계획도 멈추지 않았다.

용인시의 50대 편의점주가 자살했다. 그가 본사 직원에게 한 마지막 요청은 "하루만 쉬게 해 달라"였다. 적자 상태의 점포를 폐업하게 해 달라며, 건강이 좋지 않아 하루만이라도 쉬고 싶다는 그의 요구에 대한 본사의 대답은 거액의 폐업 위약금이었다. 결국 그는 세 아이와 아내를 뒤로하고 수면유도제 40알을 본사 직원 앞에서 삼켰다. 2013년에만 2달 사이에 4명의 편의점주가 죽었다. 세상은 그때서야 노예 계약이나 다름없는 '을'들의 목소리에 관심을 가지기 시작했다. 부랴부랴 모범 거래 기준과 가이드라인을 정비한다고 했다. 하지만 공정거래위원회는 이 기준이 "기업 활동을 제약할 가능성이 크다"라고 말했다.

24시간 호흡기를 착용해야 생을 유지할 수 있는 지체장애 1급 장애인이 있었다. 정부의 복지프로그램에 따라 활동지원을 받았지만 부모님과 함께 산다는 이유로 활동보조 시간이 대폭 줄었다. 보건복지부에 시간을 늘려 달라 요구했지만 묵묵부답이었다. 활동보조인이 없는 시간에 인공호흡기가 빠진 그는 결국 사망했다.

한 사람의 이야기가 아니었다. 2012년 10월 사망한 허정석, 2014년 6월 1일 사망한 오지석, 6월 5일 사망한 전○○, 화재로 사망한 송국현, 박○○. 수도 없는 장애인들이 정부의 무관심 속에 사망했다. 중증 장애인들은 '다음은 내 차례'라고 말하고 있지만 정부는 '예산 문제'만을 되뇌고 있다. 보건복지부가 최대한 관련 예산을 확대하겠다고 말하는 것은 들어 보지 못했다. 그 죽음에 책임을 통감하고 애도한다는 장관의 말도 들어 본 적 없다. 장애인에 대한 예산 확대는 박근혜 대통령의 공약이었지만 당선 이후 달라진 것은 없었다.

2013년에만 산업재해로 죽은 노동자가 1,090명, 산업재해를 입은 자는 9만 1,824명이다. 차기 대선주자로 물망에 오르내리는 정치인의 회사에서 1974년 창사 이래 388명의 노동자가 산업재해로 사망했다. 현대중공업이 2009년부터 2013년까지 5년간 할인받은 산재보험료는 995억 7,358만 원이다. 고용노동부가 2001년부터 2003년까지 적발한 현대중공업의 산업재해 은폐 사례만 39건이며, 부산 고용노동청이 최근 적발한 현대중공업 안전 규정 위반 사례는 500건이 넘는다. 삼성물산 622억, 현대자동차 540억, 롯데건설 410억. 2009년부터 5년간 기업들이 할인받은 산재보험료다. 그동안 노동자는 평균 하루에 7명, 한 해 2,000명씩 죽어 갔다. 당진 현대제철, 울산 석유화학공단, 삼성전자, 여수 대림플랜트, 부산 북항 건설현장, 삼성정밀화학. 이름만 대면 전 국민이 아는, 나라의 경제를 이끌고 국위를 선양한다는 이들 기업에서 산업재해로 노동자들이 죽어 갔다. 하지만 그들은 사망한 노동자가 하청업체 노동자이기 때문에 본사는 책임이 없다고 주장한다. 사과나 유감 표명, 아니 최소한 애도의 말도 없었다. 하청업체의 분급 노동자, 헌법에 보장된 노동의 권리를 보장해 달라 요구하는 노동자, 노예 계약을 한 것과 다름없는 '을'들 자영업자, 중증 장애인. 그들 모두는 과연 국민인가.

 2013년 태안 해병대캠프에서 아이들 5명이 죽었다. 2014년 경주 마우나리조트에서 부실 건물이 무너져 대학생 10명이 죽었다. 같은 해 일산터미널 화재로 8명이 죽었고, 장성 요양병원에서 불이나 21명이 죽었다. 그리고 세월호 사고로 300명이 넘게 죽었고, 시신조차 다 찾지 못했다. 정부의 대책은 한심했다. 수학여행을 없애고, 신입생 오리엔테이션을 없애고, 체험학습을 없앴다. 이 나라에서는 버스를 타고, 배를 타고, 수학여행을 가는 평범한 일상조차 죽음의 위기와 직면하게 됐다. 지키라는 최소한의 안전 규정조차 지키지 않았기 때문이다. 그것을 눈감아 준 관리·감독 기관이 있었고, 낡은 배의 수명을 연장시켜 준 정부와 국회가 있었다. 원활한 기업 활동을 위해, 이윤과 효율을 위해, 비용을 절감하기 위해 그렇게 했다. 헌법도, 법률도, 규범도, 이윤과 효율 앞에서 무용지물이 되었다. 침착하게 제자리를 지키며 분수껏 살면서 입 뺑긋하지 않고 살아온 대가는 죽음이었다. 택배 노동자가 택배 물품 하나에 남기는 돈은 970원가량이다. 전단지를 돌리고 오토바이 배달을 하는 청소년들, 무슨 일이든 시키는 대로 해야 하는 이

주노동자들, 하루 종일 의자도 없이 서서 일해야 하는 대형 마트의 여성 노동자들, 조금이라도 더 많은 폐지를 모으기 위해 거리를 떠도는 허리 굽은 노인들까지, 치열한 삶의 투쟁은 거리에 차고도 넘친다. 하지만 그렇게 노동을 해도 희망이 보이지 않는 세상이 되었다. 위험은 이들의 등에 차곡차곡 쌓였다.

최소한의 삶조차 기우뚱거리는 이 나라에서 구명정 하나 없이 살아가는 이들에 대한 국가의 대답은 '가만히 있으라'였다. 그렇게 가만히 있다가 장애인도, 편의점주도, 노동자도 침몰해 갔다. 과연 정부는 그들을 '국민'으로 인식하고 있는 것인가. 수백, 수천의 전태일이 몸을 살라 외치는 목소리가 이어져도 눈 하나 깜짝하지 않는 이 정부는 과연 누구의 정부인가. 기업들의 목소리를 친절히 들어 주며 그들의 애로사항을 받아 주는 대통령을 전 국민이 생중계로 지켜보았지만, 벼랑 끝 국민들의 목소리는 누가 들어 주었는가. 국가가 마련해야 하는 최소한의 안전 장치조차 '이윤과 효율'이라는 명분으로 외면하는 동안 조금씩 조금씩 죽음으로 내몰리는 국민들을 위해 무엇을 걱정하고, 어떤 대책을 내놓았는가. 10대부터 30대까지 국민의 사망원인 1위가 자살인 나라, 최상위계층 100명의 소득이 중간층보다 1,500배 이상 높은 이 나라는 과연 '정상'인가. 국가라면 최소한 자신의 생을 끊어 억울함을 알리는 세상, 평범한 일상에서조차 죽음의 공포를 느끼는 세상, 국가로부터 버림받아 죽음으로 내몰리는 이 세상에 대한 책임을 져야 한다. 더 가난하고 더 힘 없는 사람들에게 위험이 전가되는 사회, 사람의 목숨이 돈보다 못한 사회, 안전이라는 단어는 그저 배부르고 한가한 소리로 치부되는 사회, 서로가 서로를 잡아먹는 아귀다툼이 당연한 사회, 사람이 음험한 회계 장부에 숫자로만 기록되는 사회, 누군가의 죽음이 무덤덤해져 익숙해진 사회, '안전'의 자리에 '이윤'이 들어선 사회, 이 지옥도 같은 세상에 대한 통렬한 반성이 있어야 하지 않는가.

비보호 좌회전

우리는 어쩌면 '비보호 좌회전'인 나라에 살고 있는지 모른다. 깜빡이는 신호등 아래에서 눈치와 운과 요령을 갖추고 알아서 마주 오는 위험을 잘 피해야 하는 교통 체계. 만약 사고라도 나면 그것은 오롯이 나의 책임인 그런 사회. 그저 작은 신호등 하나만 설치해 주면 마주 오는 상대도 나도 안전할 수 있는데, 왜 그렇게 하지 않을까. 비보호 좌회전을 두고 사람들은 효율적이라고 말한다. 신호등이 바뀔 때까지 기다리지 않기 때문에 시간을 절약할 수도 있는데 왜 차도 없는 곳에서 불편하고 지루하게 기다려야 하는가. 안전의 동의어는 불편이고, 반대말은 위험이 아니라 효율인지도 모른다. 우리는 더 빨리, 더 효율적으로 살기 위해, 불편함을 덜어내기 위해 위험을 선택했다. 더 위험하게 살라고, 위험은 개인의 몫이라고, 더 빨리 성공하고 잘살고 싶으면 한가한 소리는 집어치우라고, 그렇게 살아 왔는지도 모른다. 국가는 왜 우리에게 안전한 신호등이 아니라 비보호 좌회전의 도로에서 아슬아슬하고 조마조마한 운전을 하게 하는 것인가. 누구의 효율을 위해, 누구의 이윤을 위해.

2012년 겨울, 대통령 선거 때 나온 박근혜 후보와 새누리당의 공약집에는 "안전한 대한민국, 국민 행복의 버팀목입니다"라는 문장이 있다. 당선이 되면 국가재난 관리 시스템을 강화하겠다고 했다. 하지만 사고가 발생했을 때 국가의 시스템은 제대로 작동하지 않았다. 세월호 사고 이후 대통령의 약속으로 국민안전처가 출범했고, 숙제는 산적해 있다. 국민안전처는 홈페이지 소개에 의하면 "안전사고 예방과 재난 시 종합적이고 신속한 대응 및 수습 체계를 마련하기 위해" 설립되었다. 주목할 만한 것은 초대 장관과 차관 모두 군인 출신이라는 점이다. 위험 앞에서 국가와 개인의 역할은 어떻게 다를까. 위험에 대한 개인적 대응 능력은 사람마다 다르다. 회피하고 예방하는 능력, 복원하고 치료하는 능력 모두가 개인의 건강이나 선천적 형질에 따라서 다를 것이다. 여기에 사회적으로 축적된 교육이나 정보에 따라서 격차가 생긴다. 개인의 대응 능력에 사회적 대응 능력이 더해지면 위험은 더 멀어질 수 있다. 교육이나 의료를 비롯한 복지와 같은 다양한 공적 제도는 개인의 위험 대응 능력을 강화시켜 준다. 공적 제도는 선별적으로 주는 것이 아니라 보편성을 가지면서 모두에게 골고루 나누어져야 위험의 대응 능력이 강화된다. 사회적 불평등을 줄이기 위한 다양한 노력, 사람에 대한 투자, 그리고 보편적 사회안전망에 대한 적극적 조치 등, 위험을 줄이기 위한 노력이 위험의 설 자리를 앗아갈 것이다. 사회적으로 모두가 동등하게 참여하고 논의하여 위험 분배의 정의를 실현하는 일이 바로 연대다. 사적 연대가 아닌 공적 연대의 강화가 바로 국가의 책무다. 나 혼자만의 위험 회피가 아니라 최대한의 안전을 위한 모두의 의지 말이다.

헤겔Georg Wilhelm Friedrich Hegel은 저서 《법철학》에서 홉스나 로크와는 다른 국가의 상을 말했다. 국가는 개인의 재산과 생명을 지키는 역할은 물론, 보다 적극적으로 개인의 복지에 관여할 뿐만 아니라 빈부격차를 능동적으로 해소하기 위해 노력해야 한다고 주장했다. 이제 우리는 다른 세계를 만들어야 한다. 적어도 2014년 4월 16일, 세월호가 가라앉은 그날 이후의 한국사회는 달라야 한다. 반성과 성찰을 전제로 우리가 지향해야 할 가치에 대한 토론을 시작해야 한다. 안전은 그저 공짜로 주어지지 않는다. 위험에 취약한 삶을 돌이켜 보며 사회경제적 위험에 대비하고, 새로운 위험에 대해 고민하고, 그들만의 성을 조금씩 허물지 않으면 안 된다. 우리는 지루하고 복잡한 질문에 대해 더 많이 머리를 맞대야 한다. 위험에 있어 승자와 패자가 나뉘는 문제가 '정의'롭게 해결되도록 하는 일 또한 우리 모두의 몫이다. 정의란 게임의 규칙과 결과가 모든 구성원들에게 합리적이며 공평해야 한다는 것이다. 존 롤스John Rawls는 저서 《정의론》에서 정의는 효율성과 다르다고 설명했다. 그는 정의는 사회제도의 으뜸이며, 법률과 기구가 아무리 효율적이고 체계적이라 하더라도 불공정하다면 개혁하거나 폐지해야 한다고 주장했다. 더불어 공공 기구와 정책은 가장 소외된 사람들의 편에 서서 생각해야 한다고 말했다. 과연 우리 사회는 그러한가. 누군가에게 부정의를 강요하거나, 소외된 자들을 투명 인간으로 치부하지는 않는가.

케인스 John Maynard Keynes 는 "우리가 살고 있는 경제사회에서 나타나는 가장 큰 문제는 이 체제가 완전고용을 보장하지 못하고 부와 소득을 임의로 그것도 불평등하게 분배한다는 데 있다"라고 말했다. 하지만 불균등하게 분배되는 것은 부와 소득뿐이 아니다. 그와 매우 밀접한 관련을 맺고 있는 위험 역시 마찬가지다. 위험의 정의로운 분배에 있어 우리가 가장 먼저 고려해야 할 질문도 이것이다. 과연 우리 사회의 위험은 정의롭게 분배되고 있는가.

누가 더 위험할지, 얼마나 위험할지를 결정하는 그 모든 과정의 끝에는 정치가 있다. 소수의 권력자들과 가진 자들이 일방적으로 결정해 버리도록 하지 않기 위해서는 더 많은 정치가 필요하다. 누군가는 유족들의 목소리가 불순한 정치적 요구라고 했다. 하지만 세상에 정치적이지 않은 일이 어디 있을까. 살아가는 모든 것은 정치와 닿아 있으며, 위험 또한 마찬가지다. 위험은 때로는 전문가의 영역일 수 있지만 그것과의 동거를 결정하는 것은 우리 스스로이며, 그 결정은 정치적이다. 우리는 더욱 정치적이 되어야 한다. 더 많이 떠들고, 공개를 요구하고, 정책에 개입하고, 토론을 요구해야 한다. 나와 나의 가족이 그들만의 거대한 탑 아래에서 좌절하지 않게, 나의 아이들에게 조금이라도 더 안전한 사회를 물려주기 위해 우리는 더욱 더 정치적으로 사고하고, 참여하고, 목소리를 높이지 않으면 안 된다.

세계에서 가장 유명한 내부고발자인 에드워드 스노든Edward Snowden은 말했다. "정부가 부당하게 권력을 이용하고 헌법을 심각하게 어겼다는 사실을 알았을 때, 이를 지적하고 말하는 것은 시민적 의무다. 이를 영웅적 행위라고 치부하면 시민적 의무는 희석된다. 정부의 부당한 행위에 대해 말하지 않는 것도 공범자가 되는 것이다." 우리가 말하지 않는다면, 위험을 만들고 증폭하는 그들만의 세계에 대해 눈감아 버린다면 우리는 위험한 세계의 공범자다. 우리의 냉소가 자본주의의 몸집을 불리고 위험을 키울 것이다. 외면하는 자를 위해 자본의 그늘은 위험과 함께 삶을 잠식해나갈 것이다. 우리의 선택이, 우리의 정치가 위험의 크기를 결정할 것이다. 당신과 나의 연대가, 더 강화된 민주주의가 삶을 안전으로 안내할 것이다. 위험이 자라지 않도록, 삶을 갉아먹지 않도록 우리는 더 많이 연대하고 함께 머리를 맞대야 한다. 돈에 눈먼 자들이 만든 배를 타지 않기 위해, 성장과 이윤을 부르짖는 자들이 선장인 배에서 탈출하기 위해.

참고자료

서문

막심 로뱅 지음, 김보희 옮김, 〈석탄의 돈맛에 포획된 애팔래치아 산맥〉, 《르몽드 디플로마티크》 3월호, 2015.

1장. 위험은 늘 우리와 함께했다

단행본

오준호, 《세월호를 기록하다》, 미지북스, 2015.

울리히 벡 지음, 홍성태 옮김, 《위험사회》, 새물결, 1997.

논문 및 보고서

강은주, 〈미래의제: 안전사회를 위한 제언〉, 민주노동당, 2007.

2장. 위험이란 무엇인가

단행본

김명진 외, 《불확실한 세상》, 사이언스북스, 2010.

노진철 외, 《불확실성 시대의 위험사회학》, 한울아카데미, 2010.

무라카미 요이치로 지음, 유승을 옮김, 《우리는 安全한가?》, 궁리, 2005.

울리히 벡 지음, 홍성태 옮김, 《위험사회》, 새물결, 1996.

임현진 외, 《한국사회의 위험과 안전》, 서울대학교출판부, 2003.

정재희 외, 《안전사회 이렇게 만들자》, 나남출판, 2003.

찰스 페로 지음, 김태훈 옮김, 《무엇이 재앙을 만드는가?》, 알에이치코리아, 2013.

허영식,《과학기술과 현대사회》, 원미사, 2004.

헬렌 조페 지음, 박종연·박해광 옮김,《위험사회와 타자의 논리》, 한울아카데미, 2003.

논문 및 보고서

강은주,〈미래의제: 안전사회를 위한 제언〉, 민주노동당, 2007.

이재열,〈한국사회의 위험구조 변화〉, 정보통신정책연구원, 2005.

토마스 디에츠·스콧 프레이·유진 로사,〈위험, 기술, 그리고 사회〉,《시민과학》 Vol.6, No.4, 2003.

3장. 우리가 몰랐던 위험

단행본

말콤 글래드웰 지음, 김태훈 옮김,《그 개는 무엇을 보았나》, 김영사, 2010.

울리히 벡 지음, 홍성태 옮김,《위험사회》, 새물결, 1996.

에단 B. 캡스타인 지음, 노혜숙 옮김,《부의 분배》, 생각의나무, 2002.

존 스토버·셸던 램튼 지음, 정병선 옮김,《거짓 나침반》, 이후, 2006.

토머스 A. 이스턴 엮음, 박중서 옮김,《당신의 선택은?: 과학기술》, 양철북, 2015.

헨리 조지 지음, 김윤상·박창수 옮김,《진보와 빈곤》, 살림, 2008.

헨리 페트로스키 지음, 최용준 옮김,《인간과 공학이야기》, 지호, 1997.

기타

심상정 의원실(정의당) 2013년 국정감사 자료.

최성진,〈식용 GMO 수입 세계 1위… GMO 표기 가공식품은 '0'〉,《한겨레》, 2015년 1월 11일.

KBS,〈환경스페셜: 위험한 연금술, 유전자 조작 식품〉, 2007년 7월 4일.

4장. 자본주의가 증폭하는 위험

단행본

나오미 클라인 지음, 김소희 옮김,《쇼크 독트린》, 살림Biz, 2008.

노진철,《불확실성 시대의 위험사회학》, 한울아카데미, 2010.

마리-모니크 로뱅 지음, 이선혜 옮김,《몬산토》, 이레, 2009.

에르베 켐프 지음, 정혜용 옮김,《지구를 구하려면 자본주의에서 벗어나라》, 서해
문집, 2012.

이동훈,《위기관리의 사회학》, 집문당, 1999.

존 스토버·셸던 램튼 지음, 정병선 옮김,《거짓 나침반》, 이후, 2006.

헬렌 조페 지음, 박종연·박해광 옮김,《위험사회와 타자의 논리》, 한울아카데미,
2003.

논문 및 보고서

강은주,〈미래의제: 안전사회를 위한 제언〉, 민주노동당, 2007.

김대환,〈돌진적 성장이 낳은 이중 위험사회〉,《사상》통권 제38호, 1998.

이재열,〈위험사회와 생태적 사회적 안전〉, 정보통신정책연구원, 2004.

이재열·김동우,〈이중적 위험사회형 재난의 구조: 대구 지하철 화재 사고를 중심
으로 한 비교 사례 연구〉,《한국사회학》제38집 3호, 2004.

토마스 디에츠·스콧 프레이·유진 로사,〈위험, 기술, 그리고 사회〉,《시민과학》
Vol.6, No.4, 2003.

한상진,〈왜 위험사회인가?: 한국사회의 자기반성〉,《사상》통권 제38호, 1998.

홍성태,〈근대화와 위험사회: '박정희 체계'를 넘어서기 위한 생태적 개혁의 모
색〉,《문화과학》통권 제35호, 2003.

기타

[그때 그 사고 피할 수 없었나?] 목포 아시아나 항공기 추락사건, 안전보건공단
블로그(http://blog.naver.com/koshablog/10149765690).

막심 로뱅 지음, 김보희 옮김,〈석탄의 돈맛에 포획된 애팔래치아 산맥〉,《르몽드
디플로마티크》3월호, 2015.

최성진,〈식용 GMO 수입 세계 1위... GMO 표기 가공식품은 '0'〉,《한겨레》,
2015년 1월 11일.

KBS,〈KBS스페셜: 행복해지는 법〉, 2011년 1월 16일.

5장. 위험은 불평등하다

단행본

강은주, 《체르노빌, 후쿠시마, 한국》, 아카이브, 2012.

업튼 싱클레어 지음, 채광석 옮김, 《정글》, 페이퍼로드, 2009.

에르베 켐프 지음, 정혜용 옮김, 《지구를 구하려면 자본주의에서 벗어나라》, 서해
   문집, 2012.

토마 피케티 지음, 장경덕 옮김, 《21세기 자본》, 글항아리, 2014.

희정, 《노동자 쓰러지다》, 오월의 봄, 2014.

논문 및 보고서

국가인권위원회, 〈해외진출 한국 기업의 인권침해 실태조사 및 법령제도 개선방
   안 연구〉, 2013.

김명희 외, 〈아동기의 건강불평등: 사회적 결정요인을 중심으로〉, 《보건복지포럼》
   제176호, 2011.

박재묵, 〈환경정의 개념의 한계와 대안적 개념화〉, 《ECO》 제10권 2호, 2006.

손미아 외, 〈우리나라의 1995~2004년도 출생 코호트에서 부모의 사회계급이
   영아 사망률과 소아 사망에 미치는 영향〉, 《예방의학회지》 제39권 제6호,
   2006.

진상현, 〈에너지정의energy justice의 개념화를 위한 시론적 연구〉, 《ECO》 15권 1
   호, 2011.

최병두, 〈자연·노동·정의: 맑스적 환경정의론〉, 《공간과사회》 제13호, 2000.

홍춘택·강은주, 〈건강사회는 어떻게 가능한가〉, 민주노동당, 2007.

한림대학교산학협력단, 〈산업재해 위험 직종 실태조사〉, 국가인권위원회, 2014.

산업안전공단, 〈응급실 기반 직업성 원인 조사 연구〉, 2012.

에너지정의행동·최재천 의원실, 〈한수원 출입 방사선 종사자 업체별 인원수 및
   총 피폭량〉, 2013.

기타

김남일, 〈두근거리며 삼성행 버스를 탔던 소녀들은…〉, 《한겨레21》 918호, 2012.

박수현 의원실(새정치민주연합) 2013년 국정감사 자료.

사설, 〈'건강 불평등', 구조적 해법을 찾자〉, 《한겨레》, 2006년 1월 27일.

6장. 위험도 정치의 문제다

단행본

강은주, 《체르노빌, 후쿠시마, 한국》, 아카이브, 2012.

송해룡·김원제, 《위험 커뮤니케이션과 수용》, 커뮤니케이션북스, 2005.

울리히 벡 지음, 홍성태 옮김, 《위험사회》, 새물결, 1997.

찰스 페로 지음, 김태훈 옮김, 《무엇이 재앙을 만드는가?》, 알에이치코리아, 2013.

한스 페터 페터스·송해룡 지음, 송해룡 옮김, 《위험 커뮤니케이션》, 커뮤니케이
션북스, 2001.

논문 및 보고서

강은주, 〈미래의제: 안전사회를 위한 제언〉, 민주노동당, 2007.

노진철, 〈2009년 촛불집회를 통해 본 광우병 공포와 무지의 위험소통〉, 《경제와
사회》 제84호, 2009.

정태석, 〈광우병 반대 촛불집회에서의 사회구조적 변화 읽기〉, 《경제와사회》 제
81호, 2009.

홍성태, 〈촛불집회와 민주주의〉, 《경제와사회》, 제80호, 2008.

기타

간 나오토 전 일본총리·야3당 공개 좌담회 "후쿠시마를 넘어 탈핵으로", 2014년
10월 11일.

사회진보연대, 〈'기업살인법' 제정 배경: 1987년 엔터프라이즈호 침몰 사건〉, 《레
디앙》, 2014년 8월 22일.

한경미, 〈2분 만에 침몰한 여객선, 구조는 신속했다: 영국 엔터프라이즈호 침몰
사고의 교훈〉, 《오마이뉴스》, 2014년 4월 23일.

7장. 민주주의와 연대: 정의로운 위험의 분배를 위해

단행본

게오르그 빌헬름 프리드리히 헤겔 지음, 임석진 옮김, 《법철학》, 한길사, 2008.

에르베 켐프 지음, 정혜용 옮김, 《지구를 구하려면 자본주의에서 벗어나라》, 서해
문집, 2012.

임현진 외, 《한국사회의 위험과 안전》, 서울대학교출판부, 2003.

존 롤스 지음, 황경식 옮김, 《정의론》, 이학사, 2003.

존 메이너드 케인스 지음, 조순 옮김, 《고용, 이자 및 화폐의 일반이론》, 비봉출판
    사, 2007.

존 스토버·셸던 램튼 지음, 정병선 옮김, 《거짓 나침반》, 이후, 2006.

토마스 홉스 지음, 진석용 옮김, 《리바이어던 1·2》, 나남출판, 2008.

희정, 《노동자 쓰러지다》, 오월의 봄, 2014.

논문 및 보고서

홍춘택·강은주, 〈건강사회는 어떻게 가능한가〉, 민주노동당, 2007.

기타

알랭 쉬피요, 〈연대하라, 자선은 필요없다〉, 《르몽드디플로마티크》 75호, 2014년
    12월 4일.

은수미·한정애 의원실(새정치민주연합), 2013~14 국정감사 보도자료.